基礎演習 行政法

[第 2 版]

土田伸也 =著
Tsuchida Shinya

日本評論社

第2版　はじめに

　本書初版を公刊した後、2014年6月に行政不服審査法および行政手続法が改正された。そこで、今回の改訂作業では、本書全体を見直し、法改正の内容にあわせて問題および解説を改めた。また、行政法上の論点をできるだけ網羅するために、初版では扱っていなかった項目（行政計画および情報公開）を新たに追加した。これらの改訂作業の結果、第Ⅰ部第1問を入れ替え、第Ⅲ部第3問および第14問を追加することになり、本書全体で合計30問の事例問題を扱うことになった。そのほか、より学修効果を高めるため、記述内容を改めた箇所が少なからずある。

　この第2版も執筆の基本方針は初版のときと同様である。

　本書が、大きく揺れる法曹養成制度の中で不安を抱えながらも実務法曹の道を志した人たちの学修の一助になれば幸いである。

2016年1月

土田　伸也

初版　はじめに

　本書は、主に行政法の初級・中級段階にあって、事例問題を通じて行政法の実力を向上させたいと考えている学修者のために執筆された。したがって、たとえば曽和俊文・金子正史編『事例研究行政法〔第2版〕』（日本評論社）や、大貫裕之・土田伸也『行政法事案解析の作法』（日本評論社）といった本格的な事例演習書に取り組む前に、本書を利用して事例問題の基礎的なトレーニングをすることが想定されている。

　本書の基本的な執筆方針は以下のとおりであって、これが同時に本書の特徴にもなっていると思う。

⑴　**基礎知識の定着を図ることができるようにする**

　本書の読者として想定しているのは、教科書や判例集でひと通り行政法の基礎を学んだ者である。しかし、基礎知識というのは、なかなか定着しない。そこで、設問の中に基礎知識を確認するための問いを随所に設けたほか、解説についても、当該事案の分析に必要となる限りにおいて教科書的な記述を行うことにした。また、図表を用いて、解説を理解しやすくする工夫をした。

⑵　**基礎知識を実践で利用できるようにするための解説を試みる**

　教科書を読み込み、行政法の基礎知識を修得できたとしても、実際の事件で、それを使いこなせるかどうかは、まったく別の話である。しかし、通常の教科書では、この基礎から応用への橋渡しとなる記述が必ずしも充実していない。そこで、本書では行政法の基礎知識を確認しつつ、それが、どのように実践で利用できるのかということを意識して解説するようにした。

⑶　**初見の事案を取り上げるようにする**

　教科書や判例集に掲載されている有名判例を素材にして演習問題を作成し、これを通じて行政法の基礎体力を養成することは十分に考えられるし、また、それが有意義であるともいえる。しかし、他方で、行政法の基礎体力は必ずしも有名判例の事案を通じてしか養成できないというわけではない。また、実務に出れば、個々の実務家が扱う事案はすべて初見の事案で

ある。そうだとすれば、有名判例を素材にした、見たことのあるような問題よりも、まったく見たことのない初見の問題のほうが、より実践的であって、行政法の学修上、有用であるともいえる。そこで、本書では、初級・中級段階にある学修者にとって初見であることが予想される事案を、できるだけ取り上げるようにした。

(4) 個別行政法規の取り上げ方に配慮する

行政法が関係する実際の事件では、多くの場合、個別行政法規の解釈・適用が問題となる。そのため、行政法の学修過程においても、行政法の一般理論を意識しつつ、個別行政法規の解釈・適用について訓練を積むことが求められる。しかし、このことが原因となって行政法に苦手意識をもつ者は少なくない。そこで、本書の執筆にあたっては、多種多様な個別行政法規を取り上げることを心がける一方、初見の個別行政法規の条文が多いと、学修意欲が失われてしまうおそれがあるので、参照条文は適切な分量に止めるよう心がけた。

(5) 行政法を学ぶ側の目線で解説する

本書では、教師の立場からすると、なぜこんなことを説明しているのかと思えるようなことでも、行政法の初級者・中級者が疑問に思うであろう項目（あるいは授業等を通じて学生から繰り返し出される質問事項）については、丁寧に説明することにした。いくつかの章の末尾に「教育の現場で」という項目を設けたが、これも基本的に同じ趣旨によるものである。

(6) コンパクトな問題とコンパクトな解説を心がける

行政法の初級者・中級者にとって問題および解説の分量は重要である。分量が多すぎてもいけないし、少なすぎてもいけない。ちょうどよい分量であることが求められる。本書の場合、問題は参照条文を含めてすべて2頁におさめた。解説は、ややバラつきがないわけではないが、多くの場合、一気に読みきることができる分量になっていると思う。

(7) より深い理解につながる設問および解説を心がける

本書では、設問または解説の内容が一般的な教科書や類似の演習書にはみられないものとなっても、それが行政法のより深い理解につながるのであれば、思い切って記述することにした。したがって、ひと通り行政法を学んだ者にとっても、本書の設問または解説に触れることで新たな発見があると思う。あるいは、本書が、これまでの知識を整理し直すきっかけに

なることもあると思う。

　本書が成立するにあたって、実に多くの方々の協力を得た。学部・法科大学院における教育経験が本書の執筆に際して大いに役立ったことはいうまでもない。その意味では、これまで私の授業にお付き合いいただいたすべての学生の方々が本書の執筆協力者でもある。また、特に今回は伊藤祐子氏、今津美恵氏、服部咲氏（2014 年 3 月に中央大学法科大学院を修了）の御三方に献身的なご協力をいただいた。本書が少しでも読者の方々にとって有意義な本に仕上がっているとすれば、それはこの御三方の助言によるところが大きい。さらに、藤原靜雄教授および大貫裕之教授には学内の業務等について一定のご配慮をいただき、執筆環境を整えていただいた。日本評論社の柴田英輔氏には、本書の公刊を新学期の授業に間に合わせるため、格別のご配慮を賜った。本書は、これらの多くの方々に支えられて公刊することができた。記して感謝を申し上げたい。

　今後、我が国の法曹養成制度がどのように展開していくのか、不透明な部分があるが、いかなる制度が構築されようとも、行政活動をめぐる紛争は発生しうるし、当該紛争にかかわる実務法曹は必要であり続ける。本書が、行政法に強い実務法曹を養成することに、わずかながらでも貢献できれば幸いである。

　2014 年 3 月

土田　伸也

本書の構成

　実務法曹を志す者が行政法を学ぶ際に、さしあたり目標とすべき到達点は、主に次の３つである。

> ①法的手段の選択を適切にできること
> ②本案前の主張（＝訴訟要件が充足されていることの主張）を適切にできること
> ③本案上の主張（＝本案勝訴要件が充足されていることの主張）を適切にできること

　このうち①および②は主に行政救済法の分野とかかわっているが、③は主に行政法総論（行政作用法）の分野にかかわっている。従来、行政法の一般的な学びの順序は、行政法総論（行政作用法）を学んだ後に、行政救済法を学ぶというものであったと思われるが、このような学びの順序に論理的な必然性があるわけではない。それどころか、法科大学院時代の行政法は、学びの順序を逆にすることも有効であるようにも思われる。

　そこで、本書では、基本的に上記の到達目標の項目に対応させて、章立てをすることにした。すなわち、基本的に、本書第Ⅰ部は上記①に、本書第Ⅱ部は上記②に、本書第Ⅲ部は上記③に対応する。なお、本書第Ⅳ部は国家補償法の分野の問題を取り上げることにした。国家補償法上の主要な問題はすべて本案上の主張にかかる問題として整理することもできるが、当該分野の特性に鑑み、独立させることにした。

○本書の構成と従来の行政法分野との対応関係

　　　　　　　　本書第Ⅰ部→行政争訟法
　　　　　　　　本書第Ⅱ部→行政争訟法
　　　　　　　　本書第Ⅲ部→行政法総論（行政作用法）
　　　　　　　　本書第Ⅳ部→国家補償法

　なお、各部の冒頭には、「～について学ぶ前に」というタイトルの下、それぞれの項目を学ぶ際の基本的な視点を示しておいた。

v

基礎演習行政法

目次

目次

はじめに　……i
凡例　……x

第Ⅰ部　法的手段の選択…001

法的手段の選択について学ぶ前に…002

第1問	行政不服申立てと行政事件訴訟…005
第2問	抗告訴訟と実質的当事者訴訟…016
第3問	抗告訴訟と形式的当事者訴訟…024
第4問	処分の取消訴訟と裁決の取消訴訟…031
第5問	直接型義務付け訴訟と申請満足型義務付け訴訟…039
第6問	差止め訴訟と取消訴訟…048
第7問	仮の救済手段…056

第Ⅱ部　本案前の主張…065

本案前の主張について学ぶ前に…066

第1問	処分性（1）…069
第2問	処分性（2）…087
第3問	原告適格（1）…097
第4問	原告適格（2）…108
第5問	狭義の訴えの利益（1）…115
第6問	狭義の訴えの利益（2）…121

viii　目次

第Ⅲ部 本案上の主張…127

本案上の主張について学ぶ前に…128

- 第 1 問　法律による行政の原理…132
- 第 2 問　行政立法…142
- 第 3 問　行政計画…153
- 第 4 問　行政処分の瑕疵…161
- 第 5 問　行政処分の取消しと撤回…168
- 第 6 問　行政裁量(1)…175
- 第 7 問　行政裁量(2)…186
- 第 8 問　行政手続法(1)…198
- 第 9 問　行政手続法(2)…209
- 第 10 問　行政上の強制制度…219
- 第 11 問　行政指導…228
- 第 12 問　行政契約…237
- 第 13 問　行政調査…243
- 第 14 問　情報公開…251

第Ⅳ部 国家補償…263

国家補償について学ぶ前に…264

- 第 1 問　国家賠償法 1 条…266
- 第 2 問　国家賠償法 2 条…276
- 第 3 問　損失補償…285

事項索引…292
判例索引…297

凡例

［法令・条約］

＊法令の略称は、以下のとおりとする。

行情法	行政機関の保有する情報の公開に関する法律
行訴法	行政事件訴訟法
行代法	行政代執行法
行手法	行政手続法
行審法	行政不服審査法
国賠法	国家賠償法
憲法	日本国憲法
地自法	地方自治法

［判例・裁判例］

＊判例あるいは裁判例は、以下のように略記した。

　例：最判平成 5 年 2 月 18 日民集 47 巻 2 号 574 頁〔武蔵野市教育施設負担金事件〕

＊大法廷による判断の場合のみ、年月日の前を「最大」と表記し、小法廷による判断の場合は年月日の前を「最」と表記する。

＊判例あるいは裁判例を示す際の略記は、以下のとおりである。

最判（決）	最高裁判所判決（決定）
高判（決）	高等裁判所判決（決定）
地判（決）	地方裁判所判決（決定）
民集	最高裁判所民事判例集
刑集	最高裁判所刑事判例集
行集	行政事件裁判例集
判時	判例時報
判タ	判例タイムズ
判自	判例地方自治

＊有名な判例または裁判例については、出典の後に〔　　〕で事件名を表記することにした。

第Ⅰ部

法的手段の選択

法的手段の選択について学ぶ前に

　弁護士として、行政活動に不満をもつ依頼人から事件の処理を依頼された場合、いかなる法的手段を利用すれば、適切に事件を処理できるか、見極めなければならない。したがって、何が適切な法的手段なのかを判断できるようにしておくことは、行政法の実務にかかわる者にとって重要である。

　それでは、何が適切な法的手段で、何が適切でない法的手段なのかは、何を基準にして判断するのであろうか。これには主に以下の(1)〜(3)の基準があるように思われる。以下、行政法で取り上げられる一般的な救済手段（行政不服申立て、行政事件訴訟、国家賠償、損失補償）を念頭に置いて解説する。

(1)　当該法的手段を利用することによって最終的に依頼人の満足を得られるか否か

　特定の争訟を提起し、当該争訟で勝てそうだとしても、そのことが依頼人の要望を実現することに直接役立たなければ、適切な法的手段とはいえない。たとえば、依頼人が特定の許可を得るために申請をしたものの、不許可になったという事案において、依頼人が法的手段を利用して許可を得たいと考えているのに、単に不許可処分の取消訴訟を提起するだけでは不十分である。なぜなら、取消判決の効力を念頭に置くと、取消訴訟で勝訴できたとしても、不許可処分が取り消されるだけのことであって、許可が得られるわけではないからである。また、このような場合とは別に、依頼人が行政活動によって損害を被ったので、その補填をしてもらいたいと考えているのに、勝訴判決を得られそうだからという理由で抗告訴訟を検討するのも、依頼人の要望を実現するのに直接役立たず、適切ではない（ただし、この(1)の観点から適切な法的手段を特定できたとしても、それが後述の(2)および(3)の観点から不適切であると評価される可能性はある）。

(2)　適法に争訟を提起するための要件を充足しているといえるか否か

　行政活動に何らかの不満があって争訟を提起する場合、それは適法に

提起されなければならない。仮に問題となっている事案において、行政不服審査法や行政事件訴訟法等が定める争訟要件（不服申立て要件および訴訟要件）を充足していないと判断できる場合には、争訟を提起したところで、却下される運命にあるので、そのような争訟を提起するのは適切ではない。逆に、それらの要件が充足されていると判断できる場合には、少なくとも、その点で不適切な法的手段であると判断されることはない（ただし、前述の(1)および後述(3)の観点から不適切な法的手段であると評価される可能性はある）。

(3)　請求が認容されるための要件を充足しているといえるか否か

　依頼人の請求は、当該請求が認容されるための法律要件を充足していなければ、認められない。仮に問題となっている事案において、それらの要件が充足されていないと判断できる場合には、争訟を提起したところで、棄却される運命にあるわけだから、そのような争訟を提起するのは適切ではない。逆に、それらの要件が充足されていると判断できる場合には、少なくとも、その点で不適切な法的手段であると判断されることはない（ただし、前述の(1)および(2)の観点から不適切な法的手段であると評価される可能性はある）。

　以上のことからすれば、法的手段の選択について学ぶ際には、単に行政争訟の類型を知っているだけでは不十分で、それぞれの訴訟要件や、本案勝訴要件についてもひと通りの理解を得ていることが必要となる。このように、法的手段を適切に選択できるようになるためには、かなり広い範囲にわたる行政法の実力が必要になるといえよう。

教育の現場で	適切な訴訟形式と訴訟要件充足性

　学生の中には、「何が適切な訴訟形式かは、訴訟要件を充足しているか否かという観点から判断する」と理解している者が少なくないようである。しかし、上述したように、何が適切な訴訟形式なのかを判断する視点は複数ある。したがって、特定の観点からのみ適切な訴訟形式を見極めようとするの

は、適切ではない。

　もっとも、事例問題の設定の仕方次第では、特定の観点からのみ適切な訴訟形式が問われているといえることがある。たとえば、事件の経緯が記載されたあとで、以下のような設問がたてられている事例問題があったとしよう。

設問1　Xは、いかなる訴訟を提起すべきか。

設問2　上記の訴訟において、Xは本案前の主張として、どのような主張をすればよいか。

設問3　上記の訴訟において、Xは本案上の主張として、どのような主張をすればよいか。

　このように設問が並んでいれば、設問1で適切な訴訟形式を解答する際に、訴訟要件充足性や、本案勝訴要件充足性のことまで考慮に入れて解答する必要はないと思われる。それらの検討は、むしろ、設問2や設問3の解答の中で行うことが求められていると考えられるからである。そうすると、設問1では訴訟要件を充足しているか否かということや、本案勝訴要件を充足しているか否かということとは無関係に、とりあえず原告の要望を充足するのに相応しい訴訟形式は何かという観点から、解答をすればよいといえる。このように問題文から「空気を読む」（＝出題者の意図を読み取る）ことは重要である。

　ただし、実務に就けば、行政法の神様が「今は訴訟要件充足性や、本案勝訴要件充足性のことは考えなくてよい」などと耳元でささやいてくれるわけではない。結局、先々のことまで考えれば、上述のような受験テクニックを習得することに腐心したところで、大した意味はない。

行政不服申立てと行政事件訴訟

第1問

　株式会社A社に工具として勤務していたXは、定年退職後に、社団法人甲山市シルバー人材センターに登録してA社で仕事を続けていた。ところが、Xは工場での作業中に、同僚が機械の操作を誤ったために、左手の親指と人差し指に重い傷害を負うことになった。そこで、Xは労働基準監督署長（国に所属する行政機関）に対して労働者災害補償保険法に基づく休業補償給付の申請をしたところ、労働基準監督署長は、Xが同法の「労働者」に該当しないため、同法の適用がないとしてXからの申請を拒否した。この決定に納得のいかないXは、直ちに何らかの法的手段をとろうと考えている。休業補償給付の決定（拒否決定を含む。）が申請に対する処分であること、および、法令上、当該処分権限を有しているのは労働基準監督署長であることを前提にして、以下の設問に答えなさい。

【設問】

1．Xが休業補償給付の拒否決定を争うために不服申立てを行うとしたら、まずもって誰に対して、いかなる不服申立てをすべきか。
2．Xが休業補償給付の決定をしてもらうために行政事件訴訟を提起するとしたら、誰を被告にして、いかなる訴訟（行政事件訴訟法に定められたものに限る。）を提起すべきか。
3．Xは、上記2の訴訟に先立って、上記1の不服申立てをすべきか。理由とともに答えなさい。

【資料】労働者災害補償保険法（昭和22年4月7日法律第50号）（抜粋）

第1条　労働者災害補償保険は、業務上の事由又は通勤による労働者の負傷、疾病、障害、死亡等に対して迅速かつ公正な保護をするため、必要な保険給付を行い、あわせて、業務上の事由又は通勤によ

り負傷し、又は疾病にかかった労働者の社会復帰の促進、当該労働者及びその遺族の援護、労働者の安全及び衛生の確保等を図り、もって労働者の福祉の増進に寄与することを目的とする。

第2条　労働者災害補償保険は、政府が、これを管掌する。

第7条　この法律による保険給付は、次に掲げる保険給付とする。

　一　労働者の業務上の負傷、疾病、障害又は死亡（以下「業務災害」という。）に関する保険給付

　二〜三　略

2〜3　略

第12条の8　第7条第1項第一号の業務災害に関する保険給付は、次に掲げる保険給付とする。

　一　略

　二　休業補償給付

　三〜七　略

2　前項の保険給付（……）は、労働基準法第75条から第77条まで……に規定する災害補償の事由……が生じた場合に、補償を受けるべき労働者……に対し、その請求に基づいて行う。

3〜4　略

第14条　休業補償給付は、労働者が業務上の負傷又は疾病による療養のため労働することができないために賃金を受けない日の第4日目から支給するものと……する。……。

2　略

第38条　保険給付に関する決定に不服のある者は、労働者災害補償保険審査官に対して審査請求をし、その決定に不服のある者は、労働保険審査会に対して再審査請求をすることができる。

2〜3　略

第39条　前条第1項の審査請求及び再審査請求については、行政不服審査法（略）第二章（第22条を除く。）及び第四章の規定を適用しない。

第40条　第38条第1項に規定する処分の取消しの訴えは、当該処分についての審査請求に対する労働者災害補償保険審査官の決定を経た後でなければ、提起することができない。

1. 行政争訟の手段〜行政不服申立てと行政事件訴訟

　Xのように、行政活動に不満があり、当該行為の是正を求めていく場合には、**行政不服申立て**と**行政事件訴訟**の2つの手段があることを想起すべきである。この両者はいくつかの点で違いがあるが、最も重要なのは審査主体が異なるという点である。すなわち、行政活動に不服を有する者が行政機関に審査を求め、行政機関が審査主体となる場合、それは行政不服申立てであるし、行政活動に不服を有する者が司法機関（裁判所）に審査を求め、司法機関が審査主体となる場合、それは行政事件訴訟である。前者の手続について定めた主要な法律が**行政不服審査法**であり、後者の手続について定めた主要な法律が**行政事件訴訟法**である。

○行政不服申立てと行政事件訴訟

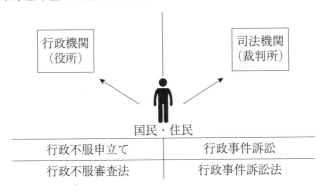

　本問では、設問1において行政不服申立てが問題にされ、設問2において行政事件訴訟が問題にされている。そして設問3では両者の関係が問題にされている。

2. 不服申立ての種類

　設問1に解答するためには、まず不服申立ての種類として、どのようなものがあるかを把握しておく必要がある。この点、行政不服申立てには、**再調査の請求、審査請求、再審査請求**の3つがあるといえる。

行政不服申立ての一般法である行政不服審査法によれば、このうち審査請求が原則であって、再調査の請求および再審査請求は例外として位置づけられる。というのも、再調査の請求と再審査請求は特別に法律の定めがある場合に限って許されるものとされているからである（行審法5条1項、6条1項）。

　この点を踏まえれば、再調査の請求と再審査請求は特別に法律の定めがなければ、認められないが、審査請求はそのような特別の法律の定めがなくても提起できるといえる。したがって、個別の事案分析に際して、再調査の請求が可能か否か、また、再審査請求が可能か否かを判断するためには、そのような特別な法律の定めがあるか否かということをチェックする必要がある。なお、再調査の請求または再審査請求を認める特別な法律の定めがあるからといって必ず再調査の請求または再審査請求をしなければならないというわけではない。あくまで再調査の請求または再審査請求は「できる」に止まり、しなければならないわけではない（行審法5条1項、6条1項）。

　他方、審査請求については、上述のとおり、行政庁の処分に不服があれば、特別の法律の定めがなくてもすることができるが、適用除外規定（行政不服審査法の全部または一部を適用しない旨の規定）に該当する事案の場合は、たとえ行政庁の処分に不服がある場合でも、個別の法律で審査請求ができる旨の特別な定めがない限り（行審法8条参照）、審査請求をすることはできない。どのような場合に、行政不服審査法が適用除外になるかは行政不服審査法7条が定めるほか、個別の法律が定めている。これらのことから、審査請求の場合は、審査請求をすることができる旨を定めた規定があるか、ないかをチェックするよりも、審査請求をすることができない旨を定めた規定（適用除外規定）があるか、ないか、また、適用除外規定があるとして当該事案が適用除外規定に該当する事案か否かをチェックすることが基本となる。

3. 不服申立て先

　上述の３つの不服申立てのうち審査請求については、行政不服審査法４条がいかなる場合に誰に対して不服申立てをすべきか、定めている。したがって、審査請求をするときには、基本的に同条の定めに即して不服申立て先を決めることになる。

　次に、再調査の請求については、処分庁に対して行う（行審法５条１項）。

　最後に、再審査請求については、「法律に定める行政庁」に対して行う（行審法６条２項）。

　なお、平成26年の行政不服審査法改正により、新たに「**行政不服審査会**」という機関が設置されることになったが、当該機関は**諮問機関**（行政庁が意思決定を行うに当たって意見を求める機関）であって、直接、不服申立ての申立て先となる機関ではないので（行審法43条、67条以下）、注意が必要である。また、同じく平成26年の行政不服審査法改正により新たに「**審理員**」が設けられたが（行審法９条）、これも直接、不服申立ての申立て先となる機関ではないので、注意が必要である。

4. 適切な不服申立て（設問１）

(1) 適切な不服申立ての類型

　上述のとおり、不服申立てには３つの種類がある。このうち、本件では、どれが適切か。以下、検討する。

①再調査の請求の可否

　上述のとおり、再調査の請求については、特別の法律の定めがある場合に許される。本件で与えられている条文の中には、再調査の請求を許す特別の定めはない。したがって、本件で再調査の請求を行うことはできない。

②再審査請求の可否

　再審査請求についても、特別の法律の定めがある場合しか許されない。そこで、本件で与えられている条文の中に再審査請求に関する定めがあるか確認すると、労働者災害補償保険法第38条に再審査請求に関する定めがある。そのため、本件では再審査請求をすることが考えられる。

　ただし、再審査請求は、「審査請求の裁決に不服がある」場合に行える

009

ことになっている。つまり、いきなり再審査請求を行うことは不可能であって、再審査請求を行うには、その前に審査請求を経ていなければならない。したがって、設問1の問題文にあるように、まずもって行う不服申立てとしては、再審査請求は不適切である。

③審査請求の可否

　本件の場合、Ｘが不服を有している労働基準監督署長による決定は行政庁の処分であると同時に、行政不服審査法7条により適用除外となる処分ではない。そのため、審査請求が可能なようにも思えるが、厳密には行政不服審査法以外の個別の法律により適用除外となる可能性が残されているので、審査請求が可能であると断言することもできない。しかし、本件の場合は、労働者災害補償保険法38条がある。同条は休業補償給付の決定を含む保険給付に関する決定に対して不服を有する者が審査請求をすることができる旨、定めている。したがって、Ｘは審査請求をすることができるといってよい。

　なお、労働者災害補償保険法39条は行政不服審査法の第2章（審査請求の手続等について定めた章）および第4章（再審査請求の手続等について定めた章）を適用除外としているが、行政不服審査法第1章（不服申立ての種類等について定めた章）は適用除外としていない。したがって、労働者災害補償保険法39条があるからといって、審査請求それ自体まで否定されるわけではない。また、労働者災害補償保険法39条があるため、行政不服審査法第2章に定められた審査請求の手続に関する規定は本件に適用されないが、だからといってまったく何の手続規定もないというわけではなく、特別法（「労働保険審査官及び労働保険審査会法」という名称の法律）によって審査請求の手続が別途、定められている。そのため、Ｘが審査請求をするとすれば、当該特別法の定めにしたがって審査請求を行うことになる。

(2)　不服申立て先

　それでは、Ｘは誰に対して審査請求をすべきか。この点、審査請求先について定めている行政不服審査法4条によれば、同条1号から4号のいずれに該当するかによって審査請求先が異なる。ただし、「法律（……）に特別の定めがある場合」は別であることも、同条の文言から明らかである。本件では、そのような法律上の特別の定めとして労働者災害補償保険

法第38条があるので、これに従い、審査請求先は労働者災害補償保険審査官ということになる。

(3) 小括

　以上から、本件においてXが不服申立てを行うとしたら、まずもって労働者災害補償保険審査官に対して審査請求を行うべきである。

5. 適切な行政事件訴訟（設問2）

　設問2の問題文によると、本件において、Xは訴訟を通じて休業補償給付の決定という処分をしてもらいたいと考えている。このような要望を実現するためには義務付け訴訟（行訴法3条6項）を提起するのが適切である。仮にXが義務付け訴訟で勝訴すれば、行政庁たる労働基準監督署長は裁判所から給付の決定を命じられ、当該行為をしなければならなくなるからである。

　義務付け訴訟には**直接型義務付け訴訟**（行訴法3条6項1号）と**申請満足型義務付け訴訟**（行訴法3条6項2号）があるが、両者は、問題となる処分が申請を前提にして行われることになっているか否かを基準にして、使いわける。このような見地から本件の保険給付制度を分析すると、保険給付は労働者からの請求（申請）があって初めて行われることになっており（労働者災害補償保険法12条の8第2項）、問題文でも休業補償給付の決定が申請に対する処分であるとされているから、本件の場合は、申請満足型義務付け訴訟を提起するのが適切である。

　もっとも、申請満足型義務付け訴訟の場合、**不作為の違法確認訴訟、取消訴訟、無効等確認訴訟**のうち、いずれかを必ず併合提起しなければならない（行訴法37条の3第3項）。そこで、いずれかの抗告訴訟を選択しなければならないのであるが、どのような手順を踏んで適切な訴訟を選択すべきか。この点、まずは個別の事案において申請に対して処分が行われているか否かを確認する。仮に何の処分もされていなければ（＝不作為の事案であれば）、不作為の違法確認訴訟を併合提起することになる（行訴法37条の3第3項第1号）。これに対し、不許可処分などのように、申請に対する処分（または裁決）が行われている場合には（＝作為の事案であれば）、

011

取消訴訟か、無効等確認訴訟を併合提起することになる（行訴法37条の3第3項第2号）。この場合、取消訴訟の**出訴期間**内であれば、取消訴訟を併合提起し、取消訴訟の出訴期間を徒過していれば、無効等確認訴訟を併合提起する（行訴法14条、38条）。このように、取消訴訟と無効等確認訴訟は、取消訴訟の出訴期間内か否かという基準にしたがって使いわけられるのであって、処分に取消原因があるか、無効原因があるかという基準によって使い分けられるのではない。

○申請満足型義務付け訴訟に併合提起する抗告訴訟を判別する手順

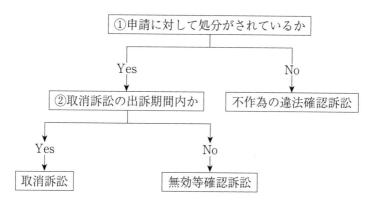

 以上の手順を前提にすると、本件は、申請に対する不作為が問題となっている事案ではないので、不作為の違法確認訴訟を併合提起するのは適切ではない。そうすると、併合提起する訴訟として、取消訴訟と無効等確認訴訟の2つが可能性として残るが、本件は、問題文から出訴期間内であることを読み取ることができるので（問題文では、直ちに何らかの法的手段をとることが前提にされている）、取消訴訟を併合提起するのが適切である（行訴法37条の3第3項第2号）。
 以上から、本件においてXは申請満足型義務付け訴訟を提起するとともに、取消訴訟を併合提起するのが適切であるといえる。

6. 被告適格（設問2）

 設問2では、さらに誰を被告にすべきかということも問われている。こ

の被告適格の問題については、行政事件訴訟法11条が定めている。同条によれば、取消訴訟の場合は、処分をした行政庁が所属する国または公共団体（つまり**行政主体**）に被告適格が認められる（行訴法11条1項）。仮に処分をした行政庁が国または公共団体に所属していなければ、処分をした行政庁が被告適格を有する（行訴法11条2項）。行政事件訴訟法11条の規定は、取消訴訟以外の抗告訴訟にも準用されることになっているので（行訴法38条1項）、被告適格については、申請満足型義務付け訴訟の場合も、取消訴訟の場合と同様に考えることができる。

○**抗告訴訟の被告適格**
　　原則：行政主体（処分をした行政庁が所属する国または公共団体）
　　例外：行政庁（処分をした行政庁）

　本件の場合、処分をした行政庁は労働基準監督署長であって、その労働基準監督署長は国に所属している（このことは問題文から明らかである）。したがって、申請満足型義務付け訴訟においても、また取消訴訟においても、国が被告適格を有する。

7. 不服申立てと抗告訴訟の関係（設問3）

　設問3で問題とされている行政不服申立てと行政事件訴訟の関係については、行政事件訴訟法8条が規律している。それによれば、取消訴訟とともに行政不服申立てもすることができる場合、原則として、どちらでも自由に選択することができる。ただし、法律に、処分の不服申立てに対する回答（＝裁決）を経た後でなければ処分の取消訴訟を提起することができない旨の定めがあるときは、まず行政不服申立てをしなければならない。これを**不服申立て前置主義**という（行政不服審査法で審査請求が原則とされたことから、審査請求前置主義ということもある）。

　もっとも、行政事件訴訟法8条が対象にしているのは取消訴訟である。これに対し、本件で適切な訴訟としてまず考えられるのは申請満足型義務付け訴訟であり、当該訴訟には行政事件訴訟法8条の規定は準用されていない（行訴法38条参照）。その結果、申請満足型義務付け訴訟の場合には、

013

不服申立て前置主義が及ばないので、申請満足型義務付け訴訟に先行して、不服申立てを提起する必要はない、といえそうである。しかし、上述したように、申請満足型義務付け訴訟には一定の抗告訴訟を必ず併合提起しなければならず（行訴法37条の3第3項）、この併合提起する抗告訴訟が適法に提起されなければ、申請満足型義務付け訴訟それ自体も不適法な訴えとなってしまう。仮に不服申立ての前置を求める規定が個別の法律に設けられているにもかかわらず、不服申立てをしないで、申請満足型義務付け訴訟とともに取消訴訟を併合提起すると、取消訴訟それ自体が不適法な訴えとなるのはもちろんのこと、これに連動して申請満足型義務付け訴訟も不適法な訴えとなってしまう。このように、行政事件訴訟法8条が申請満足型義務付け訴訟に準用されていないからといって、申請満足型義務付け訴訟において不服申立て前置のことを全く無視してよいということにはならない。

　このような見地からすると、本件の場合、労働者災害補償保険法第40条が不服申立て前置の規定になっているため、Xは、国を被告にして、取消訴訟とともに申請満足型義務付け訴訟を提起する前に、まずもって労働者災害補償保険審査官に対して審査請求をしなければならない。仮に審査請求をしないまま、いきなり取消訴訟および申請満足型義務付け訴訟を提起すれば、基本的に訴訟要件を充足しないものとして、当該訴えは却下されることになる。

教育の現場で	**不服申立て前置と特別の法律の定め**

　法科大学院の授業で不服申立て前置の事案ではない事案を扱ったときのことである。念のために、不服申立てと取消訴訟の関係について、学生に問うたところ、不服申立てをしてからでないと、取消訴訟は提起できない、という。その後、さらにやり取りをしてみると、当該学生は、不服申立て前置の制度が取消訴訟の前に不服申立てをしなければいけないことだと一応理解しているし、特別に法律の定めがある場合にのみ、取消訴訟に先立って不服申立てをしなければいけないということも理解していることがわかった。そこで、どこに特別な法律の定めがあるのか、さらに尋ねたところ、行政不服審

査法に審査請求ができると書いてあるという。確かに同法は審査請求ができる旨、書いている（行審法2条、3条）。しかし、不服申立て前置となる場合の特別な法律の定めは、審査請求ができる旨の定めではなく、「処分についての審査請求に対する裁決を経た後でなければ処分の取消しの訴えを提起することができない旨の定め」（行訴法8条1項但書）である。本問で登場した労働者災害補償保険法第40条が、まさにそのような定めであることは、条文の文言から明らかである。

　教科書的な知識を実践で使えるようにするには、教科書に記載されている情報と個別行政法規の具体的な条文をすり合わせて理解する必要がある。上記の例は、この作業を怠って、あいまいな知識のまま事案に向き合い、間違いを犯してしまった1つの例である。

第2問	# 抗告訴訟と 実質的当事者訴訟

　甲山市の職員であるXは、飲酒運転をし、死亡事故を起こした。これを受けて、Xの任命権者である市長は、Xの行為が地方公務員法第33条に違反するとともに、全体の奉仕者たるにふさわしくない非行に当たるとして、2016年4月1日付けでXを懲戒免職とした（地方公務員法第29条第1項第1号、第3号）。同日、これを知ったXは、懲戒免職に納得がいかなかったので、1ヵ月後の同年5月1日に甲山市の人事委員会に対して審査請求を行った（地方公務員法第49条の2第1項、第51条の2）。その後、同年7月1日に人事委員会から審査請求を棄却する旨の裁決が行われ、同日、Xはこれを知った。懲戒免職が行政事件訴訟法における処分であることを前提にして、以下の設問に答えなさい。

【設問】

1．現在が2016年11月1日であることおよび本件で行政事件訴訟法第14条各項の「正当な理由」がないことを前提にした場合、Xは、従前どおり、職員として勤務できるようにするために、いかなる訴訟（行政事件訴訟法に定められたものに限る。）を提起すべきか。

2．上記1の場合、Xが仮の救済を求めるとしたら、いかなる手段によるべきか。なお、本問の解答に際して、当該手段を用いる場合の要件が本件で充足されているか否かを検討する必要はない。

3．現在が2017年4月1日であることおよび本件で行政事件訴訟法第14条各項の「正当な理由」がないことを前提にした場合、Xは、従前どおり、職員として勤務することができるようにするために、いかなる訴訟（行政事件訴訟法に定められたものに限る。）を提起すべきか。

4. 上記3の場合、Xが仮の救済を求めるとしたら、いかなる手段によるべきか。

【資料】地方公務員法（昭和25年12月13日法律第261号）（抜粋）

第29条　職員が次の各号の一に該当する場合においては、これに対し懲戒処分として戒告、減給、停職又は免職の処分をすることができる。

　一　この法律若しくは第57条に規定する特例を定めた法律又はこれに基く条例、地方公共団体の規則若しくは地方公共団体の機関の定める規程に違反した場合

　二　職務上の義務に違反し、又は職務を怠った場合

　三　全体の奉仕者たるにふさわしくない非行のあった場合

2～4　略

第33条　職員は、その職の信用を傷つけ、又は職員の職全体の不名誉となるような行為をしてはならない。

第49条　任命権者は、職員に対し、懲戒その他その意に反すると認める不利益な処分を行う場合においては、その際、その職員に対し処分の事由を記載した説明書を交付しなければならない。

2～4　略

第49条の2　前条第1項に規定する処分を受けた職員は、人事委員会又は公平委員会に対してのみ審査請求をすることができる。

2　略

3　第1項に規定する審査請求については、行政不服審査法第2章の規定を適用しない。

第49条の3　前条第1項に規定する審査請求は、処分があったことを知った日の翌日から起算して三月以内にしなければなら……ない。

第51条の2　第49条第1項に規定する処分であって人事委員会又は公平委員会に対して審査請求をすることができるものの取消しの訴えは、審査請求に対する人事委員会又は公平委員会の裁決を経た後でなければ、提起することができない。

1. 出訴期間内の適切な訴訟（設問1）

　本件でＸが職員としての身分を奪われ、従前どおり勤務できないでいるのは、Ｘに対して懲戒免職（以下「懲戒処分」という。）が行われたからである。この懲戒処分が取り消されれば、Ｘの職員としての法的地位は復活する。このことに着目すれば、Ｘは懲戒処分の**取消訴訟**（行訴法3条2項）を提起するのが適切であるといえそうである。

　もっとも、本件では**出訴期間**の問題があるようにも見える。なぜなら、Ｘが懲戒処分を知ったのが2016年4月1日であり、現在が同年11月1日であるとすると、行政事件訴訟法14条1項が定める「処分……があったことを知った日から6ヶ月」という出訴期間を既に徒過している、と指摘できるからである。しかし、本件は審査請求をすることができる事案であって、かつ、実際に審査請求が行われ、裁決まで行われている事案である。このような場合には、行政事件訴訟法14条3項により「裁決があったことを知った日から6ヶ月」の間に処分の取消訴訟を提起すればよい。本件の場合、裁決があったことをＸが知ったのは2016年7月1日であって、現在が同年11月1日であるとすると、未だ出訴期間内といえる。したがって、懲戒処分の取消訴訟を提起することに支障はない。

　その他、本件では地方公務員法51条の2が**不服申立て前置主義**を定めているから、この点が問題にならないわけではない（行訴法8条1項但書）。不服申立て前置主義が採用されている場合、取消訴訟を提起する前に不服申立てを行わなければならないが、そこで求められているのは適法な不服申立てであるから、不適法な不服申立てしか行われていなければ、その後の取消訴訟は却下される。本件の場合、不服申立ての類型と不服申立て先（地方公務員法49条の2）および不服申立て期間（地方公務員法49条の3）の点で、実際の不服申立て（＝人事委員会に対する審査請求）が不適法に行われたとはいえない（しかも、本件審査請求は棄却されているのであって、却下されているのではないから、この点でも、不服申立てが不適法に行われたわけではないことが伺えよう）。そのため、不服申立て前置主義との関係でも、懲戒処分の取消訴訟を提起することに支障はないといってよいであろう。

　以上からすれば、Ｘは懲戒処分の取消訴訟を提起するのが適切である。

2. その他の訴訟

　本件では、懲戒処分の取消訴訟のほかにも、いくつかの訴訟を考えられなくはない。そこで、それらの考えうる訴訟について、以下、簡単に検討しておくことにしよう。

　第1に、懲戒処分が無効であることを裁判所に確認してもらえれば、Xは従前どおり勤務することができるといえそうなので、懲戒処分の**無効確認訴訟**（行訴法3条4項）を提起することが考えられる。しかし、取消訴訟の出訴期間内であれば、あえて無効確認訴訟を提起する必要はない。無効確認訴訟で勝訴しようとすると、処分が単に違法であることを指摘するだけでは不十分で、通説・判例によれば、処分に係る**重大かつ明白な違法**を主張・立証しなければならないが、取消訴訟の場合は単に処分が違法であることを主張・立証すれば十分である。そうすると、取消訴訟のほうが原告にとって勝訴の確率が高いといえる。このように訴訟の勝ち目まで視野に入れると、取消訴訟よりも無効確認訴訟のほうが適切であるとはいえない。この点、学説の中には、出訴期間内に無効確認訴訟が提起されたときは、取消訴訟として扱われる、と指摘するものもある（塩野宏『行政法II〔第六版〕』233頁）。

　第2に、懲戒処分が職権によって取り消されれば、Xの法的地位が復活するので、職権取消しの義務付け訴訟を提起することが考えられる。職権による取消行為それ自体は、申請を前提にしない処分と考えられるから、仮に提起するとすれば、**直接型義務付け訴訟**（行訴法3条6項1号）を提起することになろう。しかし、直接型義務付け訴訟には**補充性**の訴訟要件があり、当該訴訟を適法に提起するためには、「他に適当な方法がない」といえなければならない（行訴法37条の2第1項）。本件の場合、上述したように、懲戒処分の取消訴訟という他の適当な方法があるので、職権取消しの義務付け訴訟を提起しても、当該訴訟は却下されよう。したがって、職権取消しの義務付け訴訟は適切ではない。

　第3に、本件では審査請求を棄却する旨の裁決がされているので、**裁決の取消訴訟**（行訴法3条3項）を提起することが考えられる。しかし、裁決が取り消されたからといって、懲戒処分が取り消されるわけではない。また、行政事件訴訟法10条2項により、懲戒処分の違法を裁決の取消訴

訟の中で主張することもできない。したがって、裁決の取消訴訟は適切ではない。

　第4に、懲戒処分が無効であることを前提にして、公務員としての地位があることの確認を求めて訴訟を提起することが考えられる。このような訴訟は「公法上の法律関係の訴訟」であって、**実質的当事者訴訟**（行訴法4条後段）として捉えることができなくはない。しかし、たとえ当該訴訟を提起してみたところで、懲戒処分には公定力が認められるので、正式な機関が懲戒処分を取り消していない以上、当該処分は有効であって、これを否認する主張は認められない。そのため、実質的当事者訴訟は適切ではない。

　以上のように、本件では懲戒処分の取消訴訟以外にも、いくつかの訴訟を考えられなくはないが、設問1の前提の下では、いずれも適切な訴訟とはいえないであろう。

3. 取消訴訟と仮の救済（設問2）

　処分の効力は取消訴訟を提起しても、停止されない（行訴法25条1項）。これを**執行不停止の原則**という。したがって、Xが懲戒処分の取消訴訟を提起したとしても、懲戒処分の効力は維持されたままである。これでは本案判決が出るまで、Xは職員として勤務することができない。そこで、仮の救済手段を検討する必要が生じる。

　この点、行政事件訴訟法は一定の要件が充足されることを条件に**執行停止**を認めている（行訴法25条2〜4項）。そのため、Xとしては、仮の救済手段として、処分の効力の停止を求めて執行停止の申立てを行うことが適切である。

　なお、執行停止には、**処分の効力の停止、処分の執行の停止、手続の続行の停止**の3種類があり、後二者によって目的を達することができる場合には、処分の効力の停止は認められない（行訴法25条2項但書）。本件で問題となっている懲戒処分の場合、処分の執行および手続の続行を観念することができないので、処分の効力の停止を求めて申立てを行うのが適切である。

4. 出訴期間後の適切な訴訟（設問3）

　設問1の場合と異なり、設問3の前提の下では、取消訴訟の出訴期間が徒過しているので、懲戒処分の取消訴訟を提起するのは適切ではない（仮に懲戒処分の取消訴訟を提起しても、却下されてしまう）。このように出訴期間が徒過している場合には、出訴期間の制限を受けない、処分の**無効確認訴訟**（行訴法3条4項）を提起することが考えられる（行訴法14条、38条）。

　この無効確認訴訟には、**予防的無効確認訴訟**と**補充的無効確認訴訟**がある。前者は、「当該処分又は裁決に続く処分により損害を受けるおそれのある者」が提起する訴訟であり、後者は「当該処分又は裁決の無効等の確認を求めるにつき法律上の利益を有する者で、当該処分若しくは裁決の存否又はその効力の有無を前提とする現在の法律関係に関する訴えによって目的を達することができないもの」が提起する訴訟である（行訴法36条）。

　このうち予防的無効確認訴訟は、本件の場合、適切ではない。なぜなら、本件では懲戒免職「処分に続く処分により損害を受けるおそれ」を観念できないからである。

　そこで、本件で無効確認訴訟が考えられるとすれば、補充的無効確認訴訟ということになる。しかし、補充的無効確認訴訟は「処分……の効力の有無を前提とする現在の法律関係に関する訴えによって目的を達することができないもの」が提起できる。したがって、処分が無効であることを前提とする現在の法律関係に関する訴えによって目的を達成することができる場合には、補充的無効確認訴訟は適切ではない。このような見地からすると、本件では、懲戒処分が無効であることを前提としてXが公務員としての地位を確認する**実質的当事者訴訟**（行訴法4条後段）を提起することで目的を達成することができるので、補充的無効等確認訴訟は適切ではない（公務員としての地位の確認を求める訴訟を民事訴訟として捉える余地もないわけではないが、伝統的に公務員法関係は公法関係として捉えられてきたので、上述のような訴訟は当事者訴訟として理解される）。

　このようにみてくると、本件では、処分の無効確認訴訟は適切ではなく、公務員としての地位の確認を求める当事者訴訟が適切な訴訟であるといえよう。

5. 当事者訴訟と仮の救済（設問4）

　Xは公務員としての地位の確認を求める当事者訴訟を提起する場合、果たしてまたいかなる仮の救済手段をとりうるか。この点、懲戒処分の取消訴訟および懲戒処分の無効確認訴訟を提起するわけではないので、行政事件訴訟法が定める**執行停止**制度を利用することはできない（行訴法25条2項、38条）。また、当事者訴訟に対応する仮の救済制度が、行政事件訴訟法上、特別に存在するわけでもない。そこで、民事法上の仮の救済手段を利用することが考えられるのであるが、行政事件訴訟法44条は「行政庁の処分その他公権力の行使に当たる行為については、民事保全法……に規定する仮処分をすることができない」と定めているので、本件のように懲戒処分が問題となる事案では民事保全法における**仮処分**の制度を利用することもできないといえる。このようにみてくると、本件で公務員としての地位の確認を求めて当事者訴訟を提起する場合には、利用しうる仮の救済手段がないということになる。

　しかし、仮の救済手段がないというのは、権利救済上、大きな問題である。そこで、仮の救済を得るための何らかの解釈が考えられてよい。この点、第1に考えうるのは、民事保全法における仮処分を可能とする解釈である。この場合は、行政事件訴訟法44条が障害となるので、これを限定的に解釈し、現在の法律関係の前提問題として処分の効力がかかわる場合には、同条は適用されないと解釈する。第2に考えうるのは、行政事件訴訟法上の執行停止を可能とする解釈である。この場合は、実質的に処分の無効を争う点で公務員としての地位の確認を求める訴訟（当事者訴訟）も、懲戒処分の無効等確認訴訟（抗告訴訟）も同様であるから、処分の無効等確認訴訟の場合に利用しうる執行停止制度を当事者訴訟の場合にも利用しうると解釈する。これら2つの解釈につき、最高裁の判断は未だ行われておらず、実務上、未解明の問題であるといってよい。

| 教育の現場で | **処分・非処分と抗告訴訟・（実質的）当事者訴訟の対応関係** |

　訴訟形式の選択に関して、少なからぬ学生が、「処分が登場する事案の場合は抗告訴訟が適切であり、処分が登場しない事案の場合は（実質的）当事者訴訟が適切である」と理解しているように見受けられる。確かに、このような図式をもとに選択すべき訴訟形式を検討すれば、妥当な結論を得られる場合が少なくないであろう。しかし、厳密にいえば、このような理解は適切ではない。

　まず、抗告訴訟は一定の行為（＝処分性のある行為）に着目した訴訟であって（行為訴訟）、当事者訴訟は基本的に行為によって発生・変動・消滅した権利義務（法律関係）に着目した訴訟である（法律関係訴訟）。このように両者は別次元の要素に着目した訴訟であるから、ある国民の権利救済を図ろうとするときには、その者の権利義務に着目して争うことも、あるいはその者の権利義務に影響を及ぼした行為に着目して争うことも、理論的には考えうる。このような見地からすれば、処分が登場してくる事案であっても、当該処分によって新たに形成された法律関係に着目して（＝法律関係に引き直して）訴訟を提起する可能性は残されている。そうすると、処分が登場する事案であるからといって、直ちに当事者訴訟が一切排除されるわけではない、といえよう（ただし、当事者訴訟を提起しても、取消訴訟の排他的管轄を理由にうまくいかないこともある。もっとも、取消訴訟の排他的管轄によって、いかなる範囲の当事者訴訟が封じられるかは、必ずしも明らかではない。）。

　次に、特定の行為に処分性がないと判断された場合に（＝処分が登場しない事案の場合に）、当事者訴訟で争えば、必ずうまくいくというわけではない。というのも、直接、国民の権利義務に影響を及ぼさないことを理由に処分性が否定される場合、それが紛争の未成熟性から導き出されるのであれば、当該事案における司法的救済の必要性は認められない可能性があるからである。仮に司法的救済の必要性が認められなければ、当該当事者訴訟は却下される（芝池義一『行政救済法講義〔第3版〕』171頁参照）。

　このように、冒頭に掲げた、学生の間に広まっている理解の仕方には、二重の意味で適切ではない要素が含まれている。

第3問	抗告訴訟と 形式的当事者訴訟

　Ａ県知事は、公益上の必要が生じたため、漁業法に基づき、所定の手続を経てＸの定置漁業権（以下「漁業権」という。）を取り消すとともに（漁業法第39条第1項、第3項）、漁業権の取消しによって生じる損失を補償するために、補償金額を決定した（漁業法第39条第6～第8項）。翌日、これを知ったＸは、漁業権が取り消されたことに納得がいかないし、低すぎる補償金額にも納得がいかない。そこでＸは直ちに何らかの法的手段をとろうと考えている。Ａ県知事による漁業権の取消しおよび補償金額の決定が処分であることを前提にして、以下の設問に答えなさい。なお、いずれの設問についても、仮の救済について検討する必要はない。

【設問】

1．Ｘは、漁業権に基づいて漁業を営むために、いかなる訴訟（行政事件訴訟法に定められたものに限る。）を提起すべきか。

2．Ｘは、補償金額の増額を求めるために、いかなる訴訟（行政事件訴訟法に定められたものに限る。）を提起すべきか。

【資料】**漁業法**（昭和24年12月15日法律第267号）（抜粋）

第1条　この法律は、漁業生産に関する基本的制度を定め、漁業者及び漁業従事者を主体とする漁業調整機構の運用によって水面を総合的に利用し、もって漁業生産力を発展させ、あわせて漁業の民主化を図ることを目的とする。

第6条　この法律において「漁業権」とは、定置漁業権……をいう。

2　「定置漁業権」とは、定置漁業を営む権利を……いう。

3　「定置漁業」とは、漁具を定置して営む漁業であって次に掲げるものをいう。

一　身網の設置される場所の最深部が最高潮時において水深 27 メートル（……）以上であるもの（……）

二　北海道においてさけを主たる漁獲物とするもの

4〜5　略

第9条　定置漁業……は、漁業権又は入漁権に基くのでなければ、営んではならない。

第10条　漁業権の設定を受けようとする者は、都道府県知事に申請してその免許を受けなければならない。

第39条　漁業調整、船舶の航行、てい泊、けい留、水底電線の敷設その他公益上必要があると認めるときは、都道府県知事は、漁業権を変更し、取り消し、又はその行使の停止を命ずることができる。

2　漁業権者が漁業に関する法令の規定に違反したときもまた前項に同じである。

3　前二項の規定による処分をしようとするときは、都道府県知事は、海区漁業調整委員会の意見をきかなければならない。

4〜5　略

6　都道府県は、第1項の規定による漁業権の変更若しくは取消し又はその行使の停止によって生じた損失を当該漁業権者に対し補償しなければならない。

7　前項の規定により補償すべき損失は、同項の処分によって通常生ずべき損失とする。

8　第6項の補償金額は、都道府県知事が海区漁業調整委員会の意見を聴いて決定する。

9　前項の補償金額に不服がある者は、その決定の通知を受けた日から 6 月以内に、訴えをもってその増額を請求することができる。

10　前項の訴えにおいては、都道府県を被告とする。

11〜15　略

第138条　次の各号のいずれかに該当する者は、3 年以下の懲役又は 200 万円以下の罰金に処する。

一　第9条の規定に違反した者

二〜七　略

1. 漁業権を得るための訴訟（設問1）

　定置漁業を営もうとする者は、自由にこれを行うことができるわけではなく、漁業権または入漁権に基づいて行わなければならない（漁業法9条）。仮に漁業権または入漁権を有することなく、定置漁業を行えば、罰則が科される（漁業法138条1号）。そのため、漁業権が取り消されたXは、現状では定置漁業を営むことができない。そこで、Xが従前どおり、漁業権に基づいて定置漁業を営むことができるようにするためには、いかなる訴訟を提起するのが適切か、問題になる。この点、漁業権の取消しというA県知事の行為が取り消されれば、Xの漁業権は過去に遡って復活し、漁業権に基づく漁業を再び営むことができるようになる。このことに着目すれば、Xは漁業権の取消し（処分）の取消しを求めて出訴することが考えられよう。この場合のXによる訴訟は、処分の**取消訴訟**（行訴法3条2項）である。

2. その他の訴訟

　本件では、処分の取消訴訟以外にも、Xが提起しうる訴訟を考えられなくはないので、以下、簡単に検討しておく。

　第1に、XはA県知事による漁業権の取消しによって漁業権を失ったものの、再度、免許を受ければ（漁業法10条）、漁業権の設定を受けることができるので、免許の義務付けを求めて義務付け訴訟（行訴法3条6項）を提起することも考えられる。仮に提起するとすれば、当該免許は申請を前提にしていると考えられるため、**申請満足型義務付け訴訟**（行訴法3条6項2号）を提起することになろう。しかし、本件ではXが改めて申請をしたという事実は与えられていないので、当該訴訟を提起しても不適法な訴えとして却下されてしまう（行訴法37条の3第2項）。本件のように漁業権が取り消されたという段階では、未だ申請満足型義務付け訴訟を適法に提起できるだけの環境は整っていないというべきである。

　第2に、漁業権の取消しを職権によって取消してもらうことを求めて義務付け訴訟を提起することが考えられる。職権による取消しは申請を前提にしない処分であるから、仮に提起するとすれば、**直接型義務付け訴訟**

（行訴法3条6項1号）ということになる。しかし、直接型義務付け訴訟には補充性の要件があり、「他に適当な方法がない」といえなければ、当該訴えは却下されてしまう（行訴法37条の2第1項）。本件の場合、上述したように、取消処分の取消訴訟が適当な方法として存在するので、直接型義務付け訴訟を提起するのは適切ではない。

　第3に、漁業権の取消しが無効であることの確認を求めて処分の**無効確認訴訟**（行訴法3条4項）を提起することが考えられる。しかし、問題文では直ちに法的手段をとることが前提とされていることから、本件は取消訴訟の出訴期間内であることを読み取れる。そうであるならば、処分の無効確認訴訟よりも、処分の取消訴訟のほうが適切であるといえる。なぜなら、処分の取消訴訟の場合は、当該処分が違法でありさえすれば、原告は勝訴できるが、処分の無効確認訴訟の場合は、通説・判例にしたがえば、**重大かつ明白な違法**がなければ、原告は勝訴できないからである。

　第4に、漁業権の取消しが無効であることを前提にして、漁業権者としての法的地位があることの確認を求めて**実質的当事者訴訟**（行訴法4条後段）を提起することが考えられなくはない。しかし、取消処分には公定力が認められるので、正式な機関がこれを取り消していない以上、当該処分は有効であって、これを否認する主張は認められない。そのため、実質的当事者訴訟は適切とはいえない。

　以上のように、本件では処分の取消訴訟以外の訴訟も考えられなくはないが、いずれも適切な訴訟とはいえない。

3. 補償金額の増額を求める訴訟（設問2）

　漁業法によれば、公益上の必要性によって漁業権が取り消された場合、都道府県は通常生ずべき損失について補償しなければならない（漁業法39条6項、7項）。その補償金額は都道府県知事が決定することになっているが（漁業法39条8項）、その金額に不服があり、補償金額の増額を求める場合には、都道府県を被告にして訴訟を提起することとされている（漁業法39条9項、10項）。問題となるのは、この訴訟がいかなるタイプの訴訟に該当するかである。この点をどのように解するかによって、適用される訴訟手続のルールが異なってくるので、これを論じる実践的意義がある。

結論を先取りすれば、この訴訟は**形式的当事者訴訟**（行訴法4条前段）である。そこで、まずは、ある訴訟が形式的当事者訴訟であるか否かを判定する手順について確認しておく。行政事件訴訟法4条前段の文言に即して整理しておくと、以下の2点をチェックする必要がある。

○形式的当事者訴訟といえるか否かを判定する際のチェック項目

①当事者間の法律関係を確認・形成する処分に関する訴訟であるか否か。
②法律関係の当事者の一方を被告とすることが法令によって定められているか否か。

　①の観点から本件を検討すると、本問では補償金額の決定という処分があり、この決定によってA県とXとの間の法律関係が形成されている。すなわち、当該決定によってA県は補償金額として一定の金額をXに対して支払うべき義務を負うことになるし、Xは補償金額として一定の金額をA県に対して請求する権利をもつことになる。したがって、本件の場合、①については、形式的当事者訴訟であるための条件がクリアーされているといえる。

　次に②の観点から検討すると、当事者の一方であるA県を被告にすることが漁業法39条10項によって定められている。そうすると、本件では②についても、条件がクリアーされているといえる。

　以上から、本件におけるXによる補償金額の増額請求訴訟は形式的当事者訴訟であるといえる。

4. 補償金額決定の取消訴訟の適否

　本件では補償金額の決定が処分であることから、当該処分の取消訴訟（行訴法3条2項）を提起することも考えられなくはない。しかし、仮にXが取消訴訟を提起し、勝訴したとしても、補償金額の決定処分が過去に遡ってなくなるだけのことで、Xが望む金額の補償がされることにはならない。したがって、単に補償金額決定処分の取消訴訟を提起するだけでは、

補償金額の増額を求める X の要望は満たされない。

　ところで、**取消訴訟の排他的管轄**の観点からすると、本件で X は補償金額の決定という処分に不服があるのだから、いきなり形式的当事者訴訟を提起して増額請求するのは適切ではなく、まずは補償金額決定処分の取消しを求めなければならない、とも考えられる。果たして、このような考え方は適切といえるであろうか。この点、裁判例の多くは、補償金額決定処分の取消しを求めなくても、形式的当事者訴訟による増額請求は認められるとする。個別法律によって形式的当事者訴訟が導入されたということは、立法者によって特別に取消訴訟の排他的管轄の例外が認められたということを意味する。このような理解にたてば、上記の裁判例の傾向を支持することもできよう。

　以上から、本件では、補償金額決定処分の取消訴訟を単独で提起するのは適切ではないし、また、その必要もないといえよう。

5.　増額決定の義務付け訴訟の適否

　本件において都道府県知事が改めて X の希望に即した増額決定をしてくれれば、X の目的は達成される。そのため、増額決定の義務付け訴訟を提起することが考えられなくはない。本件で仮に義務付け訴訟を提起するとなると、増額決定は申請を前提にしない処分といえるので、直接型義務付け訴訟（行訴法3条6項1号）を提起することになろう。しかし、直接型義務付け訴訟は、他に適当な方法がないときに限り、提起することができる（行訴法37条の2第1項）。本件では、上述したところから明らかなとおり、形式的当事者訴訟という他の適当な方法がある。したがって、増額決定の義務付け訴訟を提起しても、当該訴えは却下される運命にあるから、増額決定の義務付け訴訟は適切ではない。

| 教育の現場で | 形式的当事者訴訟が適切な訴訟形式といえる場合 |

　訴訟形式の選択を検討すべき場面で、形式的当事者訴訟が気になって仕方がないという学生に遭遇することがある。行政事件訴訟法上、法定されている訴訟形式であるから、それなりに重要そうだし、特に平成16年の行政事件訴訟法の改正以降、当事者訴訟が注目されているようなので気になる、ということらしい（確かに平成16年改正では、それまでの取消訴訟の過重負担を軽減すべく、当事者訴訟の活性化が図られたが、そこで主として念頭に置かれていたのは形式的当事者訴訟ではなく、実質的当事者訴訟であるから、形式的当事者訴訟と平成16年改正を結びつけて理解するのは適切ではない）。

　この点、上述したように、形式的当事者訴訟は「法令の規定により」特別に認められる訴訟であるから、必ず法令上の根拠がある。法令上の根拠もないのに、形式的当事者訴訟が適切な訴訟形式として浮上してくることはない。したがって、仮に適切な訴訟形式として形式的当事者訴訟が頭をよぎった場合には、個別法令の中に根拠となりうる条項があるか、チェックするようにしよう。

　なお、形式的当事者訴訟の仕組みが法令によって採用される場合はいろいろであるが、損失補償の額を争うために形式的当事者訴訟の仕組みが採用されることが比較的多い。したがって、損失補償の額が問題となる事案に遭遇した場合には、形式的当事者訴訟の可能性を探ってみるとよい。

処分の取消訴訟と裁決の取消訴訟

第4問

　内国法人Xは青色申告の承認を受け、租税法上の利益を享受していたが、帳簿書類が所定の方法で備え付けられていなかったことを理由に（法人税法第126条第1項）、所轄税務署長によって青色申告の承認を取り消された（法人税法第127条第1項第1号。この承認の取消しは処分である。以下「本件処分」という。）。これに納得のいかないXは所定の手続を経て適法に審査請求を行ったが（国税通則法第75条第1項、第3項）、Xの請求を棄却する旨の裁決がされた（以下「本件裁決」という。）。当該審査請求において、Xは本件処分が違法・不当であることを主張したものの、実際には違法性の有無が審査されたにすぎず、不当性の有無については審査されなかった。法人税が国税であることを前提にして、以下の設問に答えなさい。

【設問】

1．Xは、本件処分の違法性を争おうとする場合、本件処分の取消訴訟（行政事件訴訟法第3条第2項）を提起すべきか、それとも、本件処分を維持した本件裁決の取消訴訟（行政事件訴訟法第3条第3項）を提起すべきか。理由とともに答えなさい。

2．審査請求の中で不当性の有無が審査されなかったことを理由に、Xが本件裁決の取消訴訟を提起することは適切といえるか。理由とともに答えなさい。なお、本件処分の取消訴訟の帰趨については、考慮しなくてもよい。

3．仮にXが本件処分の不当性のみを争おうとする場合、本件処分の取消訴訟または本件裁決の取消訴訟を提起することは適切か。理由とともに答えなさい。

【資料】

○**法人税法**（昭和40年3月31日法律第34号）（抜粋）

第121条　内国法人は、……所轄税務署長の承認を受けた場合には、次に掲げる申告書……を青色の申告書により提出することができる。

　一　中間申告書

　二　確定申告書

2　略

第126条　第121条第1項（青色申告）の承認を受けている内国法人は、……帳簿書類を備え付け……なければならない。

2　略

第127条　第121条第1項（青色申告）の承認を受けた内国法人につき次の各号のいずれかに該当する事実がある場合には、納税地の所轄税務署長は、当該各号に定める事業年度までさかのぼって、その承認を取り消すことができる。……。

　一　その事業年度に係る帳簿書類の備付け……が前条第1項に規定する財務省令で定めるところに従って行われていないこと　当該事業年度

　二～五　略

2　略

○**国税通則法**（昭和37年4月2日法律第66号）（抜粋）

第75条　国税に関する法律に基づく処分で次の各号に掲げるものに不服がある者は、当該各号に定める不服申立てをすることができる。

　一　税務署長……がした処分　次に掲げる不服申立てのうちその処分に不服がある者の選択するいずれかの不服申立て

　　イ　その処分をした税務署長……に対する再調査の請求

　　ロ　略

　二～三　略

2　略

3　第1項第一号イ……の規定による再調査の請求……についての決定があつた場合において、当該再調査の請求をした者が当該決定を経た後の処分になお不服があるときは、その者は、国税不服審判所長に対して審査請求をすることができる。

4～5　略

1. 行政事件訴訟法における2つの取消訴訟

本件では処分性を有する行為が2つある。1つは本件処分であり、もう1つは本件裁決である。いずれも取消訴訟の対象となるが、前者の取消しを求める訴訟は行政事件訴訟法3条2項の**処分の取消訴訟**であり、後者の取消しを求める訴訟は行政事件訴訟法3条3項の**裁決の取消訴訟**である。このように両者は別個の訴訟であるものの、行政事件訴訟法では「処分の取消しの訴え及び裁決の取消しの訴え（以下「取消訴訟」という。）」と定められ（行訴法9条1項）、一括りにされている。したがって、行政事件訴訟法9条1項以下の規定で「取消訴訟」と記載されている場合には、処分の取消訴訟のみならず、裁決の取消訴訟も含まれることになる。本問では、この2つの取消訴訟の関係が問われている。

2. 原処分主義（設問1）

本件処分の違法性を争う場合、本件処分の取消訴訟を提起する方法と本件裁決の取消訴訟を提起する方法が考えうる。前者の場合は、端的に本件処分が違法であるから、本件処分は取り消されるべきであると主張することになる。これに対し、後者の場合は、本件処分が違法であるから、その違法な本件処分を適法と判断した本件裁決は違法であるはずで、そうである以上、本件裁決は取り消されるべきであると主張することが考えられよう。このように、本件裁決の取消訴訟において本件処分の違法性を争うことは、やや迂遠な理論構成をとることになるが、一応、考えられなくはない。

しかし、行政事件訴訟法10条2項は、本件のように「処分の取消しの訴えとその処分についての審査請求を棄却した裁決の取消しの訴えとを提起することができる場合には、裁決の取消しの訴えにおいては、処分の違法を理由として取消しを求めることができない」と定めている（**原処分主義**）。この規定は、取消訴訟において原告が処分に関するあらゆる違法事由を主張することができるという原則に対する例外を定めたもので、原告の主張制限を定めた規定として捉えることができる。

結局、この規定によれば、本件裁決の取消訴訟の中で本案上の主張とし

て本件処分の違法を主張することはできない。したがって、Xは、本件処分の違法性を争おうとする場合は、本件裁決の取消訴訟ではなく、本件処分の取消訴訟を提起し、その中で本件処分の違法性を主張しなければならない。仮に、Xが本件裁決の取消訴訟において本件処分の違法を主張した場合、当該主張は失当であるとの評価を受け、本件処分の違法しか主張していない場合には、本件裁決の取消訴訟は請求棄却となる。

3. 裁決主義

　行政事件訴訟法10条2項による主張制限は、「処分の取消しの訴えとその処分についての審査請求を棄却した裁決の取消しの訴えとを提起することができる」ことを前提とする。**概括主義**（＝争訟の対象を特定の事項に限定することなく、原則としてあらゆる処分とする考え方）を採用する現行法の下では、処分であれば、原則として取消訴訟を提起することも、また不服申立てを提起することもできるから、一般に、このような前提は妥当する（例外的に不服申立ての対象にならないことが法律で定められている処分の場合には、当該処分の取消訴訟しか想定できないので、行訴法10条2項の規律は無関係である）。その意味では、原処分主義が妥当する範囲は広いといってよい。

　しかし、そもそも処分の取消しの訴えと裁決の取消しの訴えを提起できない場合には、行政事件訴訟法10条2項の規律は及ばない。そのような場合として、現行法が、原処分の取消訴訟を許さず、裁決の取消訴訟だけを許している場合がある。これが**裁決主義**と呼ばれている法の仕組みである。たとえば電波法96条の2は「総務大臣の処分に不服がある者は、当該処分についての審査請求に対する裁決に対してのみ、取消しの訴えを提起することができる」と定めており、裁決主義を採用している。

　以上の裁決主義と区別すべきものとして裁決中心主義と呼ばれる考え方がある。裁決中心主義とは、処分の取消しの訴えとその処分についての審査請求を棄却した裁決の取消しの訴えとを提起することができる場合に、裁決の取消しの訴えにおいても、処分の違法を理由として取消しを求めることができるという考え方である。いうまでもなく、現行法では、このような見方は行政事件訴訟法10条2項によって正面から否定されている。

裁決主義と裁決中心主義との違いは「処分の取消しの訴えとその処分についての審査請求を棄却した裁決の取消しの訴えとを提起することができる」ことが前提とされているか否かという点にある。

本件の場合、本件処分について不服申立てができる旨の規定があり（国税通則法75条1項、3項）、行政事件訴訟法10条2項の前提が整っている。加えて、問題文で与えられた参照条文の中には、裁決主義を採用する条文はみられない。これらのことからすると、本件では行政事件訴訟法10条2項が妥当し、上述のとおり、Xは本件処分の取消訴訟の中でのみ、本件処分の違法を主張することができるといえる。

4. 裁決固有の違法（設問2）

原処分主義が妥当する事案では、原処分の違法は原処分の取消訴訟においてしか主張しえない。そうすると、裁決の取消訴訟では原処分の違法を主張できないから、当該訴訟で一体何を主張しうるのか、問題となる。この点、一般的な理解によれば、裁決の取消訴訟の中で原告は**裁決固有の違法**を主張しうる。このような理解を前提にすると、本件では、Xが本件裁決の取消訴訟の中で「不当性の有無について審査されていないことが違法である」と主張できるか否かは、そのような主張が裁決固有の違法に関する主張といえるか否かにかかっている。

そこで、裁決固有の違法とは何かということが問題となる。この点、裁決固有の違法とは不服申立ての段階で新たに付け加わった違法であり、通常は手続上の違法である。本件の場合、不当性の有無について審査していないという違法は審査請求の段階で新たに付け加わった手続上の違法といえる。

以上からすれば、本件では、不当性の有無について審査が行われていないということをもって裁決固有の違法と捉えることができ、そのことをXは本件裁決の取消訴訟の中で主張することができる。そのため、審査請求で不当性の有無について審査がされていないことを理由に、Xが本件裁決の取消訴訟を提起することは適切である（司法研修所編『改訂行政事件訴訟の一般的問題に関する実務的研究』196頁）。

5. 不服申立ての審査の範囲（設問3）

　法適合性という観点から行政活動を審査すると、適法な行政活動と違法な行政活動のいずれかになる。他方、公益適合性という観点から行政活動を審査すると、妥当な行政活動と不当な行政活動のいずれかになる。行政不服申立てでは、この2つの観点からの審査が想定されているので、不服申立人は法適合性の観点および公益適合性の観点から行政活動を問題にすることができるし、審査庁は不服申立人の主張にあわせて、この2つの観点から審査を行うことになる。このことは、行政不服審査法が「違法又は不当な処分」に対する不服申立ての途を開く旨、定めていることと対応する（行審法1条）。他方、行政事件訴訟では、審査主体が司法機関（＝法のみを司る機関）であるから、法適合性の観点からのみ審査が行われることになる。そのため、行政不服申立てと行政事件訴訟の間には、法適合性のほかに、公益適合性の審査が行われるか否かという点で大きな相違がある。

　ところで、「適法な行為」「違法な行為」「妥当な行為」「不当な行為」はそれぞれいかなる関係にあるのか。この問題については、次のように整理することができる。

〇**違法・適法・不当・妥当の関係**

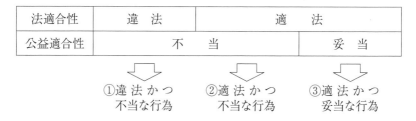

　上記の図から明らかなように、違法性（適法性）の範囲と不当性（妥当性）の範囲は必ずしも一致しない。むしろ、両者の間にはズレがあり、違法性の範囲のほうが不当性の範囲よりも狭い。その結果、実際の行政活動は上記①～③のパターンに区分しうる。これらのうち①と③のパターンは比較的イメージしやすい。なぜなら違法な行政活動の多くは公益にも反しているといえるし、適法な行政活動の多くは公益にも適合しているといえ

るからである。これに対して、②のパターンはイメージしにくい。そこで、本件を1つの例にして説明する。本件でXは法が求める方法で帳簿書類を備え付けておらず、同法127条1項1号の要件が充足されていたわけであるから、税務署長による青色申告承認の取消しは適法である（＝違法ではない）。しかし、仮に帳簿書類の不備の程度が軽微であったり、帳簿書類にかえて伝票、通帳、領収書等で正確に所得を把握できるといった事情があれば、（法適合性ではなく、公益適合性に照らして）青色申告の承認を取り消す必要はないともいえる。この場合、青色申告の承認が取り消されたとすれば、当該取消行為は不当であるとの評価がありうる（国税不服審判所2010年12月1日裁決 LEX/DB26012412）。

　このように適法ではあるが、不当であるという事案の場合（上記②の場合）は、行政事件訴訟を提起してみても、勝ち目はない。なぜなら、上述したように、行政事件訴訟において裁判所は法適合性の観点からのみ審査を行い、公益適合性の観点からは審査を行わないからである。むしろ、適法ではあるが、不当であるという事案の場合は、行政不服申立てが適切な法的手段になる。

　以上からすれば、不当性のみを争おうとしている設問3の場合、行政事件訴訟を提起するのは適切ではない。したがって、本件処分の取消訴訟を提起するのも、本件裁決の取消訴訟を提起するのも、適切ではないといえる。

教育の現場で	裁決の取消訴訟が適切である事案

　裁決の取消訴訟を提起することが適切である事案は、かなり限られている。それは、第1に、個別法で裁決主義が採用されている場合であり、第2に、裁決固有の違法がある場合である。これらが問題となる事案は、量的にみても、かなり少ないといってよい。

　学期末試験などで原処分と裁決が登場する事例形式の問題を出すと、適切な訴訟形式として「裁決の取消訴訟」と解答する答案に必ずといっていいほど遭遇する。無論、事案にもよるが、上述したように裁決の取消訴訟が適切といえる事案はかなり限られているので、その解答は誤っている可能性が高

い。「裁決の取消訴訟」が頭をよぎった場合には、裁決主義の事案か否か、また、裁決固有の違法が認められる事案か否か、チェックして、その適否を判断するとよい。

直接型義務付け訴訟と申請満足型義務付け訴訟

第5問

　外国国籍を有するXは日本に不法残留したために、入国審査官によって退去強制事由に該当する旨の認定をされ、さらに特別審理官によって当該認定に誤りがない旨の判定をされた。この判定の通知を受けたXは、その後、出入国管理及び難民認定法（以下「法」という。）第49条第1項に基づき、法務大臣に対して異議を申し出た（以下「異議の申出」という。）。ところが、同大臣は、異議の申出に理由がない旨の裁決をし、この結果を主任審査官に通知した（法第49条第3項）。これを受けて、主任審査官はXに対して退去強制令書を発布した（法第49条第6項）。Xは、退去強制事由があることは認めているものの、在留特別許可（法第50条第1項）を取得して、引き続き日本に残留したいと考えている。入国審査官による認定および特別審理官による判定に処分性は認められないが、法務大臣による在留特別許可および異議の申出に対する裁決には処分性が認められるということを前提にして、以下の設問に答えなさい。

【設問】

1．「法令に基づく申請」（行政事件訴訟法第3条第6項第2号）の仕組みが採用されているか否かは、どのようにして判定すればよいか。「法令に基づく申請」とは何かということを意識して答えなさい。

2．Xが在留特別許可の取得を目指して申請満足型義務付け訴訟（行政事件訴訟法第3条第6項第2号）を提起する場合、Xは、異議の申出が「法令に基づく申請」であるということを指摘するために、どのような主張をすることが考えられるか。

3．上記2の訴訟において、被告がXの訴えを退けるために、異議の申出が「法令に基づく申請」ではないということを指摘しようと

すれば、いかなる主張をすることが考えられるか。

4. 上記3の被告からの主張が認められるとすれば、Xは在留特別許可を得るために、いかなる訴訟（行政事件訴訟法に定められたものに限る。）を提起すべきか。なお、検討に際して、訴訟要件および本案勝訴要件について考慮する必要はない。

【資料】出入国管理及び難民認定法（昭和26年10月4日政令第319号）（抜粋）

第49条　前条第8項の通知〔退去強制事由の存否に関する入国審理官の認定に誤りがないことを特別審理官が判定したことの通知：土田注〕を受けた容疑者は、同項の判定に異議があるときは、その通知を受けた日から3日以内に、……不服の事由を記載した書面を主任審査官に提出して、法務大臣に対し異議を申し出ることができる。

2　略

3　法務大臣は、第1項の規定による異議の申出を受理したときは、異議の申出が理由があるかどうかを裁決して、その結果を主任審査官に通知しなければならない。

4　主任審査官は、法務大臣から異議の申出……が理由があると裁決した旨の通知を受けたときは、直ちに当該容疑者を放免しなければならない。

5　略

6　主任審査官は、法務大臣から異議の申出が理由がないと裁決した旨の通知を受けたときは、速やかに当該容疑者に対し、その旨を知らせるとともに、……退去強制令書を発付しなければならない。

第50条　法務大臣は、前条第3項の裁決に当たって、異議の申出が理由がないと認める場合でも、当該容疑者が次の各号のいずれかに該当するときは、その者の在留を特別に許可することができる。

一～四　略

2～3　略

4　第1項の許可は、前条第4項の規定の適用については、異議の申出が理由がある旨の裁決とみなす。

1. 直接型義務付け訴訟と申請満足型義務付け訴訟を区別する指標としての「法令に基づく申請」

　処分である在留特別許可を得るための法的手段として考えられるのは、義務付け訴訟（行訴法3条6項）である。この義務付け訴訟には**直接型義務付け訴訟**（行訴法3条6項1号）と**申請満足型義務付け訴訟**（行訴法3条6項2号）の2つがある。両者は、義務付けの対象となる処分が「**法令に基づく申請**」を前提にしているか否かによって、使い分けられる。すなわち「法令に基づく申請」を前提にした処分の義務付けを求める場合には、申請満足型義務付け訴訟を利用することになるし、逆に「法令に基づく申請」を前提にしない処分の義務付けを求める場合には、直接型義務付け訴訟を利用することになる。このことは、行政事件訴訟法3条6項の1号と2号の文言を比較すれば、明らかである（2号の場合のみ、「法令に基づく申請」が登場してくる）。したがって、適切な訴訟形式（ここでは、直接型義務付け訴訟か、申請満足型義務付け訴訟か）を見極めるためには、処分が「法令に基づく申請」を前提にしているか否かを判別できるようにしなければならない。

○直接型義務付け訴訟と申請満足型義務付け訴訟の区別

義務付けの対象

直接型義務付け訴訟　　→　「法令に基づく申請」を前提としない処分
申請満足型義務付け訴訟　→　「法令に基づく申請」を前提とした処分

　ちなみに、直接型義務付け訴訟と申請満足型義務付け訴訟では認容率に大きな差があり、前者のほうが後者よりも認容率が低いとされている。このことを踏まえれば、義務付けの対象である処分が「法令に基づく申請」を前提にしているか否か判然としない場合には、原告側としては、さしあたり、義務付けの対象となる処分が「法令に基づく申請」を前提にした処分であると解する方向で（すなわち申請満足型義務付け訴訟を利用する方向で）検討するとよいであろう。

2. 「法令に基づく申請」の有無（設問1）

それでは、直接型義務付け訴訟と申請満足型義務付け訴訟を区別する指標としての「法令に基づく申請」とは何か。また、「法令に基づく申請」の仕組みが採用されているか否かは、どのようにして判定すればよいのか。行政事件訴訟法は、「法令に基づく申請」について何も定義していないため、解釈上、問題となる。

この点、行政手続法の「法令」の定義および「申請」の定義を参考にすると（行手法2条1号、3号）、行政事件訴訟法における「法令に基づく申請」は、基本的に、①法律等の法規に基づき、②自己に対し何らかの利益を付与する処分を求める行為であって、③当該処分を求める行為に対して行政庁が諾否の応答をすべきこと（これを一般に**応答義務**という。）とされているものをいう。このことを前提にすれば、「法令に基づく申請」の仕組みが採用されているか否かは、基本的に、これら3つの要素がすべてそろっているか否かという観点から検討することになろう。

なお、「法令に基づく申請」という用語は、行政事件訴訟法上、義務付け訴訟だけでなく、不作為の違法確認訴訟においても用いられている（行訴法3条5項）。一般に両者は同義であると解されている。

3. 入管法の仕組みと問題の所在

Xが在留特別許可を取得するために申請満足型義務付け訴訟を提起し、その中で異議の申出が「法令に基づく申請」であることを指摘しようとする場合、出入国管理及び難民認定法（以下「入管法」とする。）という法律が存在するので、上記①の要素が問題になることはない。むしろ問題となるのは、上記②および③の要素である。そこで、まずは入管法の仕組みとともに問題の所在を明らかにしておきたい。

(1) 問題その1：異議の申出によって在留特別許可を求めることができるか（上記②に係る問題）

Xが取得しようとしている在留特別許可は、本問では処分であることが前提とされている。また、在留特別許可がXに利益を付与するもので

あるということも明らかである。そうすると、在留特別許可は利益を付与する処分であるといえる。

　問題となるのは、このような処分を外国人が求めることを入管法が容認しているかどうかである。仮に入管法がこれを容認しているとすれば、その法的根拠は異議の申出制度の存在に求めるほかない。しかし、異議の申出について定めた入管法49条1項の規定からは、異議の申出制度が退去強制事由に該当する旨の判断を変更してもらうためのものであることは読み取れるが、それ以上に在留特別許可を求めるためのものであることまでは、直ちに読み取れない。そのため、異議の申出によって在留特別許可を求めることができるのかどうか、解釈上、問題が生じることになる。

(2)　問題その2：在留特別許可の付与を求めて行われた異議の申出に対して大臣の応答義務があるか（上記③に係る問題）

　仮に、上述の問題その1について、異議の申出に在留特別許可を求める趣旨まで含めて理解できるという立場にたったとしても、入管法が、その求めに対応する応答義務まで定めているといえるかは、別途、問題となる。この点、法務大臣が在留特別許可を付与するとの判断をした場合については、「異議の申出が理由がある旨の裁決とみなす」ことになり（入管法50条4項）、最終的に容疑者を「放免しなければならない」ことになる（入管法49条4項）。このような入管法の仕組みから異議の申出に対する応答義務を肯定することは不可能ではない（ただし、入管法49条4項によれば、放免の義務を負うのは入国審査官であって、法務大臣ではないので、法務大臣の応答義務と捉えてよいかは別に問題となる）。ところが、これとは逆に、法務大臣が在留特別許可を付与しないとの判断をした場合については、入管法は同法50条4項に対応するような、たとえば「異議の申出が理由がない旨の裁決とみなす」といった特別な規定や、同法49条4項に対応するような、行政機関に一定の対応を促す特別な規定を置いていない。そのため、法務大臣が在留特別許可を付与しないとの判断にいたった場合、異議の申出をした外国人に対して、その内容について回答することを法が予定しているのか否か、すなわち法務大臣の応答義務があるのかないのか、解釈上、問題となる。

043

4. 原告の主張（設問2）

　申請満足型義務付け訴訟において、原告の立場から、入管法上の異議の申出が「法令に基づく申請」であることを指摘するためには、上記の2つの問題を共に克服しなければならない。

　まず、異議の申出によって在留特別許可を求めることができるかという問題（上記の問題その1）については、次のような主張が考えられよう。第1に、入管法50条1項によれば、「前条第3項〔＝異議の申出〕の裁決に当たって」在留特別許可をすることができるとしており、異議の申出がなければ在留特別許可の付与もありえないことになっている。第2に、入管法50条4項によれば、在留特別許可は「異議の申出が理由がある旨の裁決とみなす」ことになっている。これらの仕組みからすると、入管法上、異議の申出と在留特別許可の付与は連動しているといえる。そうすると、異議の申出には、在留特別許可を求める趣旨も含めて理解することができる。

　次に、法務大臣の応答義務（上記の問題その2）については、これを認めた東京地判平成20年2月29日（判時2013号61頁）を参照すると、次の主張がありうる。すなわち、在留特別許可を得て、日本に残留することができるかどうかは、容疑者にとって極めて重大な利益に関わるので、このような重大な利益に関わる事項について、法務大臣に応答義務がないとは到底考えられない、という主張である（この場合、入管法49条3項に基づいて行われる裁決に在留特別許可の許否にかかる判断も含まれている、と解することになろう）。

5. 併合提起する訴訟

　仮に入管法上の異議の申出が「法令に基づく申請」であるならば、Xが提起すべき義務付け訴訟は**申請満足型義務付け訴訟**である。

　申請満足型義務付け訴訟の場合、一定の抗告訴訟を併合提起しなければならないが、本件の場合、いかなる抗告訴訟を併合提起すべきか。この点、入管法49条3項に基づいて行われる裁決に在留特別許可の許否にかかる判断も含まれているとすれば、本件では既に裁決がされているので、不作

為の違法確認訴訟を併合提起するのは適切ではなく（行訴法37条の3第3項1号）、当該裁決の取消訴訟か、または当該裁決の無効等確認訴訟を提起することになる（行訴法37条の3第3項2号）。仮に取消訴訟の出訴期間内であれば、取消訴訟を提起することになるし、逆に出訴期間を徒過していれば、無効等確認訴訟を提起することになる。

6. 被告の主張（設問3）

申請満足型義務付け訴訟において、被告の立場から、異議の申出が「法令に基づく申請」ではないと指摘するためには、上記の2つの問題のうち少なくともどちらか1つについて、消極的な見方を提示することが有効である。

まず、異議の申出によって在留特別許可を求めることができるかという問題（上記の問題その1）については、これを消極的に捉える根拠として、在留特別許可と異議の申出に対する裁決がまったく別個の処分であるということを指摘することが考えられよう。すなわち、裁決は退去強制事由の有無を判断する処分であるのに対し、在留特別許可は退去強制事由があることを前提にして、それでもなお在留することを許す処分であるから、両者は全く別個の処分であるといえる。このように解すると、異議の申出によって求めることができるのは、退去強制事由があるかないかの判断のみであるとするのが自然な理解であって、それ以上に異議の申出の中に在留特別許可を求める趣旨まで含ませるのは不自然である。もっとも、このように解すると、裁決と在留特別許可を連動させている入管法50条4項が問題となるが、これは、法律上、たまたま両者が結びつけられているだけであるから、そのような規定があるからといって、在留特別許可と裁決が原理的に同視できるわけではない。以上の理解にたてば、在留特別許可は**申請に対する処分**ではなく、**職権による処分**として捉えることになり、このことは、在留特別許可が外国人に対する恩恵的措置であるとの伝統的な理解とも馴染む。

次に、この伝統的な理解に基づけば、法務大臣の応答義務も消極的に解することができよう（上記の問題その2）。すなわち、在留特別許可が外国人に対する恩恵的措置である以上、当該許可を求められても、それに回答

するか否かは法務大臣の判断に委ねられており、応答すべき義務までは認められないと解することができる。

なお、前述の東京地裁平成 20 年 2 月 29 日判決の控訴審判決である東京高判平成 21 年 3 月 5 日（判例集不搭載）は、原審の判断を覆し、「在留特別許可は、退去強制事由が認められ退去させられるべき外国人について、特別に在留を許可すべき事情があると認めるときに、法務大臣等が恩恵的処置として日本に在留することを特別に許可するものであると解されるから、法第 24 条〔退去強制事由について定めた入管法の条文：土田注〕に該当する外国人には、自己を本邦に在留させることを法務大臣に求める権利はないというべきであり、法第 49 条第 1 項所定の異議の申出は、たとい、在留特別許可を求める旨が明らかにされている場合であっても、行政事件訴訟法第 3 条第 6 項第 2 号所定の『行政庁に対し一定の処分又は裁決を求める旨の法令に基づく申請又は審査請求』には当たらない」と判示している。

7. 訴訟形式（設問 4）

仮に入管法上の異議の申出が在留特別許可を得るための「法令に基づく申請」ではないとすると、在留特別許可は申請に対する処分ではなく、職権による処分であるから、X が在留特別許可を取得するために提起すべき訴訟は直接型義務付け訴訟（行訴法 3 条 6 項 1 号）ということになろう。

この直接型義務付け訴訟の場合は、申請満足型義務付け訴訟の場合と異なり、一定の抗告訴訟を併合提起する必要はない。

| 教育の現場で | 「申請がない」ことの2つの意味 |

　申請満足型義務付け訴訟が適切ではないと考えられる事案において、その理由を学生に問うと、「申請がないから」という答えが返ってくることがある。しかし、このような場合には更なる質問をしたくなる。なぜなら、申請がないことの意味は2つ考えられるからである。第1は、そもそも法令上申請の仕組みが採用されていないという意味で「申請がない」といえる場合である（申請権が認められていない場合といってもよい）。第2は、申請の仕組みは法令上採用されているものの、実際に申請が行われていないから「申請がない」といえる場合である（申請権が行使されていない場合といってもよい。行訴法37条の3第2項参照）。いずれにせよ、申請満足型義務付け訴訟ではうまくいかないという結論にかわりはないのであるが、その理由付けはまったく異なる。正確に事案を分析するためにも、いかなる意味で申請がないのか、一歩立ち止まって考えてもらいたい。

第6問　差止め訴訟と取消訴訟

　甲川公園は都市公園法（以下「法」という。）における都市公園であって、Ａ市が公園管理者となっている（法第２条の３）。Ｘは、この公園内で、法第６条第１項の許可を得ることなく、物置（以下「本件物件」という。）を設置した。Ａ市は、これによって、予定していた公園施設の改築工事に着手できなくなってしまったので、Ｘに対して本件物件の撤去を求めたが、Ｘはこれを無視し続けた。そこで、Ａ市は法第27条第１項に基づいて本件物件の撤去を命じようとしている（以下「撤去命令」という。）。法第27条第１項の命令が処分であることを前提にして、以下の設問に答えなさい。

【設問】

1. Ｘは、撤去命令が発せられないようにするため、Ａ市を被告にして、撤去命令の差止め訴訟（行政事件訴訟法第３条第７項）を提起するとともに、仮の差止め（行政事件訴訟法第37条の５第２項）の申立てをした。Ａ市は、これらを退けるために、いかなる主張をすべきか。差止め訴訟については、訴訟要件が充足されているかという観点から、また、仮の差止めについては、仮の差止めの要件が充足されているかという観点から検討しなさい。

2. 上記１のＸによる法的要求がいずれも裁判所によって認められず、これを受けて、Ａ市がＸに対して本件物件の撤去命令を発したとする。仮にＸが当該命令によって課された行政上の義務を履行しない場合、Ａ市の側は、どのような行政上の強制執行の手段を使って、当該義務の履行を確保することができるか。なお、解答に際して当該手段を用いる際の要件充足性について検討する必要はない。また、下記に掲載されている条文以外の都市公園法の条文お

048　Ⅰ 法的手段の選択｜6 差止め訴訟と取消訴訟

よびその他の法律の条文では、当該義務の履行を確保するための特別の定めは存在しないこととする。

3．上記1のXによる法的要求がいずれも裁判所によって認められず、これを受けて、A市がXに対して本件物件の撤去命令を発したとする。これを知ったXは、上記2の法的手段が実際にとられないようにするために、直ちに差止め訴訟（行政事件訴訟法第3条第7項）を提起しようとしている。当該訴訟は適切といえるか。具体的にいかなる行為の差止めを求めるのかという点に注意しながら、当該差止め訴訟の訴訟要件に着目して丁寧に検討しなさい。

【資料】都市公園法（昭和31年4月20日法律第79号）（抜粋）

第2条の3　都市公園の管理は、地方公共団体の設置に係る都市公園にあっては当該地方公共団体が、国の設置に係る都市公園にあっては国土交通大臣が行う。

第6条　都市公園に公園施設以外の工作物その他の物件又は施設を設けて都市公園を占用しようとするときは、公園管理者の許可を受けなければならない。

2～4　略

第27条　公園管理者は、次の各号のいずれかに該当する者に対して、この法律の規定によってした許可を取り消し、その効力を停止し、若しくはその条件を変更し、又は行為若しくは工事の中止、都市公園に存する工作物その他の物件若しくは施設（以下この条において「工作物等」という。）の改築、移転若しくは除却、当該工作物等により生ずべき損害を予防するため必要な施設をすること、若しくは都市公園を原状に回復することを命ずることができる。

一　この法律……若しくはこの法律に基づく政令の規定又はこの法律の規定に基づく処分に違反している者

二～三　略

2～10　略

第37条　……第27条第1項……の規定による公園管理者……の命令……に違反した者は、1年以下の懲役又は50万円以下の罰金に処する。

1. 差止め訴訟の訴訟要件

　A市がXからの差止め訴訟を退けるために主張を展開するとすれば、本案前の主張と本案上の主張が考えられるが、後述するとおり、本件において、A市は本案前の主張を適切に行うことで、Xによる差止め訴訟を退けることができる。そこで、まずは差止め訴訟の訴訟要件について確認しておく。

　行政事件訴訟法は差止め訴訟の訴訟要件として、①差止めの対象が「一定の処分」であること、②「重大な損害」を生ずるおそれがあること、③処分がされる蓋然性があること、④「他に適当な方法がある」とはいえないことを定めている（行訴法37条の4第1項、ただし③処分の蓋然性の要件については、行訴法3条7項の「されようとしている場合」が根拠である旨の指摘がされている）。これらの訴訟要件は、差止め訴訟の独自の訴訟要件として行政事件訴訟法の中で定められているが、差止め訴訟の訴訟要件がこれらに限定されるわけではない。上記の訴訟要件以外に原告適格の要件（行訴法37条の4第3項、4項）や、被告適格の要件（行訴法38条、11条）などが別途存在する。差止め訴訟における本案前の主張を検討する際には、一般に、これらの訴訟要件の充足性についても網羅的に検討することが必要となる（ただし、検討の結果、特に問題がないようであれば、いちいち指摘するまでもない場合が多いであろう）。

2. 「重大な損害」の要件（設問1）

　本件の場合、A市は、上述の①～④の訴訟要件のうち②「重大な損害」の要件について主張することで、Xからの差止め訴訟を退けることができるであろう。

　そこで、まずは行政事件訴訟法37条の4第1項が定める「重大な損害」の意味を確認しておきたい。この点、一般的な理解によれば、差止めの対象である処分が行われたときに当該処分の**取消訴訟**（行訴法3条2項）を提起するとともに**執行停止**の申立て（行訴法25条2項）をすることで、原告の権利利益の救済を図ることができる場合は、「重大な損害」は認められない。このような理解は、差止め訴訟が事前審査型の訴訟（＝行政庁が

未だ判断していない段階で、裁判所が行政庁に対して一定の処分をしないよう命ずることを求める訴訟）である以上、行政と司法の適切な役割分担という観点から、事後審査型の訴訟（＝行政庁が一旦行った判断に対して裁判所が事後的に審査を行う訴訟）である取消訴訟によっては十分な救済を受けられない場合に、はじめて事前救済の必要性が認められるという見方に支えられている（ただし、このような見方に対しては、取消訴訟中心主義ではないかとの批判がある）。このような理解を前提にすると、差止め訴訟の適否は、取消訴訟および執行停止の制度との関係を視野に入れて判断しなければならないが、これを媒介するのは②の重大な損害要件であって、④の補充性要件ではないので、注意が必要である。

　以上のことを踏まえると、本件の場合、Xは撤去命令が発せられた後に当該命令の取消訴訟を提起し、あわせて執行停止の申立てをすることで自らの権利利益の救済を図ることができるといえるから、A市としては、このことを指摘しつつ、重大な損害要件が充足されていない旨、主張して、Xから提起された撤去命令の差止め訴訟が不適法であって、却下されるべきであると主張していけばよい（大阪地判平成18年1月13日判タ1221号256頁参照）。

3. 仮の差止め（設問1）

　このようにして撤去命令の差止め訴訟が不適法であるといえれば、仮の差止めの申立てもまた不適法であるといえる。なぜなら、仮の差止めの申立てが適法に行われたといえるためには、適法な差止め訴訟が提起されていなければならない、と解されているからである（行訴法37条の5第2項）。この点、本案訴訟を提起することなく、申し立てを行うことができる民事保全法上の仮処分の場合とは大きく異なる。

　以上のことを踏まえると、A市としては、差止め訴訟が不適法であって、これに連動して仮の差止めの申立ても不適法である旨、主張していけばよい（大阪地判平成18年1月13日判タ1221号256頁参照）。

4. 義務履行確保の手段（設問2）

　行政上の義務が課されているにもかかわらず、義務者がこれを履行しない場合、行政側は、**行政上の強制執行の手段として**、いかなる手段をとりうるか。

　通常、行政上の強制執行の手段として挙げられるのは、**代執行、執行罰、直接強制、強制徴収**であるが、いずれの手段であっても、**法律の留保の原則**との関係では、必ず法律の根拠がなければ、とることができないと考えられている。そこで、本件について、これらの手段を定めた法律が存在するか否か、チェックすると、問題文の中で「下記に掲載されている条文以外の都市公園法の条文およびその他の法律の条文では、当該義務の履行を確保するための特別の定めは存在しない」とされているし、また、掲載されている都市公園法の条文においても、行政上の強制執行に関する特別な規律は存在しない。このような場合は、**行政代執行法**に基づく代執行が検討されてよい。なぜなら、同法1条は「行政上の義務の履行確保に関しては、別に法律で定めるものを除いては、この法律の定めるところによる」と定め、行政代執行法が行政上の強制執行の一般法と考えられるからである。実際に同法に基づいて代執行を行うためには、同法が定める要件を充足していなければならず、本件がそれらの要件を充足しているか否かは別途問題となるが（この問題については、問題文の中で検討する必要がない旨、指摘されている）、少なくともA市には行政代執行法に基づく代執行の手段があることは指摘できよう。

　なお、都市公園法37条は**行政罰**について定めている。これによれば、都市公園法27条1項に基づく撤去命令に違反した場合には、罰則が科される。このような規定があると、刑罰を受けたくないという人間の心理がはたらき、そのことから義務の履行が促されることになるので、理論上、行政罰を義務履行確保の手段として捉えることができる。しかし、伝統的に、行政罰は行政上の強制執行の手段（代執行、執行罰、直接強制、強制徴収）とは区別されてきた。なぜなら、行政罰は、違法行為に対して制裁を課すことを目的にしているのに対して、行政上の強制執行は、行政上の義務が履行されたのと同じ状況を創り出すことを目的にしているからである。この点に鑑みれば、本問では行政側のとりうる制裁手段ではなく、義務履

行があったのと同じ状態を創り出す行政上の強制執行の手段が問われているのであるから、設問2の解答として、都市公園法37条に着目して、行政罰の可能性を指摘するのは適切ではない。

5. 撤去命令が出された後の差止め訴訟（設問3）

　上述のとおり、A市には行政代執行法に基づいて代執行を行うという手段がある。そのため、Xは代執行の阻止を目的にして差止め訴訟（行訴法3条7項）を提起することが考えられる。

　もっとも、代執行それ自体は行政代執行法の一連の手続を経て実施される。そのため、具体的に、いかなる行為の差止めを求めるのか、検討する必要がある。この点、同法に基づく代執行が、基本的に「**戒告**（行代法3条1項）**→通知**（行代法3条2項）**→代執行**」という流れで行われることに鑑みれば、本件のように未だ代執行の手続に入っていない、撤去命令が出された直後の段階では、さしあたり戒告に着目し、戒告の差止めを求めることが考えられよう。実際に訴訟を通じて、戒告を差止めることができれば、その後の手続が進むことはなくなるので、代執行それ自体が行われる危険もなくなる。

　それでは、戒告の差止め訴訟は訴訟要件との関係で問題がないといえるであろうか。以下、問題となりうる訴訟要件について検討する。

(1) 処分性

　差止め訴訟の対象は、処分性が認められる行為でなければならない。それでは、行政代執行法に基づく戒告は処分性を有するであろうか。この点、戒告が処分性を有することについて、今日、ほぼ異論はない。ただし、その理由付けについては、戒告の法効果性に関し、異なる2つの見方がありうる。1つの見方は、戒告が事実行為であるとした上で、有効な権利保護を与える必要性から処分性を肯定する。これに対し、もう1つの見方は、戒告が行政代執行手続の重要な一要素を構成しており、戒告がされると、代執行の手続が適法に開始され、代執行の受忍義務が具体的に確定されることになるとして、法効果性を肯定し、処分性を肯定する。このように、両者は理由付けを異にするものの、いずれも戒告の処分性を肯定する点で

一致する（なお、この点に関する最高裁判例は未だ存在しない）。このことを
前提にすると、戒告の差止め訴訟は、処分性の訴訟要件との関係では問題
がないといえる。

(2) 重大な損害の要件

　戒告の差止め訴訟が適法に提起されたといえるためには、「重大な損害」
の要件（上述②の要件）が充足されていなければならない（行訴法37条の4
第1項）。この点、仮に戒告が行われた場合、直ちに取消訴訟を提起する
とともに、執行停止の申立てをすることによって原告の権利利益の救済を
図ることは可能であると考えられる。そうすると、戒告の差止め訴訟は、
重大な損害の要件を充足せず、適切ではないといえる。

(3) 補充性の要件

　戒告の差止め訴訟が適法に提起されたといえるためには、補充性の要件
（上述④の訴訟要件）が充足されていなければならない（行訴法37条の4第
1項）。この点、戒告がされる前の段階で代執行の可能性を消滅させたい
場合には、Xは戒告の差止め訴訟ではなく、撤去命令の取消訴訟（行訴法
3条2項）を提起することが考えられよう。仮に当該取消訴訟で勝訴判決
（取消判決）を得ることができれば、撤去命令の効力は過去に遡って失わ
れ、行政上の義務もまた消滅する（取消判決の**形成力**）。その結果、行政代
執行法2条に定められた、代執行を実施するための要件（代替的作為義務
が存在することという要件）が満たされない状態になるので、撤去命令の取
消判決後は行政代執行法に基づいて代執行手続を進めることができなくな
る。以上のことを踏まえれば、戒告の差止め訴訟は、補充性の要件を充足
せず、適切ではないと指摘することもできる。

(4) 蓋然性の要件

　戒告の差止め訴訟が適法に提起されたといえるためには、蓋然性の要件
（上述③の訴訟要件）が充足されていなければならない（行訴法3条7項）。
この点、行政上の義務が課されたからといって、直ちに代執行の手続がと
られるわけではないという実態がある。このことを踏まえれば、通常、行
政上の義務が課された段階で、戒告が「されようとしている」とはいえな

いであろう。そうだとすれば、戒告の差止め訴訟は蓋然性の要件との関係
でも、適切ではない。

第7問	仮の救済手段

　身寄りのない高齢のXは重病を患ったために、働くことができなくなり、生活をしていくだけの金銭的余裕がまったく無くなってしまった。そこで、Xは、市長から権限の委任を受けたA市福祉事務所長に対して、生活保護法に基づき、保護開始決定の申請をした（生活保護法第19条第1項、第4項、A市福祉事務所長委任規則第2条第1号）。しかし、A市福祉事務所長は、保護開始決定の要件が充足されていないとして、Xからの申請を拒否した（生活保護法第24条第1項、以下「拒否行為」という。）。Xは、これに納得がいかない。保護開始決定および拒否行為が処分であることを前提にして、以下の設問に答えなさい。

【設問】

1．A市福祉事務所長が市長からの権限の委任に基づいて行う行為と所属職員が行う専決の行為（A市福祉事務所長委任規則第8条）を比較した場合、法的観点からすると、各行為の主体は、国民または住民との関係で、一体誰になるのか。権限の委任と専決の違いを意識して説明しなさい。

2．Xは拒否行為の取消訴訟（行政事件訴訟法第3条第2項）か、あるいは保護開始決定の義務付けを求めて申請満足型義務付け訴訟（行政事件訴訟法第3条第6項第2号）を提起しようと考えている。これらの訴訟を提起する場合、誰を被告にすべきか。それぞれの訴訟について、理由とともに答えなさい。なお、検討に際しては、A市福祉事務所長がA市に所属しているということを前提にしなさい。

3．仮にXが適法に拒否処分の取消訴訟を提起するとともに、仮の救済として拒否処分の効力の停止を求めて執行停止の申立てをしたら、当該申立ては認められるか。理由とともに答えなさい。

4．仮にXが適法に保護開始決定の義務付け訴訟を提起するとともに、仮の救済として保護開始決定の仮の義務付けを求めて申立てをしたら、当該申立ては認められるか。理由とともに答えなさい。なお、検討に際しては「本案について理由があるとみえる」（行政事件訴訟法第37条の5第1項）こと、および「公共の福祉に重大な影響を及ぼすおそれがある」（行政事件訴訟法第37条の5第3項）とはいえないことを前提にしなさい。

【資料】

○**生活保護法**（昭和25年5月4日法律第144号）（抜粋）

第19条　……市長……は、……この法律の定めるところにより、保護を決定し、かつ、実施しなければならない。

2〜3　略

4　前三項の規定により保護を行うべき者（以下「保護の実施機関」という。）は、保護の決定及び実施に関する事務の全部又は一部を、その管理に属する行政庁に限り、委任することができる。

5〜7　略

第24条　保護の実施機関は、保護の開始の申請があつたときは、保護の要否……を決定し、……これを通知しなければならない。

2〜6　略

○**A市福祉事務所長委任規則**（平成15年3月31日規則第18号）（抜粋）

第1条　この規則は、市長の権限に属する事務の一部を福祉事務所長に委任することに関し、必要な事項を定めるものとする。

第2条　生活保護法（……以下この条において「法」という。）第19条第4項の規定により、次に掲げる事務を福祉事務所長に委任する。

（1）　法第24条の規定による申請による保護の開始及び変更の決定並びにその通知に関すること。

（2）〜（18）　略

第8条　福祉事務所長は、この規則により委任された事務を所属職員に専決させることができる。

1. 権限の委任・代理・専決（設問1）

　処分庁は法令に定められた権限を自ら行使するのが通常であるが、実際には他の行政機関が当該権限を行使することもある。その場合、**権限の委任**、**権限の代理**、**専決**といった法的技法が用いられる。本問では、このうち権限の委任と専決が問題となっている。

(1) 権限の委任

　権限の委任が行われると、委任した行政機関（委任機関）は法令に定められた権限を失い、委任を受けた行政機関（受任機関）が当該権限を行使する。この場合、権限の委任に基づいて受任機関が国民・住民に対して行う行為は、委任機関の行為としてではなく、受任機関の行為として捉えられる。法令に定められた権限を移動させることになるので、権限の委任には法律の根拠が必要となる。

(2) 専決

　専決とは、行政庁が内部の行政機関（補助機関）に事務処理の決定を委ねるものの、外部（国民・住民）との関係では行政庁の名で表示される行為のことをいう（代決と呼ばれることもある）。専決の場合、法令に定められた権限を移動させるわけではないので、法律の根拠は必要ないと解されている。

　以上の基本的な理解を前提にすると、福祉事務所長が市長からの権限の委任に基づいて行ったXへの拒否行為は、法的にみて、その主体は福祉事務所長である（つまり、福祉事務所長が処分庁となる）。他方、福祉事務所長が所属職員に専決させた場合、当該行為は外部（国民・住民）との関係では福祉事務所長の名で行われるわけであるから、法的にみれば、その主体は福祉事務所長である。

2. 被告適格（設問2）

(1) 取消訴訟の被告適格

　取消訴訟の被告適格について定めているのは、行政事件訴訟法11条である。同条によれば、取消訴訟の被告適格を有するのは、原則として処分庁が所属する国または公共団体である（行訴法11条1項）。そのため、個別の事案において被告適格を決する場合には、①誰が処分庁なのかということと、②処分庁が果たしてまたいかなる行政主体に所属しているのかということを明らかにしなければならない。

　そこで、まず本問における処分庁が誰かということを明らかにしておきたい（上記①の問題）。本問で取消訴訟の対象となる拒否行為を実際に行ったのは福祉事務所長であるが、生活保護法19条1項によれば、保護開始決定の権限を有するのは市長である。そのため、法律上、福祉事務所長は処分権限を有せず、処分庁ではないようにもみえる。しかし、生活保護法19条4項によれば、保護の実施機関たる市長が有する処分権限を委任することが認められており、実際にA市ではA市福祉事務所長委任規則が定められて、これにより市長が有する保護開始決定の権限が福祉事務所長に委任されている。そうすると、法的にみれば、Xとの関係では、処分庁は市長ではなく、福祉事務所長であるということになる。

　次に、処分庁たる福祉事務所長が果たしてまたいかなる行政主体に所属しているかということを明らかにする必要があるが（上記②の問題）、本問では福祉事務所長がA市に所属するということが問題文の中で明示されている。

　以上からすると、Xは拒否行為の取消訴訟においてA市を被告とすべきである。

(2) 申請満足型義務付け訴訟の被告適格

　行政事件訴訟法上、取消訴訟と異なり、申請満足型義務付け訴訟の場合は、被告適格に関する独自の規律が存在しない。もっとも、行政事件訴訟法38条には準用規定があり、その第1項によれば、取消訴訟の被告適格について定めた同法11条は、取消訴訟以外の抗告訴訟に準用されることになっている。そうすると、申請満足型義務付け訴訟は抗告訴訟の一類型

であるから、申請満足型義務付け訴訟の場合も、上述の取消訴訟の場合と同様に考えてよいということになる。したがって、X は保護開始決定の申請満足型義務付け訴訟においても A 市を被告とすべきである。

3. 拒否処分の執行停止の申立て（設問 3）

　執行停止の申立てが認められるか否かは、基本的に行政事件訴訟法 25条 2 項および 4 項の執行停止に関する各要件を充足しているか否かによって判断される。

　もっとも、執行停止の申立ての制度が、本案判決の確定までの間、処分の効力等を一時的に停止することで法状態の暫定的安定を図るとともに、申立人の権利の保全および損害の発生防止・拡大防止を目的としたものであることに鑑みると、執行停止の**申立ての利益**が認められなければ、執行停止の申立ては認められない。そこで、申立ての利益の有無という観点から本件を検討すると、仮に執行停止の申立てに基づき拒否行為の効力が一時的に停止されたとしても、それによって保護開始決定がされることになるわけではないし、その他に何らかの法的利益が救済されるわけでもない（執行停止決定には行訴法 33 条 2 項の準用がないので、執行停止の決定がされても、何らかの措置をとることが行政庁に義務付けられるわけではない）。そうすると、本件における執行停止の申立ては申立ての利益を欠き、認められないといえよう（東京地決昭和 45 年 12 月 24 日判時 618 号 19 頁参照）。

　なお、このような見方は生活保護の事案のみならず、申請に対する拒否処分の場合に広く妥当すると考えられてきた（たとえば公立高校の入学不許可処分につき、大阪高決平成 3 年 11 月 15 日行集 42 巻 11・12 号 1788 頁）。そのため、申請に対する拒否処分の取消訴訟においては、仮の救済制度が機能しないことが問題となり、この問題を解決するために、平成 16 年の行政事件訴訟法改正によって**仮の義務付け**の制度が導入された。

4. 仮の義務付け（設問 4）

　仮の義務付けが認められるためには、行政事件訴訟法 37 条の 5 第 1 項および第 3 項で定められている各要件を充足していなければならない。そ

の要件とは、①義務付けの訴えの提起があること、②処分がされないことにより生ずる償うことのできない損害があること、③当該損害を避けるため緊急の必要があること、④本案について理由があるとみえること（以上の要件につき、同37条の5第1項）、⑤公共の福祉に重大な影響を及ぼすおそれがあるとはいえないこと（同37条の5第3項）である。これらの要件のうち、本問では①、④、⑤の各要件が充足されているということが前提とされているから、問題となるのは②および③の各要件である。

　そこで、まず②の要件について検討する。この点、金銭賠償による救済が可能である損害は「償うことのできない損害」には含まれないとの解釈がありうるが、そのような解釈は適切ではない。むしろ、金銭賠償による救済が可能であるとしても、金銭賠償のみによって当該損害を甘受させることが社会通念上著しく不合理といえる場合は、「償うことのできない損害」があるとみてよい。このような見地から本件を検討すると、生活保護費の不支給決定は金銭にかかわることであるから、事後的に金銭賠償による救済が可能であるようにもみえるが、Xには身寄りもなく、高齢であることや、重病を患って働けないこと、さらに金銭的余裕がないことも勘案すれば、Xは不支給決定によって生活に困窮し、生命を奪われる危険にさらされるといえる。このような生命・身体に関わる損害は「償うことのできない損害」である。したがって、本件では②の要件は充足される。

　次に③の要件について検討すると、本件の場合、Xに金銭的余裕がまったくないことから、不支給決定によってXは直ちに生活に困窮し、生命の危機にさらされる可能性がある。そうすると、損害を回避するための緊急性が認められるといえるから、③の要件も充足されている。

　以上からすれば、Xからの仮の義務付けの申立ては認容されるものといえよう（那覇地判平成21年12月22日判タ1324号87頁参照）。

　なお、上記②と③の要件は、一応、別々に検討したが、両者を1つの要件にまとめた上で、その要件充足性を検討することも考えられる。特に本件の場合、Xに身寄りがないこと、高齢であること、健康上の理由により働けないこと、金銭的余裕がないことは、損害回避の緊急性を認定する際の根拠としても機能する（仮にXに身寄りがあれば、さしあたり、そこで保護してもらうことができるから、緊急性はないということになるし、Xが高齢でなく、また、健康であれば、自ら働いて生活費を稼ぐことができるから、

061

同様に緊急性はないということになる）。このように見てくると、本件では
②と③の要件充足性を判定する際に考慮する事情は重複するといえ、そう
であれば、両者を別々に論じる必要はないともいえる。

5.「償うことのできない損害」と「重大な損害」

　本件において仮の義務付けが認められるためには、「償うことのできな
い損害」がなければならないが（行訴法37条の5第1項）、これとよく似
た概念として、行政事件訴訟法上、「重大な損害」という要件がある（行
訴法25条2項）。これは執行停止が認められるための要件であるから、「償
うことのできない損害」も、「重大な損害」も、いずれも仮の権利保護の
要件であるという点で共通する。ただし、一般的には、仮の義務付けが現
状の変更を伴うことから、より慎重な判断が求められると考えられており、
このことから、「償うことのできない損害」のほうが「重大な損害」より
もハードルが高い、といわれている。もっとも、「償うことのできない損
害」の要件の認定にあたっては、救済の実効性確保の見地から柔軟な運用
が求められることも指摘されており、そうすると、運用の仕方次第では、
両者の差はそれほど大きなものではないともいえよう。

　なお、行政事件訴訟法25条3項は「重大な損害」を生ずるか否かの判
断に際して、「損害の回復の困難の程度を考慮するものとし、損害の性質
及び程度並びに処分の内容及び性質をも勘案するものとする」と定めてい
る。当該条項は仮の義務付けに準用されていないが（行訴法37条の5第4
項参照）、「償うことのできない損害」を生ずるか否かの判断に際し、同法
25条3項で列挙されている事項に着目することそれ自体が禁じられてい
るわけではないので、仮の義務付けに際しても同条項で提示されている視
点を参考にすることはありえよう。

| 教育の現場で | 執行停止の3類型 |

　処分の取消訴訟を提起すべき事案において、学生に仮の権利保護の手段について問うと、「執行停止の申立て」という答えが返ってくることは多い。ところが、「それでは何の停止を求めますか？」とさらに問うと、多くの場合、学生は沈黙してしまう。

　執行停止には、①処分の効力の停止、②処分の執行の停止、③手続の続行の停止の3つがあり、このうち後二者によって目的を達成することができるときは処分の効力の停止はすることができない（行訴法25条2項）。つまり、何の停止を求めるのかという点を誤ると、当該執行停止の申立ては認められない。したがって、執行停止の申立てが仮の権利保護の手段として適切であるというのであれば、一体、何の停止を求めるべきか、その都度、検討してみる必要がある。そのためには、上述①〜③の執行停止の3類型が、それぞれどのような内容を有しているのか、若干の具体例とともに、あらかじめ把握しておくのが有意義であろう。以下、簡単に整理しておく。

○執行停止の3類型

種類	内容	具体例
①処分の効力の停止	処分の実現のために強制執行を必要としない処分の停止	(1)公務員の懲戒免職処分の停止 (2)営業許可の取消処分の停止
②処分の執行の停止	処分の実現を強制する執行力の停止	不法残留外国人の退去強制の執行の停止
③手続の続行の停止	取消訴訟の対象とした処分に後続する処分の差止め、あるいは後続する処分の執行の停止	課税処分の取消訴訟における滞納処分の差止め（停止）

第Ⅱ部

本案前の主張

本案前の主張について学ぶ前に

　国民が行政活動によって不利益を被った場合、とりうる法的手段は複数考えられる。具体的には、行為の是正を目的とする行政不服申立ておよび行政事件訴訟ならびに結果の補塡を目的とする国家賠償請求訴訟および損失補償請求訴訟が考えられる。このうち、本案前の主張（訴訟要件に関する主張）が特に問題となるのは行政事件訴訟である。そこで、以下、行政事件訴訟の訴訟類型ごとに訴訟要件を学ぶ際の視点について簡単に指摘しておく。

(1) 抗告訴訟

　行政事件訴訟のうち、行政法の学修上、最も重要なのは抗告訴訟（行訴法3条）である。したがって、本案前の主張について学ぶ際には、まずもって抗告訴訟の訴訟要件をおさえる必要がある。もっとも、抗告訴訟には複数の訴訟類型があるし、訴訟要件はひとつだけではない。したがって抗告訴訟の訴訟要件には複数のものが存在するのであって、それら一つひとつについて理解を深めておく必要がある。ただし、処分性、原告適格、狭義の訴えの利益は特に重要であるから、これら3つの訴訟要件は特に重点的に学修すべきである。

　このうち処分性の要件については、抗告訴訟が処分性を有する行為に関する訴訟であることから、すべての抗告訴訟で同じように問題となる。また、原告適格については、抗告訴訟の類型ごとに行政事件訴訟法の定め方が異なるので、その論じ方は訴訟類型ごとに異なるものの、処分の名宛人以外の第三者の「法律上の利益」の有無をめぐる議論が中心となる。この2つの論点（処分性の有無および法律上の利益の有無）については、判例上、従来の公式が確立しているから、当該公式については確実におさえる必要がある。ただし、個別の事案において処分性の有無や法律上の利益の有無を検討する際には、従来の公式さえおさえていれば、それで十分であるというわけではなく、さらに個別法令の規定を丁寧に読み解くことが求められる（個別法令の規定がどれだけ読み込めるかによって、行政法の実力の差がでるといってよい）。そのため、個別法令において、いかなる規定やいかなる仕組みがあれば、処分性を肯定しうるのか、

また法律上の利益を肯定しうるのか、ということを十分に意識して、行政法の学修を進めていく必要がある。このように、個別法令の規定や仕組みを読み解くことが求められるという点では、狭義の訴えの利益の有無を検討する場合も同様である。

　なお、行政事件訴訟法は、抗告訴訟のなかでも取消訴訟について比較的詳細に規定し、その他の抗告訴訟については部分的に取消訴訟の規定を準用するという形で規律している。同様のことは、訴訟要件についてもいえるので、まずは取消訴訟の訴訟要件について学修し、その後に他の抗告訴訟の訴訟要件について、取消訴訟の訴訟要件を意識しながら、学修するとよい。

(2) 当事者訴訟

　行政事件訴訟法上、当事者訴訟（行訴法4条）の訴訟要件について定めた規定はほとんどない。しかし、このことは当事者訴訟に訴訟要件がないということを意味するのではない。当事者訴訟の訴訟要件は「民事訴訟の例による」（行訴法7条）。

　行政法の学修上は、当事者訴訟の中でも、特に確認訴訟としての実質的当事者訴訟（行訴法4条後段）が重要である。この訴訟は、平成16年の行政事件訴訟法の改正によって新たに「確認の訴え」が明記されたことから、注目を集めるようになった。確認訴訟としての当事者訴訟の場合、確認の利益の有無が訴訟要件の問題として論じられる。ただ、当事者訴訟における確認の利益については未だ十分な議論の蓄積がないため、民事訴訟法の議論が参考にされて、確認の利益の有無が判断されることが多い。

(3) 民衆訴訟および機関訴訟

　客観訴訟である民衆訴訟（行訴法5条）および機関訴訟（行訴法6条）は、法律に特別の定めがある場合に、法律の定める者に限り、提起することができる（行訴法42条）。したがって、客観訴訟の本案前の主張については、基本的に当該訴訟について定めた個別の法律の定めに即して検討することになる。

　客観訴訟の中で特に重要なのは住民訴訟（地自法242条の2）である。

確かに、客観訴訟は、質的にみれば、行政事件訴訟の中では例外的な訴訟として位置づけられるため、行政法の学修上、重要度は劣る。しかし、量的にみれば、日本で提起されている行政事件訴訟のうち、かなりの割合を住民訴訟が占めるため、無視できない存在となっている。したがって、住民訴訟の訴訟要件については、地方自治法の規定に即して、一応の理解を得ておくのが望ましい。

処分性(1)

第1問

　株式会社Bは、A県においてXが所有する土地を賃借し、同土地上に土壌汚染対策法（以下「法」という。）の有害物質使用特定施設を設置し、これを使用していた。ところが、当該施設の設置から数年たった後にA県が調査してみたところ、当該施設の使用が廃止されていたことが判明した。そこで、A県知事は、その旨をXに通知した（法第3条第2項、法施行規則第17条、第18条、以下「本件通知」という。）。これにより法第3条第1項の土壌汚染状況調査の負担を強いられることになったと考えたXは、A県を被告にして、本件通知の取消訴訟（行政事件訴訟法第3条第2項）を提起した。法第3条第3項に基づく命令が取消訴訟の対象になる行為であることおよびBは法第3条の「所有者等」には含まれないことを前提にして、以下の設問に答えなさい。

【設問】

1．A県は、本案前の主張として、本件通知が取消訴訟の対象にならないということを指摘するために、いかなる主張をすべきか。
2．Xは、本案前の主張として、本件通知が取消訴訟の対象になるということを指摘するために、いかなる主張をすべきか。上記1のA県の主張を念頭におきつつ、Xの主張を展開しなさい。

【資料】

○土壌汚染対策法（平成14年5月29日法律第53号）（抜粋）

第3条　使用が廃止された有害物質使用特定施設……に係る工場又は事業場の敷地であった土地の所有者、管理者又は占有者（以下「所有者等」という。）であって、当該有害物質使用特定施設を設置していたもの又は次項の規定により都道府県知事から通知を受けたもの

は、環境省令で定めるところにより、当該土地の土壌の特定有害物質による汚染の状況について、環境大臣が指定する者に環境省令で定める方法により調査させて、その結果を都道府県知事に報告しなければならない。……。

2　都道府県知事は、……有害物質使用特定施設の使用が廃止されたことを知った場合において、当該有害物質使用特定施設を設置していた者以外に当該土地の所有者等があるときは、環境省令で定めるところにより、当該土地の所有者等に対し、当該有害物質使用特定施設の使用が廃止された旨その他の環境省令で定める事項を通知するものとする。

3　都道府県知事は、第1項に規定する者が同項の規定による報告をせず、又は虚偽の報告をしたときは、政令で定めるところにより、その者に対し、その報告を行い、又はその報告の内容を是正すべきことを命ずることができる。

4～5　略

第65条　次の各号のいずれかに該当する者は、1年以下の懲役又は100万円以下の罰金に処する。

一　第3条第3項……の規定による命令に違反した者

二～六　略

＊法第3条第1項の規定に違反した者に対する罰則規定は存在しない。

○**土壌汚染対策法施行規則**（平成14年12月26日環境省令第29号）（抜粋）

第17条　法第3条第2項の通知は、有害物質使用特定施設の使用が廃止された際の土地の所有者等……に対して行うものとする。

第18条　法第3条第2項の環境省令で定める事項は、次のとおりとする。

一　使用が廃止された有害物質使用特定施設の種類、設置場所及び廃止年月日並びに当該有害物質使用特定施設において製造され、使用され、又は処理されていた特定有害物質の種類

二　工場又は事業場の名称及び当該工場又は事業場の敷地であった土地の所在地

三　法第3条第1項の報告を行うべき期限

1. はじめに

　本問では、通知の処分性が問題にされている。一般に「**通知**」と呼ばれる行為は一定の事項を伝達する作用にすぎず、単なる**事実行為**であると捉えられている（このような通知を**観念の通知**と呼ぶことがある）。そのため、一般に通知の処分性は否定されてきた。しかし、これまでも、事案によっては通知の処分性が認められることがあった。たとえば、関税定率法に基づく税関長の通知（最判昭 54 年 12 月 25 日民集 33 巻 7 号 753 頁〔横浜税関検査事件〕）、食品衛生法に基づく検疫所長の通知（最判平 16 年 4 月 26 日民集 58 巻 4 号 989 頁〔冷凍スモークマグロ食品衛生法違反通知事件〕）、登録免許税法に基づく登録免許税の還付請求拒否通知（最判平 17 年 4 月 14 日民集 59 巻 3 号 491 頁〔登録免許税還付拒否事件〕）には、判例上、処分性が認められている。これらの判例を踏まえると、本件で問題になっている行為が「通知」であるからといって、直ちに、その処分性を否定することはできない。そこで、事案に即して本件通知の処分性を検討する必要がある。

　もっとも、この処分性の問題は行政事件訴訟法における重要問題であるから、まずは処分性の有無を判定するための基礎的理解を確認し、その後、本件通知について検討することにしたい。

2. 取消訴訟の対象～処分性

⑴　2 つの「処分」概念

　行政活動であれば、いかなる行為でも取消訴訟の対象として争えるわけではなく、一定の行為しか取消訴訟では争えない。それでは、取消訴訟の対象として相応しい行為とは、いかなる行為か。

　この点、行政事件訴訟法の文言からすると、取消訴訟の対象になるのは、「**行政庁の処分その他公権力の行使に当たる行為**」である（行訴法 3 条 2 項）。これは①「**行政庁の処分**」と②「**その他公権力の行使に当たる行為**」の 2 つからなっている。行政事件訴訟法は、これら 2 つの行為をあわせて「**処分**」と呼んでいる（行訴法 3 条 2 項カッコ書）。そうすると、行政事件訴訟法の中で「処分」の概念は 2 つの意味で用いられているということになる。すなわち、①の「行政庁の処分」という場合の「処分」と、①「行

政庁の処分」および②「その他公権力の行使に当たる行為」をあわせた場合の「処分」である。前者を**狭義の処分**、後者を**広義の処分**と呼ぶことができる。そして、取消訴訟の対象として相応しい行為を総体的にあらわしているのが、広義の処分である。この広義の処分に該当する法的性格が認められる場合、「**処分性がある**」などという。

○取消訴訟の対象

(2) 処分性があるということ・処分性がないということ

ある行為に処分性があるという場合、そのことは、当該行為が①「行政庁の処分」か、あるいは、②「その他公権力の行使に当たる行為」のいずれかに該当するということを意味する。逆に、ある行為に処分性がないという場合、そのことは、当該行為が①「行政庁の処分」にも、②「その他公権力の行使に当たる行為」にも該当しないということを意味する。

したがって、ある行為の処分性の有無を検討する場合には、問題となっている行為が①「行政庁の処分」に該当するか否か、②「その他公権力の行使に当たる行為」に該当するか否かを検討しなければならない。

3.「行政庁の処分」および「その他公権力の行使に当たる行為」の内容

この検討を行うためには、①「行政庁の処分」とは何か、また、②「その他公権力の行使に当たる行為」とは何か、ということがわかっていなければならない。以下、それぞれについて説明する。

(1)「行政庁の処分」

行政事件訴訟法は、「行政庁の処分」について、何の定義規定も置いていない。そのため、解釈上、問題となる。この点、確立した最高裁判例によれば、処分とは「公権力の主体たる国または公共団体が行う行為のうち、

その行為によって、**直接国民の権利義務を形成しまたはその範囲を確定する**ことが**法律上認められているものをいう**」（最判昭 39 年 10 月 29 日民集 18 巻 8 号 1809 頁〔大田区ゴミ焼却場設置事件〕）。この判示から、学説は処分性の有無を判定する要件として、①公権力性、②直接性（具体性）、③外部性、④法効果性（以下「処分の 4 要件」という。）を導き出してきた。したがって、ある行為が「行政庁の処分」に該当するか否かは、この処分の 4 要件に照らして判断することになる。

⑵ 「その他公権力の行使に当たる行為」

行政事件訴訟法は、「その他公権力の行使に当たる行為」について、何の定義規定も置いていない。そのため、解釈上、問題となる。この点、上述の「行政庁の処分」の場合と異なり、「その他公権力の行使に当たる行為」の意味について、判例上、確立した見方は存在しない。

もっとも、**継続的権力的事実行為**が「その他公権力の行使に当たる行為」に該当するということについては、共通の理解が得られている（平成 26 年改正前の行審法 2 条 1 項は公権力の行使に当たる継続的事実行為を処分に含めていた）。この継続的権力的事実行為とは、①継続的であり、かつ②権力的であり、かつ③事実行為である行為のことをさし、たとえば精神病患者の強制入院措置がこれに該当する。この継続的権力的事実行為以外に、いかなる行為が「その他公権力の行使に当たる行為」なのかは必ずしも明らかではない。

4. 処分性の判定作業その 1

以上の理解を踏まえれば、ある行為の処分性が問題となったときに、まず行うべき作業は、当該行為が処分の 4 要件を充足するといえるか否かを検討すること、そして、当該行為が継続的権力的事実行為といえるか否かを検討することである。ここでは、これらの検討作業を「処分性の判定作業その 1」とし、各検討項目について若干の補足説明をしておきたい。

○処分性の判定作業その1

> 1．処分の4要件が充足されているか否か。
> 　①公権力性が認められるか。
> 　②直接性が認められるか。
> 　③外部性が認められるか。
> 　④法効果性が認められるか。
> 2．継続的権力的事実行為に該当するか否か。
> 　①継続性が認められるか。
> 　②権力性が認められるか。
> 　③事実行為といえるか。

(1)　**処分の4要件について**

①公権力性：問題となっている行為に公権力性が備わっているか否かは、当該行為が相手方（国民・住民）の同意に基づかないで、法律の規定にしたがって一方的に行われることになっているか否かという観点から判断する。たとえば**行政契約**は相手方の同意を要するので、公権力性は認められない。

②直接性：問題となっている行為に直接性が備わっているか否かは、当該行為が行われることで、間接的にではなく、直接的に、個別具体的な国民の権利義務の変動が生じるか否かという観点から判断する。たとえば**行政立法**は、通常、それによって直ちに個別具体的な国民の権利義務の変動が生じるのではなく、何らかの執行行為（たとえば許可・不許可）があってはじめて個別具体的な国民の権利義務の変動が生じるので、直接性は認められない。

③外部性：問題となっている行為に外部性が備わっているか否かは、当該行為の主体と当該行為の名宛人の関係が行政機関相互の関係といえるか否かという観点から判断する。たとえば市長から部長への職務命令（**通達**）は、行為の主体たる市長と行為の名宛人たる部長の関係が行政機関相互の関係といえるから、通常、外部性は認められない。

④法効果性：問題となっている行為に法効果性があるか否かは、当該
　行為によって権利義務の発生・変動・消滅があるか否かという観点
　から判断する。たとえば**行政指導**は事実行為であるから、通常、法
　効果性は認められない。

(2)　**継続的権力的事実行為について**
①継続性：問題となっている行為に継続性が備わっているか否かは、
　当該行為が継続して行われているか否かという観点から判断する。
　たとえば、口頭で1度限りで行われた行政指導は単発的行為である
　から、継続性は認められない。
②権力性：これについては、処分の4要件の中の「公権力性」と同様
　の観点から判断する。
③事実行為：問題となっている行為が事実行為か否かは、当該行為に
　よって権利義務の変動が生じるか否かという観点から判断する。し
　たがって、法行為は事実行為たりえない。

5. 処分性の判定作業その1を経て出てくる3つのパターン

　以上のようにして、実際に処分性の判定作業その1を行ってみると、次
の3つのパターンのいずれかになるはずである。

(1)　**明瞭肯定型**
　処分性の判定作業その1を通じて、明瞭に処分の4要件が充足されてい
ることがいえたり、また、明瞭に継続的権力的事実行為であることがいえ
たりすることがある。この場合は、もはやこれ以上の作業を行うことなく
（したがって、後述の「処分性の判定作業その2」に進むことなく）、当該行為
の処分性を肯定することができる。もっとも、このことは後述の「処分性
の判定作業その2」に進むことを禁止する趣旨ではない。したがって、
「処分性の判定作業その2」に進んで、当該行為の処分性を肯定するため
の有利な事情を指摘できるのであれば、補強材料として、当該事情を指摘
することもありうる。

075

(2) 明瞭否定型

処分性の判定作業その1を通じて、明瞭に、処分の4要件の一部または全部が充足されておらず、継続的権力的事実行為でもないことがいえたりすることがある。この場合は、少なくとも、処分性の判定作業その1の段階で当該行為の処分性を肯定することはできない。しかし、この場合であっても、当該行為に処分性がないと結論づけるのは早計である。なぜなら、後述の「処分性の判定作業その2」によって当該行為の処分性を肯定する余地が残されているからである。

(3) 不明瞭型

処分性の判定作業その1を行ってみた結果、処分の4要件が充足されているのか否か、また、継続的権力的事実行為であるのか否か、はっきりとした答えを得られない場合がある。この場合は、少なくとも、処分性の判定作業その1の段階で当該行為の処分性を肯定することも、否定することもできない。そこで、次の「処分性の判定作業その2」によって当該行為の処分性の有無を判定することになる。

6. 処分性の判定作業その2

以上の処分性の判定作業その1とは異なる視点で、さらに処分性の判定作業を行うことが考えられる。それでは、いかなる視点から処分性の有無を判定することが考えられるか。以下、考えうるいくつかの視点を指摘しておく。なお、ここでは、これらの視点に基づいて処分性の有無を判定する作業のことを「処分性の判定作業その2」とする。

(1) 法律の文言

まず、問題となっている行為を規律している法律の文言に着目することが考えられる。たとえば「命ずることができる」といった（狭義の）処分を想起させるような定め方がされていれば、このような事情は当該行為の処分性を肯定する方向で作用する。

(2) 手続規定

次に、問題となっている行為を手続的見地から規律した個別法上の規定に着目することが考えられる。もっとも、そのような手続規定には複数のものがある。

第1は、特定の行為を**行政不服申立て**の対象とする旨、定めている規定である。そのような規定の存在は、当該行為の処分性を肯定するのに有利な事情となる。なぜなら、行政不服申立てと取消訴訟は行政争訟手続として一定の連続性があると考えられる以上、行政不服申立ての対象とされる行為は、同時に取消訴訟の対象にもなると指摘できるからである。

第2は、特定の行為の事前手続として**意見陳述（聴聞）の機会**を付与している規定である。そのような規定の存在は、当該行為の処分性を肯定するのに有利な事情となる。なぜなら、行政手続法上の**不利益処分**の場合は原則として意見陳述の機会が付与されることになっており（行手法第13条第1項）、これと同様の扱いをすることが個別法で認められている行為は、行政手続法上の不利益処分と同様またはこれに準じる行為として取消訴訟の対象にすることができる、と指摘できるからである。

第3は、行政手続法上の「申請に対する処分」または「不利益処分」に関する規定を**適用除外**にする旨、定めている規定である。このような規定の存在もまた処分性を肯定するのに有利な事情となる。この点、立法者は、問題になっている行為が行政手続法上の「申請に対する処分」または「不利益処分」に該当すると考え、かつ、適用除外規定を置かないと行政手続法の処分手続規律（行手法第2章および第3章の規律）が及び、不都合が生じると考えたからこそ、個別法で適用除外に関する規定を置いたと考えられる。仮に立法者が当該行為を行政手続法上の「申請に対する処分」または「不利益処分」に該当すると考えていなかったのであれば、そもそも行政手続法の処分手続規律が及ぶ心配はないので、適用除外規定を置かなくても、行政手続法は適用されることがなく、何らかの不都合が生じる危険もない。このように考えると、個別法で「申請に対する処分」または「不利益処分」に関する行政手続法の規定を適用除外にする旨、定めている規定があれば、それは処分性を肯定するのに有利な事情といえよう。

(3) 法令の仕組み

次に、問題となっている行為の根拠法令および関係法令の仕組みに着目することが考えられる。もっとも、どのような仕組みがあれば、処分性を肯定する方向に作用するのか（または否定する方向に作用するのか）、問題になるところである。この点、以下に若干の例を挙げておく。

第1に、問題となっている行為に従わなかった場合に、罰則等の一定の制裁が科される仕組みになっている場合には、当該仕組みの存在が処分性を肯定するのに有利な事情として指摘されることがある。

第2に、法令の体系上、問題になっている行為と対をなす行為が存在し、かつ、その対をなす行為の処分性を肯定できる場合には、問題になっている行為の処分性を肯定しうる（たとえば、行政庁による「指定行為の取消し」が処分であれば、指定行為の取消しと対をなす「指定行為」もまた処分であるといえる）。

(4) 取消訴訟の特別な訴訟手続に服さしめることの適否

さらに、問題となっている行為を取消訴訟の特別な訴訟手続に服さしめることの適否という観点から、処分性の有無を判定することが考えられる。

たとえば、法律関係を早期に安定させる必要がある行為の場合は、取消訴訟の対象とすることが望ましい。なぜなら、取消訴訟の対象にすれば、**出訴期間**の制限がかかるので（行訴法 14 条 1 項）、早期に法律関係を安定させることができるからである。したがって、早期の法律関係の安定が望まれるという事情は、処分性を肯定するのに有利な事情となる。

また、**第三者効**を有する取消判決（行訴法 32 条 1 項）によって問題を解決することが適切な場合には、そのような事情は処分性を肯定するのに有利な事情となる（最判平成 21 年 11 月 26 日民集 63 巻 9 号 2124 頁〔横浜市保育所廃止条例事件〕参照）。

(5) 実効的権利救済

最後に、問題となっている行為によって不利益を被っている人が実効的な権利救済を受けられるかという点に着目することが考えられる。実効的な権利救済を受けられるか否かは、他の手段で争う可能性や、他の行為を争う可能性を視野に入れて検討することになる。それぞれにつき、若干、

敷衍しておく。

　第1に、他の救済手段（当事者訴訟等）によっては実効的な権利救済を受けられないという事情がある場合や、取消訴訟によってこそ実効的な権利救済を受けられるという事情がある場合には、取消訴訟によって救済する必要性が高まるので、当該事情は処分性を肯定する方向に作用する。逆に、他の救済手段（当事者訴訟等）によって実効的な権利救済を受けられるという事情がある場合には、取消訴訟によって救済する必要性は低くなるので、当該事情は処分性を否定する方向に作用する。

　第2に、問題となっている行為の後に続く他の行為を争っていたのでは、実効的な権利救済を受けられないという事情がある場合には、早い段階で処分性を肯定し、取消訴訟によって争えるようにする必要性が高まるので、当該事情は処分性を肯定する方向に作用する（最大判平成20年9月10日民集62巻8号2029頁〔浜松市土地区画整理事業計画事件〕参照）。逆に、問題となっている行為の後に続く他の行為を争うことでも、実効的な権利救済を受けられるという事情がある場合には、早い段階で処分性を肯定し、取消訴訟によって争えるようにする必要性が低いので、当該事情は処分性を否定する方向に作用する。

○処分性の判定作業その2

　1．（狭義の）処分を想起させる法律の文言はあるか。
　2．処分性を肯定することにつながる個別法上の手続規定はあるか。
　　①問題となっている行為を行政不服申立ての対象とする旨、定めている規定はあるか。
　　②問題となっている行為の事前手続として意見陳述（聴聞）の機会を付与する規定はあるか。
　　③問題となっている行為について、行政手続法上の「申請に対する処分」または「不利益処分」に関する規定を適用除外にする旨、定めている規定はあるか。
　3．処分性を肯定する方向に作用する法令の仕組みがあるか。
　　①問題となっている行為の実効性を担保する手段として、罰則等の一定の制裁を科す仕組みがあるか。

②法令の体系上、問題となっている行為と対をなす行為が観念でき、その対をなす行為の処分性を肯定できるか。

4．取消訴訟の特別な訴訟手続に服さしめるのが適切か。

①早期の法律関係の安定が求められる行為か。

②第三者効を有する取消判決によって紛争を解決するのが適切な行為か。

5．実効的権利救済を確保できるか。

①問題となっている行為の処分性を否定し、他の救済手段で争わせても、実効的な権利救済を確保できるか。

②問題となっている行為の処分性を否定し、他の行為を争わせることにしても、実効的な権利救済を確保できるか。

7.　処分性の判定作業その2を経た後のまとめ方

　以上の処分性の判定作業その2を行った結果、処分性を肯定するのに有利な事情を指摘できる場合、そのことを、どのように処分性判定の枠組みに落とし込んでいけばよいのか。最後に、この問題について、明瞭肯定型、明瞭否定型、不明瞭型の順で解説しておく。

(1)　明瞭肯定型

　明瞭肯定型の場合、処分性の判定作業その1の段階を経て、処分の4要件を充足していることが確定しているか、継続的権力的事実行為であることが確定している。したがって、あえて処分性の判定作業その2に進まなければならない必要性は乏しいのであるが、仮に処分性の判定作業その2を通じて、処分性を肯定できる事情を指摘できる場合には、処分性を肯定するための補強材料として当該事情を指摘することも考えられる。この場合、処分の4要件を充足していることが確定しているときには、当該事情は「行政庁の処分」（＝狭義の処分）を肯定する補強材料として、また、継続的権力的事実行為であることが確定しているときには、当該事情は「その他公権力の行使に当たる行為」を肯定する補強材料として位置づけることになろう。

080　**Ⅱ本案前の主張**│**1 処分性**(1)

(2) 明瞭否定型

明瞭否定型の場合、処分性の判定作業その1の段階で、処分の4要件を充足していないことが確定しているから、少なくとも、処分性の判定作業その2の段階を経て、処分性を肯定できる事情を指摘できるにしても、そのことから、問題となっている行為が「行政庁の処分」(＝狭義の処分)に該当するという結論を導き出すことはできない。

他方、処分性の判定作業その1の段階で、継続的権力的事実行為ではないことが確定していても、継続的権力的事実行為は「その他公権力の行使に当たる行為」の一部にしか過ぎないから、「行政庁の処分」でもなく、継続的権力的事実行為でもない行為が「その他公権力の行使に当たる行為」に該当する可能性は残されている。

そうすると、明瞭否定型の場合、処分性の判定作業その2を通じて処分性を肯定できる事情があり、その結果、当該行為の処分性を肯定できるとすれば、当該行為は、理論的には「その他公権力の行使に当たる行為」として処理することになろう。

(3) 不明瞭型

不明瞭型の場合、処分性の判定作業その1の段階では、処分の4要件が充足されているのか否か、はっきりしていない。そのため、処分性の判定基準その2の段階で処分性を肯定できそうな事情がある場合には、そのことから、当該行為が「行政庁の処分」(＝狭義の処分)であると推論することは可能である。

また、「その他公権力の行使に当たる行為」についても、同様に、処分性の判定作業その2を通じて処分性を肯定できる事情があれば、当該行為が「その他公権力の行使に当たる行為」であると推論することは可能である。

このように、不明瞭型の場合は、処分性の判定作業その2を通じて処分性を肯定できる事情を指摘できそうであれば、当該行為を「行政庁の処分」として位置づけることも、また、「その他公権力の行使に当たる行為」に位置づけることもできる。

⑷　議論の実益と表現方法

　ところで、以上の問題、すなわち処分性の判定作業その2を経て処分性を肯定できそうな事情を見出すことができた場合に、問題となっている行為を「行政庁の処分」に位置づけるのか、それとも「その他公権力の行使に当たる行為」に位置づけるのか、という問題は、実際の裁判では議論されていない。これは、処分性の判定作業その2を行った結果、処分性を肯定できそうな事情があれば、当該行為が「行政庁の処分」に該当しようが、「その他公権力の行使に当たる行為」に該当しようが、いずれにせよ取消訴訟の対象になるという点では同じであるということに起因する。したがって、処分性の判定作業その2を通じて処分性を肯定する事情さえ指摘できれば、実務上の処理としては、十分である。

　なお、起案作成上、処分性の判定作業その2を行って処分性を肯定する場合、その結論部分の表現方法は複数ある。たとえば、「行政事件訴訟法第3条第2項にいう『行政庁の処分その他公権力の行使に当たる行為』に当たる」と表現したり、「取消訴訟の対象となる行政処分に当たる」と表現したりする方法がある。これらの表現で対応するのであれば、当該行為が「行政庁の処分」として処分性が認められるのか、それとも「その他公権力の行使に当たる行為」として処分性が認められるのか、必ずしもはっきりさせる必要はない。

　それでは、以上の処分性に関する基礎的理解を踏まえたうえで、以下、本件通知の処分性について、原告・被告双方の立場から検討を加えることにしたい。

8.　A県の主張（設問1）

　A県の立場にたって通知の処分性を否定しようとすれば、まずは上述の処分性の判定作業その1の段階で、本件通知が処分の4要件のうちいずれかの要件を充足していないということを指摘できるようにすることを目指すことになる。通常、「通知」の処分性が問題となる場合、法効果性の有無が重要な争点となるので、本件においても、処分の4要件のうち法効果性に着目するのが適切であろう。それでは、具体的に本件通知の法効果

性を否定するためには、どのような主張が考えられるか。この点、本件の
モデルケースにおいて展開された主張（旭川地判平成21年9月8日民集66
巻2号158頁）を参考にすると、所有者等の調査報告義務は通知によって
発生するのではなく、有害物質使用特定施設の廃止時に当然に生じるもの
であり、法3条2項の通知は、このように生じた義務の始期および期限等
を定めるためのものであると指摘することが考えられる（法施行規則18条
1号ないし3号参照）。

　ひとまず、処分性の判定作業その1の段階で、このような指摘をしたら、
次に処分性の判定作業その2の段階に進み、可能な場合には、処分性を否
定するのに有利な事情を指摘しておくとよい。本件では、以下の3つの指
摘が考えられよう。

　第1に、法は3条3項に基づく命令を処分として定めている。このこと
から、法は3条2項の通知が発せられた段階ではなく、3条3項の命令が
発せられた段階で、当該命令の取消訴訟を提起して権利救済を図れば十分
であると考えている、と解される。そうであるとすれば、実効的な権利救
済の確保という観点から、本件通知に処分性を認める必要性はない。

　第2に、調査報告義務違反に対して刑罰を科す旨の規定は存在しないの
で（このことは【資料】の中で「＊法第3条第1項の規定に違反した者に対す
る罰則規定は存在しない」と説明されていることから明らかである）、当該義
務が刑罰をもって強制されることはない。そうすると、法は単に任意での
調査報告義務の履行を求めているにすぎないといえるから、少なくとも通
知の段階で権利救済手段を確保しておくことの必要性は乏しい。これに対
し、法3条3項の命令に違反する行為に対しては刑罰が科せられることに
なっているから（法65条1号）、当該命令が発せられた段階での権利救済
手段を確保する必要性は高く、法は、その段階で争わせることを期待して
いると解される。

　第3に、通知の処分性を否定して、取消訴訟を認めないことにしても、
Xの調査報告義務の不存在確認訴訟が考えられるから（この確認訴訟は行
訴法4条後段の**実質的当事者訴訟**として構成することができる）、本件通知の
処分性を否定しても、実効的な権利救済の確保という点では大きな問題は
生じない。

　なお、本件通知の処分性を否定するために、処分性の判定作業その1の

段階で、厳密には、本件通知が継続的権力的事実行為でないことを指摘することも有益であろうが、本件のように、継続的権力的事実行為でないことが明らかである場合には、いちいちこれを指摘しなくてもよい。

9. Xの主張（設問2）

他方、Xの立場にたって通知の処分性を肯定しようとすれば、まずは上述の処分性の判定作業その1の段階で、処分の4要件がすべて充足されているということを指摘することが目指されよう。問題になるのは、法効果性の有無である。この点は、単純に法3条1項および2項に即して、通知により調査報告義務が発生することを指摘することが考えられる。そのほかの要件（すなわち公権力性、直接性、外部性）については、特に問題がないであろう。そうすると、これ以上の指摘は必要ないともいえる。ただ、設問2ではA県の主張を念頭に置くことが求められているので、A県の主張に対する有効な反論が考えられるのであれば、さらにそれを指摘しておく必要がある。ここでは、以下の2点を指摘することが考えられよう。

第1に、既に調査報告義務が発生しているにもかかわらず、法3条3項に基づく命令が出されるまで争うことができないとすると、実効的な権利救済を図るという観点から問題がある。とりわけ法3条3項に基づく命令には効果裁量が認められると解されるので、命令を発するか否か、発するとしてどのタイミングで発するかは、行政庁の判断に委ねられている。そうすると、調査報告義務違反があるからといって、直ちに同条項に基づく命令が発せられるわけではなく、実際に当該命令が発せられなければ、調査報告義務者は、いつまでも当該義務の存在について争うことができないことになる。これでは実効的な権利救済を確保することができないから、本件通知に処分性を認めて、調査報告義務者が争えるようにしておく必要がある。

第2に、確かに調査報告義務違反に対して刑罰を科す旨の規定は存在しないが、しかし、そのような規定がなくても、処分性を肯定することは可能である。刑罰規定の存在は、処分性を肯定するための必須の要件ではなく、単に処分性を肯定する際に有利に作用する事情のうちの一つにすぎない。したがって、刑罰規定が存在しなくても、処分の4要件が充足されて

いるといえれば、処分性を肯定することは可能である。

10. 最高裁の立場

　本件と類似の事案を扱った最高裁平成24年2月3日判決民集66巻2号148頁は、「都道府県知事は、有害物質使用特定施設の使用が廃止されたことを知った場合において、当該施設を設置していた者以外に当該施設に係る工場又は事業場の敷地であった土地の所有者、管理者又は占有者（以下「所有者等」という。）があるときは、当該施設の使用が廃止された際の当該土地の所有者等（……）に対し、当該施設の使用が廃止された旨その他の事項を通知する（法3条2項……）。その通知を受けた当該土地の所有者等は、……当該通知を受けた日から起算して原則として120日以内に、当該土地の土壌の法2条1項所定の特定有害物質による汚染の状況について、環境大臣が指定する者に所定の方法により調査させて、都道府県知事に所定の様式による報告書を提出してその結果を報告しなければならない（法3条1項……）。これらの法令の規定によれば、法3条2項による通知は、通知を受けた当該土地の所有者等に上記の調査及び報告の義務を生じさせ、その法的地位に直接的な影響を及ぼすものというべきである」と述べている。したがって、同判決は、処分性の判定作業その1から直ちに法3条2項の通知が（狭義の）処分であることを認めている、といってよい。

　もっとも、同判決は処分性の判定作業その2の見地から、さらに、「報告の義務自体は上記通知〔法3条2項による通知：土田注〕によって既に発生しているものであって、その通知を受けた当該土地の所有者等は、これに従わずに上記の報告〔法3条1項による報告：土田注〕をしない場合でも、速やかに法3条3項による命令が発せられるわけではないので、早期にその命令を対象とする取消訴訟を提起することができるものではない。そうすると、実効的な権利救済を図るという観点から見ても、同条2項による通知がされた段階で、これを対象とする取消訴訟の提起が制限されるべき理由はない。」と述べ、法3条2項の通知が処分性を有するという見方を支持している。

　なお、同判決は刑罰規定の有無や、他の訴訟形式の可能性については言及していない。これらの点に言及しなくても、法3条2項の通知の処分性

を肯定することが可能であるとの判断があったものと思われる。

11. 処分性を肯定した場合の本案上の主張への影響

　本問では本案前の主張が問題にされており、本案上の主張は特に問題にされていないが、仮に本件通知の処分性が肯定されると、それによって本案上の主張も一定の影響を受ける。

　このことは、行政手続法、行政不服審査法、行政事件訴訟法といった手続法上の処分概念を統一的に把握しようとする現在の一般的理解から生じる当然の帰結といってもよい。すなわち、この理解によると、本件通知の処分性が肯定されれば、行政手続法上も処分として捉えられることになる。本件通知の内容に着目すれば、当該行為は行政手続法における「不利益処分」に該当するので、本件通知を行うには同法所定の事前手続が必要となる（たとえば行手法13条により聴聞等の意見陳述のための手続が原則として必要になる）。しかし、行政庁が本件通知の処分性を否定的に捉えていれば、そのような事前手続はとられていないはずである。実際に、そのような事実が認められれば、原告は、本案上の主張として行政手続法違反の指摘をすることが考えられよう。

　このように、処分性の問題は単に本案前の主張に止まらず、本案上の主張にも波及していく問題であるから、注意が必要である。

処分性(2)

第2問

　A町では行財政改革の一環として、A町立小学校の統廃合が実施されることとなり、1カ条からなる「A町立小学校廃止条例」（以下「本件条例」という。）が公布・施行された。これに伴い、西山小学校に通学していた全児童30名は、新たに東山小学校に通学することになった。そこで、西山小学校の3年生の児童の保護者Xは、これまでどおり、伝統ある西山小学校に長男を通学させるため、A町に対し、本件条例の取消しを求めて取消訴訟（行政事件訴訟法第3条第2項）を提起した。西山小学校はXの自宅から100メートルの位置にあるが、東山小学校はXの自宅から1.5キロの位置にある。このことを前提にして以下の設問に答えなさい。

【設問】

1. 一般に条例（あるいは条例制定行為）が取消訴訟の対象にならないと解される場合の理由は何か。

2. 最高裁平成21年11月26日判決（民集63巻9号2124頁〔横浜市保育所廃止条例事件〕）は、保育所廃止条例が取消訴訟の対象になる旨、判示しているが、その理由づけはどのように行われているか。必要に応じて、当時の児童福祉法の条文〔後掲〕を参照して答えなさい。

3. A町は、本案前の主張として、本件条例が取消訴訟の対象にならない旨、指摘するために、いかなる主張をすることが考えられるか。上記2の最高裁判決を意識して答えなさい。

【資料】

○ A町立小学校廃止条例 （平成26年3月2日条例第9号）（抜粋）

第1条　次に掲げるA町立小学校を廃止する。

西山小学校　北山小学校　南山小学校

○学校教育法（昭和22年3月31日法律第26号）（抜粋）

第16条　保護者……は、次条に定めるところにより、子に9年の普通教育を受けさせる義務を負う。

第17条　保護者は、子……を小学校……に就学させる義務を負う。……。

2～3　略

第38条　市町村は、その区域内にある学齢児童を就学させるに必要な小学校を設置しなければならない。

○学校教育法施行令（昭和28年10月31日政令第340号）（抜粋）

第5条　市町村の教育委員会は、就学予定者……について、その保護者に対し、……小学校……の入学期日を通知しなければならない。

2　市町村の教育委員会は、当該市町村の設置する小学校……が2校以上ある場合においては、前項の通知において当該就学予定者の就学すべき小学校……を指定しなければならない。

3　略

○学校教育法施行規則（昭和22年5月23日文部省令第11号）（抜粋）

第32条　市町村の教育委員会は、学校教育法施行令第5条第2項……の規定により就学予定者の就学すべき小学校……を指定する場合には、あらかじめ、その保護者の意見を聴取することができる。……。

2　略

○児童福祉法（昭和22年12月12日法律第164号）（抜粋）

第24条　市町村は、保護者の……監護すべき乳児、幼児……の保育に欠けるところがある場合において、保護者から申込みがあったときは、それらの児童を保育所において保育しなければならない。……。

2　前項に規定する児童について保育所における保育を行うことを希望する保護者は、……入所を希望する保育所……を記載した申込書を市町村に提出しなければならない。……。

3～5　略

1. 問題の所在

これまでどおり長男を自宅近くの西山小学校に通学させたいと考えている保護者Xは、本件条例の取消訴訟において勝訴することができれば、西山小学校の廃止を阻止できるので、その目的を達成することができる。この点で、Xが本件条例の取消訴訟を提起することは不適切とはいえない。

しかし、一般に条例は取消訴訟の対象ではないとされるため、本件訴訟は処分性の訴訟要件を充足せず、不適切である、ともいえそうである。ただ、設問2で指摘されているとおり、最高裁平成21年11月26日判決（民集63巻9号2124頁〔横浜市保育所廃止条例事件〕、以下「平成21年判決」という。）は保育所廃止条例の処分性を認めている。したがって、この判例を参考にすれば、小学校の廃止条例についても容易に処分性を肯定できそうである。しかし、保育所をめぐる法状況と小学校をめぐる法状況は同一ではない。そのため、両者の差異に配慮しつつ、本件条例の処分性について検討する必要がある。

2. 条例の処分性（設問1）

一般に条例が取消訴訟の対象にならないと考えられる理由は、条例が直接性の要素を欠くためである。すなわち、取消訴訟の対象となる（狭義の）処分は「**公権力の主体たる国または公共団体が行う行為のうち、その行為によって、直接国民の権利義務を形成しまたはその範囲を確定することが法律上認められているもの**」と定義されるところ、通常、条例は直接、住民の権利義務に影響を及ぼさない。むしろ、住民の権利義務への直接の影響は、条例に基づく執行行為によって、はじめて観念できることが多い。たとえば、知事による許可制度について定めた条例の場合、抽象的には当該条例によって住民は許可を獲得しなければ特定の行為を行えず、逆に、許可を獲得すれば特定の行為を行うことができるという法的地位にたたされるが、その抽象的な法的地位が具体化するのは、当該条例に基づいて知事が申請に対する回答（許可または不許可）を行った段階である（この知事による回答が条例に基づく執行行為である）。この場合は、条例それ自体を争

わなくても、後続の執行行為（許可または不許可）を争う途が残されているので、条例の処分性を否定しても、権利救済上、大きな問題は生じない。

もっとも、条例の中には、執行行為を待たずして、一定の範囲の者に具体的な法的地位の変動を及ぼす条例がありうる。このような場合には、条例の直接性を肯定することができるので、条例が（狭義の）処分であることを肯定できる、と考えられる。

○条例の処分性

(1) 執行行為が後続する条例

(2) 執行行為が後続しない条例

3. 保育所廃止条例の処分性（設問2）

平成21年判決は、最高裁が条例の処分性を認めた初めてのケースである。それでは、最高裁は、いかなる理由づけによって保育所廃止条例の処分性を肯定したのか。判決文に即して、その理由づけを整理しておこう。

まず、最高裁は、当時の児童福祉法24条1～3項の規定およびその立法趣旨（＝同法は、女性の社会進出や就労形態の多様化に伴い、乳児保育や保育時間の延長を始めとする多様なサービスの提供が必要になったことから、保護者の保育所の選択を制度上保障している）から、児童およびその保護者に、特定の保育所で、保育の実施期間が満了するまでの間、保育を受けることを期待し得る法的地位が認められる、ということを確認している。そして、このことを前提にして、「〔1〕本件改正条例は、本件各保育所の廃止のみ

を内容とするものであって、〔2〕他に行政庁の処分を待つことなく、その
施行により各保育所廃止の効果を発生させ、〔3〕当該保育所に現に入所中
の児童及びその保護者という限られた特定の者らに対して、〔4〕直接、当
該保育所において保育を受けることを期待し得る上記の法的地位を奪う結
果を生じさせるものである」から、条例制定行為が「行政庁の処分と実質
的に同視し得る」と判示した（番号は筆者が付した。以下、それぞれ「理由
①〔1〕～〔4〕」とする）。

　加えて、最高裁は、当事者訴訟や民事訴訟で条例の効力を争っても、判
決の効力は当事者間にしか及ばず、これでは実際の対応が困難になるので、
条例の処分性を認めて、**第三者効**（行訴法32条）を伴った取消訴訟で争わ
せたほうが合理的である旨、判示している（以下「理由②」とする）。

　このように平成21年判決は、一方で保育所廃止条例の特性および保護
者の法的地位に着目するとともに（理由①）、他方で後始末のつけ方まで
考慮に入れて（理由②）、条例の処分性を肯定している。その理由づけや、
当該条例に処分性を認めることに伴って生じる理論上の問題については議
論の余地があるものの、基本的に保育所廃止条例に処分性を認めた平成
21年判決は、学説上、多くの支持を集めているといってよい。

　そこで、以下、平成21年判決で示された枠組みを前提にして、本件条
例の処分性について検討してみる。

4. 小学校廃止条例の処分性

　本件において、上記の理由①〔1〕～〔4〕および理由②と同様の指摘がで
きるのであれば、本件条例の処分性は比較的容易に肯定できよう。これに
対し、上記の理由①〔1〕～〔4〕および理由②のいずれかについて、同様の
指摘ができないのであれば、本件条例の処分性を肯定するのは困難になる。
そこで、本件では上記の各理由と同様の指摘が可能か否か、以下、検討す
る。順序は前後するが、理由②から検討することにしよう。

(1) 理由②について

　本件でも、本件条例の効力を民事訴訟や当事者訴訟で争うことが考えら
れるが、その場合、判決の効力は当事者間にしか及ばず、他の児童の保護

者等との関係で実際の対応が困難になるということは指摘できよう。そうすると、本件においても、本件条例に処分性を認めて、第三者効を伴った取消訴訟で争わせたほうが合理的であるとの指摘はありうるところである。

(2) 理由①〔1〕について

本件条例が特定の小学校の廃止のみを内容とする条例であるということは、本件条例の内容から明らかである。したがって、理由①〔1〕は本件でも同様に妥当する。

(3) 理由①〔2〕について

本件条例の施行により、行政庁の処分を待つことなく、各小学校が廃止されるという効果は発生する。したがって、理由①〔2〕は本件でも同様に妥当する。

(4) 理由①〔3〕について

本件でも、小学校に現に在学中の児童およびその保護者という限られた特定の者を観念することができる。したがって、理由①〔3〕は本件でも同様に妥当する。

(5) 理由①〔4〕について

以上のようにみてくると、平成21年判決の事案と本件は共通点が多いので、平成21年判決の枠組みを使えば、本件条例の処分性を肯定することができるように思えてくる。しかし、理由①〔4〕はどうか。すなわち、平成21年判決の事案では、特定の保育所で保育を受けることを期待する法的地位が観念できたが、その根拠は当時の児童福祉法24条の各規定およびその立法趣旨であった。ところが、小学校の場合、児童福祉法の当該規定や同法の立法趣旨は関係がない。そこで、小学校に関する法令およびその解釈を通じて、特定の小学校に児童を就学させる保護者の法的地位を読み取ることができるか、改めて確認してみる必要がある。そうすると、学校教育法およびその他の関係法令からは児童を就学させる保護者の義務は読み取れるが（学校教育法16条、17条）、特定の小学校に児童を就学させる保護者の法的地位は読み取ることができないといえる。この点、市町

村の教育委員会は、就学すべき小学校の指定に際して、保護者の意見を聴
取することができるとされているので（学校教育法施行令 5 条 2 項、学校教
育法施行規則 32 条 1 項）、これを根拠に保護者には希望する特定の小学校
に児童を就学させる法的地位が認められているともいえそうである。しか
し、学校教育法施行規則 32 条 1 項は「できる規定」である上に、与えら
れた条文を前提にすると、教育委員会が保護者の意見に法的に拘束されて、
小学校を指定することにはなっていない。むしろ、就学すべき小学校の指
定は基本的に教育委員会の判断によって一方的に行われることになってい
ると解される。この点で、原則として、希望する保育所で市町村による保
育の実施が行われることを認めている児童福祉法とは決定的に異なる。そ
うすると、そもそも本件条例が「法的地位を奪う結果」を生じさせること
はないので、平成 21 年判決の理由①〔4〕と同趣旨の理由づけを、本件で
行うことはできない。

　以上から、平成 21 年判決と同様の理由づけで本件条例の処分性を肯定
するのは困難であるといえよう。

5. 最高裁平成 14 年判決

　希望する特定の小学校に児童を就学させる保護者の法的地位は認められ
ないということを理由にして小学校廃止条例の処分性を否定する立場は、
既に最高裁平成 14 年 4 月 25 日判決（判自 229 号 52 頁〔千代田区立小学校
廃止条例事件〕、以下「平成 14 年判決」という。）で表明されている。すなわ
ち、同判決は、保護者が「具体的に特定の区立小学校で教育を受けさせる
権利ないし法的利益を有するとはいえない」として、小学校廃止条例の処
分性を否定した原審の判断を支持している。

　もっとも、平成 14 年判決は、単に特定の小学校で教育を受けさせる権
利ないし法的利益が保護者に認められないということのみを指摘して、条
例の処分性を否定したわけではない。同判決は、保護者に「社会生活上通
学可能な範囲内に設置する小学校においてその子らに法定年限の普通教育
を受けさせる権利ないし法的利益」を認めている。したがって、同判決に
よれば、社会生活上通学不可能な範囲に設置された小学校に子どもを就学
させることになるような小学校廃止条例であれば、条例の処分性が認めら

れる余地はある（ただし、このような視点で処分性の有無を決すると、原告の自宅と小学校の距離といった原告の主観的事情によって、処分性が認められたり、認められなかったりすることになる。そうすると、ある人との関係では処分性が認められ、ある人との関係では処分性が認められないといった事態が発生し、条例の法的性格が客観的に決まらないという問題が生じる。そこで、自宅と小学校の距離といった原告の主観的事情は原告適格の問題であると示唆する学説もある。）。

6. A町の主張（設問3）

　以上のことを踏まえると、A町としては、本件条例が取消訴訟の対象にならない旨、指摘するために、まず（狭義の）処分の定義を確認したうえで、関係法令からは保護者に特定の小学校で児童を就学させる権利ないし法的地位が認められない旨、主張すべきである。その際に、学校教育法施行令5条2項および学校教育法施行規則32条1項が当該権利ないし法的地位を認める根拠になりうるようにみえるので、同条項に配慮した主張も行うと、より説得力が増すであろう（具体的には、上述の4. 小学校廃止条例の処分性（5）を参照）。このような主張（＝侵害される権利ないし法的地位がXに認められない旨の主張）は、結局、Xの権利義務が影響を受けない旨の指摘なので、処分の4要件のうち、直接性ではなく、法効果性の欠如によって本件条例の処分性を否定する主張といえよう（本件条例の処分性を否定する場合、厳密には、さらに本件条例が「その他公権力の行使に当たる行為」（行訴法3条2項）か否かについても、検討する必要があるといえようが、本件の事情から、これを肯定しうる特段の事情も見当たらないので、この点に関する主張は省略してよいであろう）。

　なお、上述の平成14年判決を前提にすると、社会通念上通学不可能な範囲に設置された小学校への就学を余儀なくする小学校廃止条例であれば、処分性が肯定される余地もある。このことを踏まえると、本件の場合は、Xの長男が新しく通学することになる東山小学校はXの自宅から1キロしか離れておらず、社会通念上通学不可能な範囲に設置された小学校とはいえないから、本件条例の処分性は否定される、との主張が考えられる。

| 教育の現場で | **処分の４要件か、それとも処分の２要件か** |

　学生から頻繁にされる質問の中に、（狭義の）処分を２要件で整理すべきか、それとも４要件で整理すべきかという質問がある。前者は、処分に関する判例の定義を①公権力性と②国民の権利義務への直接的な規律の２要件で整理する立場であるのに対し（以下「２要件説」という。）、後者は①公権力性、②直接性、③外部性、④法効果性の４要件で整理する立場である（以下「４要件説」という）。恐らく、起案をする際に、どちらで書けばよいのか迷ってしまい、教員のところに質問に来るのだと推測される。

　いずれの整理も間違いではないから、結論からいえば、どちらでも構わない。ただ、あえて指摘すれば、それぞれの整理の仕方には一長一短があるともいえる。４要件説は処分の要素が４つに細分化されているため、事案分析をシャープに行うことになるが、２要件説は処分の要素を２つに分化し、そのうちの一方に４要件説でいう３つの要件（直接性、外部性、法効果性）を含めてしまっているので、事案分析が大雑把になりかねない。他方で、事案によっては、直接性・外部性・法効果性の３つの要件が絡み合って４要件のうちどの要件の問題なのか迷ってしまう場合があり、このような場合には、２要件説で対応すれば、いちいちどの要件の問題かを特定する必要がなく、誤った要件に無理やり位置づけて事案を処理するリスクをおかさなくて済むが、４要件説の場合は、誤った要件に位置づけて事案を処理するリスクを負うことになる。

　このように、それぞれにメリット・デメリットがあると指摘すると、どちらの立場をとるべきか、なお一層悩んでしまうかもしれない。そこで、１つの考えうる対応策として、どちらか一方の立場だけをおさえるのではなく、両方の立場をおさえて、事案によって起案の仕方を柔軟に使い分けるということが考えられる。すなわち、まず事案分析に際しては、いったん４要件説を意識して分析し、明確に４要件のうちどの要件の問題か指摘できるようであれば、そのまま分析結果を起案文書に反映させればよい（事案分析の段階でも、また起案の段階でも４要件説で対応する立場）。逆に事案分析の結果、明確に４要件のうちどの要件の問題かはっきり指摘できないようであれば、起案の段階で２要件説にたって文書を作成すればよい（事案分析の段階では４要件説で、起案の段階では２要件説で対応するという立場）。

ただし、最後にもう一度指摘しておくが、2要件説で整理しようが、4要件説で整理しようが、それによって間違いだと評価されることはない。その意味で、この問題は、深刻に悩むべき問題ではない。

原告適格(1)　第3問

　Xは崖下の土地の所有者であり、当該土地に家屋を建て、居住している。Aは、このXの土地に隣接する崖上の土地で宅地造成に関する工事を実施しようとしたが、当該土地が宅地造成工事規制区域内にあったため、B県知事に許可の申請を行い、その後、同知事から許可を得た（宅地造成等規制法第8条第1項）。しかし、Xは、この許可に納得がいかない。そこで、Xは当該許可の取消訴訟（行政事件訴訟法第3条第2項）を提起しようとしている。以下の設問に答えなさい。

【設問】

1．行政事件訴訟法によれば、取消訴訟の原告適格は誰に認められるか。同法の文言にしたがって指摘するとともに、最高裁判例にしたがって、その意味を説明しなさい。
2．Xは、自らが本件取消訴訟の原告適格を有するということを、どのように主張すべきか。上記1の解答を踏まえて説明しなさい。

【資料】

○宅地造成等規制法（昭和36年11月7日法律第191号）（抜粋）

第1条　この法律は、宅地造成に伴う崖崩れ又は土砂の流出による災害の防止のため必要な規制を行うことにより、国民の生命及び財産の保護を図り、もって公共の福祉に寄与することを目的とする。

第3条　都道府県知事……は、この法律の目的を達成するために必要があると認めるときは、……宅地造成に伴い災害が生ずるおそれが大きい市街地……の区域であって、宅地造成に関する工事について規制を行う必要があるものを、宅地造成工事規制区域として指定することができる。

2〜4　略

097

第8条　宅地造成工事規制区域内において行われる宅地造成に関する工事については、造成主は、当該工事に着手する前に、……都道府県知事の許可を受けなければならない。……。

2　都道府県知事は、前項本文の許可の申請に係る宅地造成に関する工事の計画が次条の規定に適合しないと認めるときは、同項本文の許可をしてはならない。

3　都道府県知事は、第1項本文の許可に、工事の施行に伴う災害を防止するため必要な条件を付することができる。

第9条　宅地造成工事規制区域内において行われる宅地造成に関する工事は、政令（その政令で都道府県の規則に委任した事項に関しては、その規則を含む。）で定める技術的基準に従い、擁壁、排水施設その他の政令で定める施設……の設置その他宅地造成に伴う災害を防止するため必要な措置が講ぜられたものでなければならない。

2　略

○宅地造成等規制法施行令（昭和37年1月30日政令第16号）（抜粋）

第5条　法〔宅地造成等規制法〕第9条第1項の政令で定める技術的基準のうち地盤について講ずる措置に関するものは、次のとおりとする。

　一～二　略

　三　盛土をする場合においては、盛土をした後の地盤に雨水その他の地表水又は地下水……の浸透による緩み、沈下、崩壊又は滑りが生じないように、おおむね30センチメートル以下の厚さの層に分けて土を盛り、かつ、その層の土を盛るごとに、これを……締め固めるとともに、必要に応じて地滑り抑止ぐい等の設置その他の措置を講ずること。

　四　略

第15条　略

2　都道府県知事は、その地方の気候、風土又は地勢の特殊性により、この章の規定〔第4条～第15条〕のみによっては宅地造成に伴う崖崩れ又は土砂の流出の防止の目的を達し難いと認める場合においては、都道府県の規則で、この章に規定する技術的基準を強化し、又は必要な技術的基準を付加することができる。

1．Xの主張の基本方針（設問1）

　Xが提起しようとしている取消訴訟は処分の取消訴訟（行訴法3条2項）である。処分の取消訴訟は、処分に不服さえあれば、誰が提起してもよいというものではない。行政事件訴訟法9条1項によれば、「**法律上の利益を有する者**」だけが適法に処分の取消訴訟を提起することができる。したがって、本問においてXが原告適格を有する旨、指摘しようとすれば、自らが「法律上の利益を有する者」であるということを主張しなければならない。

2．法律上の利益を有する者の意義（設問1）

　そこで「法律上の利益を有する者」とは一体どのような者かということが問題となる。この点、判例によれば、処分の取消しを求めるにつき「**法律上の利益を有する者**」とは、「**当該処分により自己の権利若しくは法律上保護された利益を侵害され、又は必然的に侵害されるおそれのある者をいうのであり、当該処分を定めた行政法規が、不特定多数者の具体的利益を専ら一般的公益の中に吸収解消させるにとどめず、それが帰属する個々人の個別的利益としてもこれを保護すべきものとする趣旨を含むと解される場合には、このような利益もここにいう法律上保護された利益に当たり、当該処分によりこれを侵害され又は必然的に侵害されるおそれのある者は、当該処分の取消訴訟における原告適格を有するもの**」といえる（最判平成4年9月22日民集46巻6号571頁〔もんじゅ訴訟〕）。このような理解は、判例上、既に確立しているといってよい。

3．「法律上の利益」の有無の判定手法

　もっとも、実際に上記の判断枠組みにしたがって、処分の名宛人以外の第三者が「法律上の利益を有する者」であるか否か、判定しようとしても、容易に結論を導き出すことはできない。そこで、立法者は、行政事件訴訟法9条2項で法律上の利益の有無を判定する際に考慮に入れるべき事項を明らかにした。それが、以下の①〜③の事項である。

099

○原告適格の有無を判定する際の考慮事項

考慮事項①：当該処分又は裁決の根拠となる**法令の規定の文言**
考慮事項②：当該**法令の趣旨及び目的**
考慮事項③：当該処分において考慮されるべき**利益の内容及び性質**

　考慮事項①～③のうち②の事項を考慮するに当たっては、さらに「当該法令と目的を共通にする関係法令があるときはその趣旨及び目的をも参酌すること」が求められ、さらに③の事項を考慮するに当たっては、「当該処分又は裁決がその根拠となる法令に違反してされた場合に害されることとなる利益の内容及び性質並びにこれが害される態様及び程度をも勘案すること」が求められる（行訴法9条2項）。したがって、現在では、これらの方針にしたがって法律上の利益の有無を判定することになる。

　なお、取消訴訟の原告適格の有無が問題となる場合には、いかなる場合でも、上述の行政事件訴訟法9条2項に依拠して判定するのではない。同条項が前提にしているのは、あくまで「処分の名あて人以外の第三者」の原告適格が問題になるときだけである。つまり、処分の名宛人が原告となっている場合にまで行政事件訴訟法9条2項を引き合いに出して原告適格の有無を論じる必要はない。そのような場合については、理論構成はともかく、原告適格が肯定されるということに異論はなく、裁判実務上、問題にならない。

4.　法令の規定の文言と法令の趣旨目的（考慮事項①②）

　ここまでの解説を踏まえると、既に原告適格の基本的な判断枠組みは確立しているといえるから、原告適格の有無を判定する作業は、それほど大きな困難を伴わないようにも思える。しかし、実際に行政事件訴訟法9条2項にしたがって処分の名宛人以外の第三者の法律上の利益の有無を判定しようとすると、容易に結論を導き出せないことが直ちにわかる。その最大の理由は、上記①および②の考慮事項にかかわって、法令が特定の者の具体的利益を個別的に保護しているという趣旨を、どのような規定から、どのようにして読み取ればよいのか、はっきりしないという点にある。こ

の問題については、結局のところ、事案ごとに個別に検討していくほかないが、一般論としては、たとえば以下の検討作業を行うことが考えられる。

第1に、日本の法律の場合、第1条に目的規定が置かれていることが多いので、この目的規定に着目し、何のために設けられた法律なのかをチェックする。仮に目的規定の中で一定の具体的利益を保護するために当該法律が設けられた旨、宣言されていれば、当該法律は、その具体的利益を保護しようとする趣旨を含んでいるといえる。ただ、目的規定のみで特定の者の原告適格を肯定できることはまずない。なぜなら、不特定多数者の具体的利益を観念できたとしても、その具体的利益が個々人の個別的利益であることまで目的規定から読み取ることは、通常、困難だからである。そのため、目的規定以外の規定も視野に入れて、さらに検討を行う必要がある。

第2に、規制内容を詳細に規律する規定があるか否かをチェックする。そのような規定がある場合、立法者は関係者の利益を具体的に保護しようとしたからこそ、詳細な規律を置いたと指摘しうる。また、その具体的な規律内容から処分の名宛人以外の特定の第三者を保護する趣旨まで読み取れれば、当該規定から個々人の個別具体的利益を観念することができ、当該第三者の原告適格を肯定しやすくなる。

第3に、処分の事前手続に特定の者が関わることを承認している規定（たとえば処分に先立って処分の名宛人以外の特定の第三者が意見陳述することを認めている規定）があるか否かをチェックする。そのような規定がある場合、立法者は当該手続参加者の具体的利益を個別的に保護しようとしたからこそ、その者の手続参加を承認したと指摘しうるので、当該手続参加者に処分の名宛人以外の特定の第三者が含まれていれば、その者の原告適格を肯定しやすくなる。

第4に、許認可の申請に際して提出すべき書類として処分の名宛人以外の特定の第三者に関する情報を記載した文書の提出を求める規定があるか否かをチェックする。そのような規定がある場合、立法者は第三者の利益を個別具体的に保護しようとしたからこそ、審査段階で第三者の利益を適切に考慮できるように第三者に関する情報を記載した文書の提出を求めたといえるので、当該第三者の原告適格を肯定しやすくなる。

第5に、処分に条件（附款）を付すことを許している規定があるか否か

をチェックし、そのような規定がある場合に、何のためにその条件を付すことができることになっているのか、チェックする。仮に、その目的が処分の名宛人以外の第三者の個別具体的利益の保護につながるような目的であれば、当該第三者の原告適格を肯定しやすくなる。

○**法令の規定の文言および法令の趣旨目的を分析する視点の例**

視点①：目的規定があるか否か。目的規定がある場合、どのような目的が定められているか。

視点②：規律内容が詳細に定められているか否か。

視点③：第三者の事前手続への参加について定めた規定があるか否か。

視点④：第三者の情報が記載された申請書類を提出するよう、求める規定があるか否か。

視点⑤：処分に条件（附款）を付すことを許容する規定があるか否か。そのような規定がある場合、何のために条件を付すことが認められているか。

なお、これらの視点を用いて法令を分析する際には、まずもって処分の根拠となる法令が対象となる（処分の根拠となる法令には、法律のみならず、法律の委任に基づいて処分要件を定めた政省令等も含まれる）。仮に処分の根拠となる法令の分析だけでは十分な結論が得られない場合には、目的を共通にする関係法令まで視野を拡げて分析をすることになる（行訴法9条2項）。法律の委任に基づかないで定められた要綱や通達等は、基本的に処分の根拠法令にも、また関係法令にも含まれず、分析の対象にならないので、注意が必要である。

5. 被侵害利益（考慮事項③）

行政事件訴訟法9条2項によれば、法律上の利益の有無を判定する場合には、被侵害利益の内容・性質・態様・程度にも着目する必要がある（考慮事項③）。しかし、行政事件訴訟法は、いかなる内容やいかなる性質をもった利益であれば、法律上の利益を肯定しうるのか、明らかにしていな

いし、また、いかなる態様の侵害であれば、あるいは、いかなる程度の侵害であれば、法律上の利益を肯定しうるのか、明らかにしていない。これらの問題は、結局のところ、事案ごとに個別に検討していくほかないが、被侵害利益に着目して検討する場合には、たとえば以下の検討作業を行うことが考えられる。

第1に、高次の利益に対する侵害が問題になるか否かをチェックする。たとえば生命や身体に関する利益の侵害が問題となる場合には原告適格が肯定されやすいのに対して、良好な住環境に関する利益が問題になる場合には原告適格が肯定されにくい。

第2に、侵害行為の発生元となる場所と被害を受ける場所との近接性をチェックする。たとえば許可を受けて設置される迷惑施設の設置場所に隣接する土地の所有者は、その分、深刻な被害を受けることが想定されるので、原告適格が肯定されやすくなる。これに対し、迷惑施設の設置場所から離れたところにある土地の所有者の場合には、その分、被害の程度は軽くなることが想定されるので、原告適格が肯定されにくくなる。

第3に、侵害行為が反復継続して行われているか否かをチェックする。たとえば迷惑施設の設置許可が問題となる場合、当該迷惑施設による周辺住民への利益侵害が常時生じるのであれば、その分、深刻な被害を想定できるので、原告適格が肯定されやすくなる。これに対して、侵害行為が一定の時間帯に限定されているとか、1回限りのもので反復継続性が認められない場合には、原告適格が肯定されにくくなる。

○被侵害利益を分析する視点の例

視点①：被侵害利益が高次の利益といえるか否か。
視点②：侵害行為の発生元になる場所と被害を受ける場所が果たしてまたどの程度近接しているか。
視点③：侵害行為が果たしてまたどの程度反復継続して行われるのか。

以上の視点を用いて事案を分析すれば、法令が保護する具体的利益を、一般的公益の中に吸収解消されてしまう利益としてのみならず、個々人の個別的利益としても捉えることができるようになる。このような作業は、

不特定多数者の一般的利益から個々人の個別的利益を切り出す作業であるから、これを「個別的利益の切り出し」と呼ぶことがある。

6. 宅地造成許可の取消しを求める第三者の原告適格（設問2）

　本問においてXは処分の名宛人以外の第三者である。したがって、Xは、自らが原告適格を有する旨、主張するためには、判例上、確立された判断枠組みの下（上述の2．法律上の利益を有する者の意義を参照）、行政事件訴訟法9条2項の考慮事項を念頭において、事案を具体的に検討し、同条1項の「法律上の利益」が認められる旨、指摘しなければならない。そこで、上述の原告適格に関する基礎的理解を前提にして、以下、本件の事案に即してXの原告適格の有無について検討することにしよう。

⑴　法令の規定の文言と趣旨の検討

　まず処分の根拠法規たる宅地造成等規制法（以下「法」という。）および同法の委任を受けて定められた同法施行令の規定の文言ならびにその趣旨（上述の考慮事項①および②）を検討すると、以下の指摘をすることができる。

　第1に、法が第1条の目的規定において「宅地造成に伴う崖崩れ又は土砂の流出による災害の防止」のため規制を設け「国民の生命及び財産の保護」を図ると定めている（上述の法令の規定の文言および法令の趣旨目的を分析する視点①）。

　第2に、知事は「災害が生ずるおそれが大きい市街地」であることを前提に宅地造成工事規制区域の指定をすることになっており（法3条1項）、許可がなければ、当該区域での宅地造成工事はできないこととされている（法8条1項）。

　第3に、許可の申請に係る工事計画が政令で定められた技術的な基準を充足していなければならず（法8条2項、9条1項）、当該基準が詳細に定められている（宅地造成等規制法施行令5条、上述の法令の規定の文言および法令の趣旨目的を分析する視点②）。

　第4に、工事は「災害を防止するため」必要な措置が講ぜられたものでなければならないとされている（法9条1項）。

第5に、工事の施行に伴う「災害を防止するため」、許可に条件を付すことができるとされている（法8条3項、上述の法令の規定の文言および法令の趣旨目的を分析する視点⑤）。

第6に、知事は「宅地造成に伴う崖崩れ又は土砂の流出の防止の目的」で規則を制定することができるとされている（宅地造成等規制法施行令15条2項）。

これらの法令の規定の文言や、その仕組みからすると、法令は、事業地の周辺地域に居住する住民に対し、宅地造成に伴う崖崩れまたは土砂の流出によって生命・身体・財産に著しい被害を受けないという具体的利益を保護しようとしていると解することができる。

(2) 被侵害利益の検討

次に、被侵害利益に着目すると（上述の考慮事項③）、宅地造成等規制法および同法施行令に違反して違法な許可がされた場合、当該許可に基づく工事によって侵害されうる利益は生命・身体・財産といった高次の利益であり（上述の被侵害利益を分析する視点①）、そのような利益侵害を直接的に受けるのは、一定範囲の地域に居住する住民に限られ、その被害の程度は工事区域に近ければ近いほど重大なものになる（上述の被侵害利益を分析する視点②）。

(3) 小括

以上からすれば、本件処分の根拠法令は宅地造成工事の許可に基づく工事に伴って発生しうる崖崩れまたは土砂の流出によって生命・身体・財産に著しい被害を直接的に受けるおそれのある者に対して、そのような被害を受けないという具体的利益を個々人の個別的利益として保護する趣旨を含んでいるということができる。したがって、宅地造成工事の許可に基づく工事に伴って発生しうる崖崩れまたは土砂の流出によって生命・身体・財産に著しい被害を直接的に受けるおそれのある者は、宅地造成工事の許可の取消しを求めるにつき法律上の利益を有する者として取消訴訟における原告適格を有する。

(4) あてはめ

　そうすると、Xは本件土地に隣接する崖下の土地を所有し、そこに居住しているから、宅地造成工事の許可に基づく工事に伴って発生しうる崖崩れまたは土砂の流出によって生命・身体・財産に著しい被害を直接的に受けるおそれのある者といえる。したがって、Xは、宅地造成工事の許可の取消しを求めるにつき法律上の利益を有する者として取消訴訟における原告適格を有する（横浜地判平成22年3月24日判自335号45頁参照）。

教育の現場で　　**原告適格について起案する際の違和感**

　原告適格の有無を判断する際の判断枠組みについて、教科書的な理解は十分できているのに、いざ起案をするとなると、「うまく起案できない」、あるいは「起案をしていて不安になる」という声を学生から聞くことがある。学生の話を整理してみると、それは次のようにまとめることができる。原告適格の有無を判定する際には、行政事件訴訟法9条2項の考慮事項（①法令の文言、②法令の趣旨目的、③被侵害利益）に着目して起案をしていくことになるが、このうち①および②の考慮事項を検討する際には、法令に着目することになるから、法の世界に関する抽象的（観念的）な検討になるのに対し、③の考慮事項を検討する際には、実際の被侵害利益に着目するため、事実の世界に関する具体的（現実的）な検討になる。このように全く異質なものの検討を行政事件訴訟法9条2項の求めに応じて1つの枠組みの中で行うことに、大きな不安を感じ、場合によっては頭の中で空中分解して起案できなくなってしまう、という。

　ところで、行政事件訴訟法9条2項の考慮事項は最高裁判例を基礎にして平成16年に立法されたが、その最高裁判例は学説から一定の影響を受けて形成された。従来の学説では「法律上保護された利益説」と「法的保護に値する利益説」があり、前者は、まずもって法律が原告のことを保護しようとしているか否かに着目して原告適格の有無を判断する立場であるのに対し、後者は、まずもって救済に値する被害があるか否かに着目して原告適格の有無を判断する立場である。このように両者は根本的に全く異なる立場であるから、厳密には相容れないはずであるが、最高裁は、実質的にみて、両説の視点を取り入れた判断枠組みを提示するようになってきていた。その結果、

最高裁判例は「論理のアクロバット」とも評されるようになったが（藤田宙靖『[新版] 行政法総論下』78頁）、それを立法者はそのまま行政事件訴訟法9条2項として立法化した。以上の経緯に鑑みれば、現在の行政事件訴訟法9条2項の要考慮事項のうち①および②の考慮事項は、法令に着目するわけであるから、その淵源を「法律上保護された利益説」に求めることができるし、③の考慮事項は被侵害利益に着目するわけであるから、その淵源を「法的保護に値する利益説」に求めることができる。このように、行政事件訴訟法9条2項の各考慮事項は出自が異なっているのであるから、それらを1つの枠組みの中で検討することに違和感を覚えることがあっても、それは理由のないことではない。

　このようにみてくると、冒頭で述べたような不安が生まれるのは論理的にみて、むしろ当然のことであるから、起案に際しては、そのこと自体に悩む必要はなく、基本的に、行政事件訴訟法9条2項の求めに応じて、淡々と検討を行っていけばよい。

第4問	原告適格(2)

　Aは法定外公共物管理条例（以下「条例」という。）第2条の法定外公共物に該当する道路の敷地（以下「本件土地」という。）を占用して、高さ10メートルに及ぶ広告塔を建設しようと企図した。そこで、Aは広告塔の建設のために必要な占用許可の申請を行い、後日、これを取得した（条例第5条第1項）。これに不服を有するX1およびX2は、当該許可の取消訴訟（行政事件訴訟法第3条第2項）を提起しようとしている。Aが建設しようとしている広告塔が道路法第32条第1項第1号の広告塔に該当することを前提にして、以下の設問に答えなさい。

【設問】

1．X1は本件土地に隣接する土地を所有し、そこに居住している者である。本件取消訴訟において、X1は自らが原告適格を有するということを、どのように主張すべきか。

2．X2は法人格を有する地元自治会であるが、本件土地周辺に一切土地建物を所有していない。本件取消訴訟において、X2は原告適格を有するといえるか。理由とともに答えなさい。

【資料】

○**法定外公共物管理条例**（平成16年12月27日条例第54号）（抜粋）

第1条　この条例は、法定外公共物の管理に関し必要な事項を定めることにより、法定外公共物の保全と適正な利用を図ることを目的とする。

第2条　この条例において「法定外公共物」とは、一般公共の用に供されている道路……（これらと一体をなしている施設、工作物等を含む。）のうち、道路法……の適用を受けないものであって、本市が権原に基づき管理しているものをいう。

108　**Ⅱ本案前の主張｜4原告適格(2)**

第5条　次に掲げる行為……をしようとする者は、市規則で定めるところにより、あらかじめ市長の許可を受けなければならない。……。

(1)　道路法第32条第1項各号に規定する工作物、物件又は施設を設け、継続して法定外公共物の敷地を占用すること。

(2)　略

2　市長は、法定外公共物の管理上必要があると認めるときは、前項の許可に条件を付すことができる。

○法定外公共物管理条例施行規則（平成16年12月27日規則第68号）（抜粋）

第3条　条例〔法定外公共物管理条例〕第5条第1項前段の許可を受けようとする者は、法定外公共物占用許可申請書を市長に提出しなければならない。

2　前項の申請書には、次に掲げる図書を添付しなければならない。

(1)　占用の位置を表示する図面

(2)　工作物を設置しようとするときは、その設計書、仕様書及び構造図面

(3)　法令により官公署の許可を必要とするものは、その許可書又はその写し

(4)　占用が隣接の土地又は建物所有者に利害関係があると認められるものについては、当該土地又は建物所有者の同意書。……。

(5)　略

3〜5　略

○道路法（昭和27年6月10日法律第180号）（抜粋）

第32条　道路に次の各号のいずれかに掲げる工作物、物件又は施設を設け、継続して道路を使用しようとする場合においては、道路管理者の許可を受けなければならない。

一　電柱、……広告塔その他これらに類する工作物

二〜七　略

2〜5　略

1. 原告適格の有無を判定する基本的枠組み（設問 1）

　既に前問で解説したように、取消訴訟における原告適格の有無を判定する基本的枠組みは、裁判実務上、確立している。そのため、X1 は、自らに原告適格が認められる旨、主張しようとすれば、まず、その基本的枠組みを提示する必要がある。たとえば、本件と類似の事案を扱った大阪地判平成 22 年 12 月 2 日判自 354 号 97 頁では、裁判所は次のように、その基本的枠組みを提示している。

> 　行政事件訴訟法 9 条は取消訴訟の原告適格について規定するが、同条 1 項にいう当該処分の取消しを求めるにつき「法律上の利益を有する者」とは、当該処分により自己の権利若しくは法律上保護された利益を侵害され、又は必然的に侵害されるおそれのある者をいうのであり、当該処分を定めた行政法規が、不特定多数者の具体的利益を専ら一般的公益の中に吸収解消させるにとどめず、それが帰属する個々人の個別的利益としてもこれを保護すべきものとする趣旨を含むと解される場合には、このような利益もここにいう法律上保護された利益に当たり、当該処分によりこれを侵害され又は必然的に侵害されるおそれのある者は、当該処分の取消訴訟における原告適格を有するものというべきである。そして、処分の相手方以外の者について上記の法律上保護された利益の有無を判断するに当たっては、当該処分の根拠となる法令の規定の文言のみによることなく、当該法令の趣旨及び目的並びに当該処分において考慮されるべき利益の内容及び性質を考慮し、この場合において、当該法令の趣旨及び目的を考慮するに当たっては、当該法令と目的を共通にする関係法令があるときはその趣旨及び目的をも参酌し、当該利益の内容及び性質を考慮するに当たっては、当該処分がその根拠となる法令に違反してされた場合に害されることとなる利益の内容及び性質並びにこれが害される態様及び程度をも勘案すべきものである（同条 2 項参照）。

　処分の名宛人以外の第三者が提起する取消訴訟では、上記論述は当該第三者の原告適格の有無を判定するために必要となる導入部分といえよう。

2. 隣接地の住民の原告適格（設問1）

　以上の基本的枠組みを前提にして、X1は自らが取消訴訟の原告適格を有するということを、どのように主張すべきか。いうまでもなく、X1の主張を考える場合には、行政事件訴訟法9条2項の考慮事項を念頭に置いて本件を分析し、その内容をX1の主張に反映させなければならない。

(1)　法令の規定の文言と趣旨の検討

　行政事件訴訟法9条2項にしたがい、まずは処分の根拠となる法令の規定の文言と法令の趣旨目的の観点から検討してみることにしよう。本件において処分の根拠となる法令は、法定外公共物管理条例（以下「条例」という。）および同条例施行規則（以下「施行規則」という。）である。

　最初に条例の目的規定（第1条）を確認すると、当該条例は「法定外公共物の保全と適正な利用を図ること」を目的としていることがわかるが、それ以上に誰のいかなる利益を保護しようとしているのか、はっきりしない。

　そこで、次に条例の仕組みに着目してみる。そうすると、条例は一定の工作物を法定外公共物上に設置しようとする場合には、許可を要するものとしており（条例5条）、その申請にあたっては占用の位置を示す図面のほか、設計書、仕様書及び構造図面といった図書を提出しなければならないとしている（施行規則3条2項1号および2号）。これらの図書は市長が工作物の安全性を審査する際に必要となる図書であり、そのために提出が義務付けられていると解することができる。そうすると、条例および施行規則は、工作物の周辺地域に居住する住民に対し、危険な工作物によって生命・身体・財産に係る著しい被害を受けないという具体的利益を保護しようとしていると解することができる。また、施行規則では、隣接の土地又は建物所有者の同意書の提出も求めており（施行規則3条2項4号）、これは隣接地の土地建物の所有者が特に工作物の影響を受けることに鑑み、それらの者の利益を手続的観点から個別具体的に保護しようとして規定されたものと解することができる。

111

(2) 被侵害利益の検討

次に、被侵害利益に着目すると、条例および施行規則に違反して違法な占用許可がされた場合、当該許可に基づく工作物の設置によって侵害されうる利益は生命・身体・財産といった高次の利益であり、そのような利益侵害を直接的に受けるのは、当該工作物の周辺に居住する住民に限られる。

(3) 小括

以上からすれば、本件処分の根拠法令は占用許可に基づく工作物の設置に伴って発生しうる事故等によって生命・身体・財産に著しい被害を直接的に受けるおそれのある者に対して、そのような被害を受けないという具体的利益を個々人の個別的利益として保護する趣旨を含んでいるということができる。したがって、占用許可に基づく工作物の設置に伴って発生しうる事故等によって生命・身体・財産に著しい被害を直接的に受けるおそれのある者は、占用許可の取消しを求めるにつき法律上の利益を有する者として取消訴訟における原告適格を有する。

(4) あてはめ

そうすると、X1は本件土地に隣接する土地を所有し、そこに居住しているから、占用許可に基づく工作物の設置に伴って発生しうる事故等によって生命・身体・財産に著しい被害を直接的に受けるおそれのある者といえる。したがって、X1は、占用許可の取消しを求めるにつき法律上の利益を有する者として取消訴訟における原告適格を有する。

3. 「規則」の法的性格

なお、原告適格の有無を判定する際に考慮の対象になるのは、処分の根拠となる「法令」あるいは関係「法令」である。ここで法令とは基本的に**法規**を内容に含む規範をさすから、講学上の**行政規則**は検討の対象にならない。この点、本問では、法定外公共物管理条例施行規則という規則が登場する。しかし、この規則は地方公共団体の長らが定めうる地方自治法上の**規則**であって、講学上の行政規則とは異なる。地方自治法上の規則が法規を内容に含まないということはないので、法定外公共物管理条例施行規

則が規則であることを理由に、法定外公共物管理条例施行規則を検討の対
象から除外するのは適切ではない。

4. 地元自治会の原告適格（設問2）

　X2 は X1 と同様、処分の名宛人以外の第三者であるから、行政事件訴
訟法 9 条 2 項に即して、X2 に「法律上の利益」が認められるか否か、検
討する必要がある。

　この点、上述の X1 の検討を参照すると、占用許可に基づく工作物の設
置に伴って発生しうる事故等によって生命・身体・財産に著しい被害を直
接的に受けるおそれのある者は、占用許可の取消しを求めるにつき法律上
の利益を有する者として取消訴訟における原告適格を有するといえる。し
かるに、X2 は法人であるから、生命・身体の利益を観念できず、それら
の利益が侵害されるおそれはない。さらに、X2 は当該土地周辺に財産を
有していないから、同様に財産に関する利益が侵害されるおそれもない。
これらのことからすると、X2 には「法律上の利益」は認められず、原告
適格は認められないということになろう（上述の大阪地裁平成 22 年判決参
照）。

教育の現場で	「法律上の利益」をめぐる学説の対立と裁判実務

　行政事件訴訟法 9 条 1 項でいう「法律上の利益」の意義をめぐっては、従
来、学説の中で大きく「法律上保護された利益説」と「法的保護に値する利
益説」が対立してきた。しかし、現在の裁判実務において、この対立が正面
から取り上げられることはない。そのためか、学生からは「法律上の利益の
解釈をめぐる学説上の議論について答案の中で論じる必要はあるのか」と問
われることが少なくない。無論、答案の中で言及すべきか否かは設問次第で
あるが、実務法曹の養成を目的にした事例形式の論述問題の場合、特に指示
がなければ、正面から上記の学説の対立を取り上げる必要はないであろう。
平成 16 年の行政事件訴訟法改正によって新たに同法 9 条 2 項が設けられ、
考慮事項が法定された現在では、むしろ、同条項が提示する考慮事項を念頭

に置きつつ、事案に即して個別事情を分析し、それらを当事者の主張に反映させることに力を注ぐことが答案作成上は重要であろう。

狭義の訴えの利益(1)　第5問

　地方法務局長は、A県司法書士会に所属する司法書士Xに対して、司法書士法第47条第2号により、平成28年6月1日から同年6月30日までを業務停止期間とする命令を発した（以下「本件処分」という。）。Xは本件処分を同年5月25日に知ったが、その後、Xに関する悪い噂が流れ、顧客が減少したため、同年8月15日に本件処分の取消訴訟（行政事件訴訟法第3条第2項、以下「本件訴訟」という。）を提起した。本件訴訟において、被告は「既に本件処分による業務停止期間が終了しており、Xの訴えの利益は消滅しているので、訴えは却下されるべきである」と主張している。現在が平成28年8月30日であることを前提にして、以下の設問に答えなさい。

【設問】

1．Xは、自己の名誉または信用が侵害されたことを理由に訴えの利益は消滅していない、と主張しようとしている。このような主張は適切といえるか。最高裁判例にしたがって答えなさい。
2．Xは、上記1の主張以外に、訴えの利益があるということを指摘するために、どのような主張をすることが考えられるか。下記【資料】に掲載されているA県司法書士会司法書士相談センター設置規則が法規の性格を有するものとして検討しなさい。

【資料】

○司法書士法（昭和25年5月22日法律第197号）（抜粋）

第47条　司法書士がこの法律又はこの法律に基づく命令に違反したときは、その事務所の所在地を管轄する法務局又は地方法務局の長は、当該司法書士に対し、次に掲げる処分をすることができる。
　一　戒告
　二　2年以内の業務の停止

三　業務の禁止

第52条　司法書士は、その事務所の所在地を管轄する法務局又は地方法務局の管轄区域ごとに、会則を定めて、一箇の司法書士会を設立しなければならない。

2〜4　略

第53条　司法書士会の会則には、次に掲げる事項を記載しなければならない。

　　一〜十一　略

　　十二　その他司法書士会の目的を達成するために必要な規定

○ Ａ県司法書士会司法書士総合相談センター設置規則 (抜粋)

＊本規則は、司法書士法第53条第12号に基づいて定められたＡ県司法書士会の会則を受けて、同会が定めたものである。

第1条　Ａ県司法書士会 (以下「本会」という。) は、司法書士が提供する法的サービスの拡充を図るため、司法書士総合相談センター (以下「相談センター」という。) を設置する。

第4条　相談センターは、次の業務を行う。

　　(1)　法令等に基づき司法書士が行うことができる業務に関する相談会等の開催

　　(2)〜(4)　略

第5条　本会に、相談センターの相談員に関する名簿 (以下「相談員名簿」という。) を備える。

2　相談センターが開催する相談会における相談員には、相談員名簿に登載された者を充てなければならない。

3　略

4　本会は、次の事由のいずれかに該当する者については、相談員名簿への登載を拒否し、又は登載されている者については、相談員名簿から削除しなければならない。

　　(1)〜(3)　略

　　(4)　司法書士法第47条第2号の懲戒処分を受け、その処分の期間が終了した日の翌日から2年を経過しない者

　　(5)〜(6)　略

5　略

1. 狭義の訴えの利益

　仮に取消訴訟において原告の請求どおりの本案判決が出されたとしても、当該紛争をとりまく具体的状況から、実質的に原告の権利利益が救済されないということはありうる。このような場合は、訴訟要件としての**狭義の訴えの利益**（または訴えの**客観的利益**と呼ぶこともある。）が否定され、訴えは**却下**される。

　本件のように期間の経過によって既に処分の効力が消滅してしまっている場合、処分を取り消すだけの意味がないから、狭義の訴えの利益は認められないといえそうである。ところが、行政事件訴訟法は「処分又は裁決の効果が期間の経過その他の理由によりなくなった後においてもなお処分又は裁決の取消しによって**回復すべき法律上の利益**」がある場合には、処分の取消しを求める「**法律上の利益**」があるとしている（行訴法9条1項カッコ書）。これによれば、期間の経過によって処分の効力が消滅した場合であっても、一律に取消訴訟における訴えの利益が否定されるわけではないということになる。

　もっとも、いかなる利益であれば、そこでいう「回復すべき法律上の利益」に該当するのかということは、別途、問題となる。そこで、以下、個別に問題となる利益を検討することにしよう。

2. 名誉・信用に関する利益と訴えの利益（設問1）

　期間の経過によって処分の効力が消滅した場合、当該処分の名宛人の名誉および信用に関する利益は、行政事件訴訟法9条1項カッコ書の「回復すべき法律上の利益」に該当するといえるか。この問題について、判例の立場と学説の立場は必ずしも一致しない。

　判例によれば、処分が取り消されないことによって、名誉、信用等が損なわれる可能性が常時継続して存在することになるとしても、それは当該処分がもたらす事実上の効果にすぎないので、名誉、信用等に関する利益は「回復すべき法律上の利益」にあたらない（最判昭55年11月25日民集34巻6号781頁）。この判例の立場を前提にすれば、設問1におけるXの主張は適切ではない、といえよう。

117

これに対し、学説上は、名誉、信用等に関する利益であっても、訴えの利益を認めるべきであるとする見解が有力に唱えられている。これによれば、違法な処分によって被る不利益が取消判決によって実質的に解消されることはあるので、訴えの利益は認められるべきであるとする。もっとも、このような見解に対しては、名誉、信用等に関する利益について訴えの利益を否定したとしても、国家賠償請求訴訟による救済が考えられるので問題がないのではないか、との指摘がありうる。しかし、公務員に故意・過失がない場合は、たとえ処分が違法であっても、当該違法の判断が示されることなく、請求が棄却されうるので、国家賠償請求訴訟による救済で十分であるとはいえない。このような学説の見方を前提にすれば、Xの主張は適切であるとの評価がありうる。

3. 処分の効力期間終了と訴えの利益（設問2）

名誉、信用等に関する利益がXの訴えの利益を肯定する根拠にはなりえないとすると、Xには「回復すべき法律上の利益」はない、ということになりそうである。そこで、次にA県司法書士会司法書士総合相談センター設置規則（以下「設置規則」という。）を視野に入れて、訴えの利益の有無を検討してみる。

設置規則によれば、「司法書士法第47条第2号の懲戒処分を受け、その処分の期間が終了した日の翌日から2年を経過しない者」（設置規則5条4項4号）については、相談員名簿に登載されないこととされており、相談員名簿に登載されなければ、相談センターが開催する相談会における相談員にはなれないとされている（設置規則第5条第2項）。そうすると、Xは、現在のままでは相談会における相談員にはなれないが、取消訴訟を通じて本件処分が取り消されさえすれば、相談員になれるということになる。これは法規の性格を有する設置規則で認められた利益であるから、当該利益をもって「回復すべき法律上の利益」があると主張することができよう（同旨、福井地判平成20年11月19日 LEX/DB25440786）。

もっとも、以上のようにしてXの訴えの利益を認めるとしても、そのような主張は「懲戒処分を受け、その処分の期間が終了した日の翌日から2年を経過しない」間でのみ（設置規則5条4項4号）、可能である。逆に

いえば、この2年という期間が過ぎれば、もはやXには「回復すべき法律上の利益」はないことになる（上述の福井地裁平成20年判決の控訴審判決にあたる名古屋高等裁判所金沢支部平成21年7月6日判決LEX/DB25441718を参照）。ただ、本問の場合は、検討の時点が平成28年8月30日とされているので、この観点から訴えの利益が否定されることはない。

　なお、Xは相談員名簿に登載されないことで報酬請求権（＝相談員または相談員名簿登載者として報酬を得る権利）を失っているから、この点で「回復すべき法律上の利益」が認められる、と考えられなくもない。しかし、本問で与えられている事実からは、相談員または相談員名簿登載者に報酬請求権が認められるか否か、不明であるし、報酬請求権に着目して「回復すべき法律上の利益」を主張しなければならない必要性もない。本問では、法規の性格を有する設置規則が相談員になれるという利益を認めているわけであるから、わざわざ報酬請求権を想定して「回復すべき法律上の利益」があることを主張する必要はない（法律が認める利益であれば、それが金銭とは無関係の単なる地位に関する利益であったとしても、「回復すべき法律上の利益」として捉えることは十分可能である）。

4. 設置規則の法的性格

　上述したところから明らかなとおり、仮にXの訴えの利益を肯定できるとすれば、それは設置規則5条が存在するからである。しかし、設置規則それ自体はA県司法書士会が定めたものであって、国や都道府県・市町村といった典型的な公的団体（あるいはその機関）が定めたものではない。そうすると、司法書士会が策定した設置規則を根拠に「法律上の利益」を肯定してよいのか、ということは問題となりうる。

　もっとも、本問の場合、設置規則が法規の性格を有するという前提があるので、特にこの問題について悩む必要はない。ただ、若干の説明を加えておくと、裁判実務上、この種の規範が「法律上の利益」を肯定する際に有効に機能することがある。このことは、たとえば本問と同種の事案を扱った上述の福井地裁平成20年判決のほか、弁護士会の会長選挙規程に着目して「法律上の利益」を肯定した最高裁判例（最判昭58年4月5日判時1077号50頁）からも明らかである。これらの裁判例で「法律上の利益」

を肯定する根拠となった各規範は、いずれも強制加入団体によって策定された規範である（法律上、司法書士は司法書士会に、弁護士は弁護士会に入会しなければならない）。そこで、この法的特徴に着目し、強制加入団体が策定した規範については、法律と同じ性格を有するものとして取り扱うことが許される、とする見方がある。ただ、本問に限っていえば、そのような見方のほかに、設置規則がA県司法書士会の会則を受けて定められ、その会則が司法書士法53条12号を受けて定められているということが重要な意味をもっている、とも指摘できる。設置規則を遡っていけば、最終的に司法書士法という法律にたどり着くことができるということが、設置規則の法的性格（＝法規の性格をもっているとみることができるかどうか）を見極める上で重要な視点となりえよう。このようにみてくると、設置規則が法規の性格を有するという本問の前提は、無理のある設定とはいえない。

　なお、本件から離れることになるが、仮に問題となっている行政上の基準が法規の性格を有せず、**行政規則**であったとしても、当該行政規則に着目して、訴えの利益を肯定することは不可能ではない。この点、最高裁は、一般に行政規則として捉えられている行政手続法上の処分基準に関し、「一般に処分基準の定めと異なる取扱いをするならば、裁量権の行使における公正かつ平等な取扱いの要請や基準の内容に係る相手方の信頼の保護等の観点から、当該処分基準の定めと異なる取扱いをすることを相当と認めるべき特段の事情がない限り、そのような取扱いは裁量権の範囲の逸脱又はその濫用に当たる」と述べ、いわゆる**行政規則の外部化**を行ったうえで、行政規則たる「処分基準の定めにより……不利益な取扱いを受けるべき期間内はなお当該処分の取消しによって回復すべき法律上の利益を有する」と結論づけている（最判平成27年3月3日民集69巻2号143頁）。このように行政規則に着目した指摘は狭義の訴えの利益との関係でも一定の意味をもつことがあるから、問題となっている行政上の基準が行政規則だからといって、当該基準に着目した法的主張をあきらめるのは適切ではない。

狭義の訴えの利益(2)　第6問

　株式会社Ａは、Ｂ県知事から乙湾の公有水面埋立免許を得て（公有水面埋立法第2条第1項）、埋立工事に着手した。これを知ったＸはＢ県を被告にして直ちに当該免許の取消訴訟（行政事件訴訟法第3条第2項）を提起したものの、取消訴訟係属中に埋立工事は完了し、さらにＡによって竣功認可の申請まで行われてしまった（公有水面埋立法第22条第1項）。この竣功認可は、埋立免許およびこれに付した条件のとおりに埋立工事が完成しているか否かを確認する処分であることを前提にして、以下の設問に答えなさい。

【設問】

1. 本件で狭義の訴えの利益の問題が生じないようにするために、Ｘは取消訴訟の提起にあわせて、どのような法的手段（行政事件訴訟法に定められたものに限る。）をとるべきであったか。なお、当該法的手段の要件充足性について検討する必要はない。

2. 本件と同様、工事の完了によって狭義の訴えの利益が消滅するか否かが争われた事案において、最高裁は、建築確認の取消しを求める場合には、建築工事の完了によって狭義の訴えの利益が消滅する旨、判示している（最判昭和59年10月26日民集38巻10号1169頁〔仙台市建築確認取消請求事件〕）。判例に即して、その理由を説明しなさい。

3. 本件取消訴訟においてＢ県は狭義の訴えの利益が認められないと主張している。Ｘはこれに対してどのように反論すべきか。本件が上記2の判決の射程に入らない理由を示しながら、答えなさい。

【資料】公有水面埋立法（大正10年4月9日法律第57号）（抜粋）

第2条　埋立ヲ為サムトスル者ハ都道府県知事ノ免許ヲ受クヘシ

2〜3　略

第6条　埋立ノ免許ヲ受ケタル者ハ……〔埋立ニ関スル工事ノ施行区域内ニ於ケル公有水面ニ関シ：土田注〕権利ヲ有スル者ニ対シ其ノ損害ノ補償ヲ為シ又ハ其ノ損害ノ防止ノ施設ヲ為スヘシ

2〜3　略

第22条　埋立ノ免許ヲ受ケタル者ハ埋立ニ関スル工事竣功シタルトキハ遅滞ナク都道府県知事ニ竣功認可ヲ申請スヘシ

2　都道府県知事前項ノ竣功認可ヲ為シタルトキハ遅滞ナク其ノ旨ヲ告示シ且地元市町村長ニ……関係図書ノ写ヲ送付スベシ

3　略

第24条　第22条第2項ノ告示アリタルトキハ埋立ノ免許ヲ受ケタル者ハ其ノ告示ノ日ニ於テ埋立地ノ所有権ヲ取得ス……

2　略

第27条　第22条第2項ノ告示ノ日ヨリ起算シ10年間ハ第24条第1項ノ規定ニ依リ埋立地ノ所有権ヲ取得シタル者又ハ其ノ一般承継人当該埋立地ニ付所有権ヲ移転……セムトスルトキハ当該移転……ノ当事者ハ……都道府県知事ノ許可ヲ受クベシ……

2〜3　略

第32条　左ニ掲クル場合ニ於テハ第22条第2項ノ告示ノ日前ニ限リ都道府県知事ハ埋立ノ免許ヲ受ケタル者ニ対シ本法若ハ本法ニ基キテ発スル命令ニ依リテ其ノ為シタル免許其ノ他ノ処分ヲ取消シ其ノ効力ヲ制限シ若ハ其ノ条件ヲ変更シ、埋立ニ関スル工事ノ施行区域内ニ於ケル公有水面ニ存スル工作物其ノ他ノ物件ヲ改築若ハ除却セシメ、損害ヲ防止スル為必要ナル施設ヲ為サシメ又ハ原状回復ヲ為サシムルコトヲ得

　一　埋立ニ関スル法令ノ規定又ハ之ニ基キテ為ス処分ニ違反シタルトキ

　二　埋立ニ関スル法令ニ依ル免許其ノ他ノ処分ノ条件ニ違反シタルトキ

　三〜七　略

2　略

1. 問題の所在

　仮に取消訴訟において原告の請求どおりの本案判決が出されたとしても、当該紛争をとりまく具体的状況から、実質的に原告の権利利益が救済されないということはありうる。このような場合は、訴訟要件としての**狭義の訴えの利益**が否定され、訴えは**却下**される。

　本件の場合、取消判決が出されたとしても、既に埋立工事が完了してしまっているので、社会的・経済的にみて原状回復が困難であるといえそうである。そうすると、埋立免許が判決によって取り消されたとしても、埋立水域が元通りに復元されるわけではないと指摘することができるので、Xは本件取消訴訟において勝訴しても何の利益も享受できないようにみえる。そのため、本件では狭義の訴えの利益の有無が問題となる。

2. 狭義の訴えの利益の問題を回避する法的手段（設問1）

　本件で狭義の訴えの利益の問題を生じさせないようにするためには、原告側が取消訴訟の提起と同時に、処分の効力の停止を求めて**執行停止の申立て**をしておくことが有効である。

　もっとも、執行停止の申立てが認められるためには、積極要件および消極要件が充足されていなければならない（行訴法25条2項～4項）。仮に執行停止の申立てが認められなければ、たとえ取消訴訟を提起したとしても、**執行不停止の原則**（行訴法25条1項）にしたがい、処分の効力、処分の執行または手続の続行が妨げられることはない。この場合、Aによる埋立工事は進んでいき、狭義の訴えの利益が消滅するリスクが顕在化することになる。

3. 建築確認の取消しを求める訴えの利益（設問2）

　本件と同じく、工事の完了によって狭義の訴えの利益が消滅したか否かという論点を扱った判例として、最高裁昭和59年10月26日判決（民集38巻10号1169頁〔仙台市建築確認取消請求事件〕）がある。同判決は、建築工事完了後は建築確認の取消しを求める狭義の訴えの利益が消滅する旨、

判示しており、その理由として、第1に、建築確認は、それを受けなければ建築工事をすることができないという法効果を付与されているにすぎないこと、第2に、検査済証の交付や、違反是正命令の発布は建築物およびその敷地が建築確認に係る計画どおりのものであるかどうかを基準としておらず、加えて是正命令には裁量が認められるので、建築確認が取り消されたとしても、検査済証の交付拒否や是正命令の発布が法的に義務付けられるわけではないことを指摘している。

　このように同判決は、建築確認に後続する検査済証の交付および是正命令の発布と建築確認が法的に切断されていることを根拠にしているといえよう。重要なのは、このような両者の切断性を最高裁が建築基準法という個別行政法規の解釈を通じて導き出している点である（具体的には、建築基準法6条1項、6条5項、7条1項～3項、9条1項）。ここから、取消訴訟における狭義の訴えの利益の有無を判定する際の一つの視点が導き出されよう。すなわち、単に工事が完了したか否かによって狭義の訴えの利益の有無を決するのではなく、取消訴訟の対象とした処分が後続の手続ないし行為と切断された関係にあるか否かという観点から個別行政法規を分析し、仮に両者が法的に切断されていれば、訴えの利益は否定され、逆に両者が法的に切断されておらず、連動していれば、訴えの利益は肯定される可能性が高いといえよう。

○**狭義の訴えの利益の有無を判定する1つの視点**

取消訴訟の対象とした処分と 後続の手続ないし行為の関係		狭義の訴えの利益
切断している	⟶	×
連続している	⟶	○

4. 公有水面埋立法の場合（設問3）

　そこで、以上の視点を意識して公有水面埋立法を分析してみる。そうすると、本件で狭義の訴えの利益が認められないと主張するB県に対して、Xは以下の諸点を指摘して反論することができよう。まず、公有水面埋

立免許も、それを受けなければ工事をすることができないという法効果は付与されており（公有水面埋立法2条1項）、この点では公有水面埋立免許と建築確認は異ならない。しかし、公有水面埋立免許の法効果はそれだけに止まらない。すなわち、公有水面埋立法上、免許を受けた者は関係者に対して一定の義務を負う一方（同6条1項）、竣功認可の告示の日から埋立地の所有権を取得し（同22条、24条）、当該所有権を他人に移転することができる（同27条）。また、問題文から明らかなように、竣功認可の審査に際しては、免許およびその条件のとおりに工事が行われたか否かが審査される。さらに、知事による是正命令は免許やその条件に違反しているか否かが一つの基準になっている（同32条1項）。このようにみてくると、埋立事業における免許後の一連の手続ないし行為は有効な免許の存在を前提としており、免許が取り消されれば、その後の各行為が法的に影響を受けるのは明らかである。そうすると、本件は上述の昭和59年判決の事案と異なり、取消訴訟の対象となる処分とその後の手続ないし行為の関係を法的に連動して捉えることができるので、昭和59年判決の射程は及ばず、狭義の訴えの利益を肯定する余地があるといえそうである。

　もっとも、取消判決によって免許が取り消された場合に、本件埋立水域を原状に回復することが物理的には可能であったとしても、社会的・経済的損失の観点から社会通念上不可能であるとすれば、狭義の訴えの利益は認められない、ともいえそうである。しかし、そのような観点から原状回復を否定することは、公共の福祉を理由に原状回復を否定することと同義である。そうだとすると、それは行政事件訴訟法31条の**事情判決**の適用に際して考慮されるべき事柄である。したがって、たとえ社会的・経済的損失の観点から社会通念上原状回復が困難であるとしても、狭義の訴えの利益は消滅しないと指摘できよう。

5. 土地改良事業施行認可の取消しを求める訴えの利益

　最高裁平成4年1月24日判決（民集46巻1号54頁〔八鹿町土地改良事業施行認可処分取消請求事件〕）は、本件と異なり、土地改良法の事案である。しかし、同判決によれば、土地改良事業施行認可は土地改良事業施行権を付与するものであり、認可後に行われる換地処分等の一連の手続および処

分は認可が有効に存在することを前提とするから、認可が取り消されれば、これによって換地処分等の法的効力が影響を受けることは明らかであって、工事が完了したために原状回復が社会的・経済的損失の観点から社会通念上不可能であるとしても、そのような事情は行政事件訴訟法31条の適用に関して考慮されるべきであるとする。

このように、公有水面埋立法が問題となる本件も、また、土地改良法が問題となる平成4年判決の事案も、取消訴訟の対象となる処分とその後の一連の手続ないし行為が法律上連動させられ、有効な処分の存在が前提とされて法律の仕組みが整えられているという点で共通する。

なお、公有水面埋立工事が完了したことによって狭義の訴えの利益が消滅したとする裁判例がある（那覇地判昭和50年10月4日行集26巻10・11号1207頁、名古屋地判昭和53年10月23日行集29巻10号1871頁）。しかし、これらはいずれも平成4年判決が出される前の裁判例であり、現在においてもなおその判断を維持できるかは疑わしい。

教育の現場で	**どの時点を基準にして判断するのか？**

　学生に対する指導の一環として、長文の事例を分析する際に、時間軸に即して事実を整理することの重要性を説くことがある。そこで、時間軸を意識して本件を分析すると、本件の場合、取消訴訟を提起した時点では埋立工事が完了していなかったことがわかる。そうすると、提訴の時点では原状回復が可能であったわけであるから、本件は狭義の訴えの利益が消滅したとはいえない事案であるようにも思える。しかし、訴訟要件の具備は提訴時ではなく、口頭弁論終結時の事情に基づいて判断される。そのため、提訴の時点で埋立工事が完了していなかったからといって、狭義の訴えの利益が問題にならないとはいえない。一般に、取消訴訟における処分の違法判断（＝本案の審理）は処分時を基準にして行われると解されているから、訴訟要件充足性の判断（＝本案前の審理）はこれとは対照的であるといえる。

第Ⅲ部

本案上の主張

本案上の主張について学ぶ前に

　行政活動に不満を有する者が利用する法的手段として、行為の是正を目的とする行政事件訴訟および行政不服申立てがある。また、結果の補填を目的とする国家賠償請求訴訟および損失補償請求訴訟もある。以下では、これらのうち行政事件訴訟と行政不服申立ての本案上の主張について説明することにする（ただし、行政事件訴訟については、抗告訴訟が主要な訴訟形態になることから、抗告訴訟の本案上の主張についてのみ説明する）。国家賠償請求訴訟および損失補償請求訴訟については、第Ⅳ部「国家補償について学ぶ前に」を参照してもらいたい。

(1)　行政事件訴訟——抗告訴訟
　行政事件訴訟には、抗告訴訟、当事者訴訟、民衆訴訟、機関訴訟があるが（行訴法2条）、中でも重要なのは抗告訴訟である。この抗告訴訟は「処分」という行為に着目した訴訟であるから、抗告訴訟における本案上の主張を検討する際には、「処分」という行為に着目して検討を進めることになる。基本的には、以下の手順を踏むことになろう。

○抗告訴訟における本案上の主張を検討する際の手順

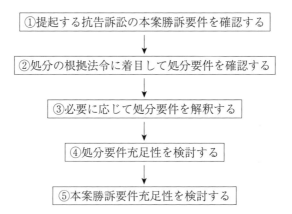

①　本案勝訴要件の確認
　「本案上の主張として、いかなる主張をすべきか」という問題に答え

るには、まず、いかなる訴訟における本案上の主張が問題になっているかということを確認する必要がある。なぜなら、訴訟形態によって、本案勝訴要件が異なるため、これに対応して本案上の主張の仕方も異なるからである。そこで、以下、主要な抗告訴訟について、その本案勝訴要件を表にして、まとめておく（本案上の主張を行う際には、最終的に本案勝訴要件が充足されているということを指摘しなければならないから、本案勝訴要件の確認は到達目標の確認という意味をもつ）。

○主要な抗告訴訟の本案勝訴要件

訴訟形態	本案勝訴要件
取消訴訟	処分が違法であること ＊覊束処分の場合は、行訴法上、明文の定めがない。 ＊裁量処分の場合は、裁量権の逸脱濫用があることが、当該処分の違法事由となる（行訴法 30 条）。
無効確認訴訟	処分に重大かつ明白な違法があること（通説・判例）
不作為の違法確認訴訟	「相当な期間」を経過しても処分が行われないこと（行訴法 3 条5 項）
直接型義務付け訴訟	覊束処分の場合：行政庁が処分をすべきであることが処分の根拠となる法令の規定から明らかであること（行訴法 37 条の 2 第5 項） 裁量処分の場合：行政庁が処分をしないことが裁量権の逸脱濫用になること（行訴法 37 条の 2 第 5 項）
申請満足型義務付け訴訟	覊束処分の場合：併合提起する抗告訴訟の請求に理由があり、かつ行政庁が処分をすべきであることが処分の根拠となる法令の規定から明らかであること（行訴法 37 条の 3 第 5 項） 裁量処分の場合：併合提起する抗告訴訟の請求に理由があり、かつ行政庁が処分をしないことが裁量権の逸脱濫用になること（行訴法 37 条の 3 第 5 項）
差止め訴訟	覊束処分の場合：行政庁が処分をすべきでないことが処分の根拠となる法令の規定から明らかであること（行訴法 37 条の 4 第5 項） 裁量処分の場合：行政庁が処分をすることが裁量権の逸脱濫用になること（行訴法 37 条の 4 第 5 項）

② 処分要件の確認

本案勝訴要件を確認した後には、当該処分の要件（処分要件）を確認

すべきである。

　抗告訴訟で扱われるのは処分であって、当該処分には必ず法律（また
は条例、以下同じ）の根拠があるはずである。そこで、まずは当該処分
の根拠法律に着目して、当該処分の実体法上の要件および手続法上の要
件を確認する作業が必要となる。もっとも、当該処分の要件が、当該処
分の根拠となる個別法律の中でのみ、定められているとは限らない。た
とえば、個別の法律で処分の手続要件が定められていなくても、一般法
である行政手続法が適用される場合には、行政手続法上の手続要件が当
該処分の手続要件となる。また、○○法施行令といった、行政機関が定
めた法規範に処分要件が定められていることもある。このように、処分
の根拠となる法律のみならず、他の法令にまで目配りして、当該処分の
実体法上の要件および手続法上の要件を確定していく必要がある。その
際に、比例原則や、平等原則といった法の一般原則があることも忘れて
はならない。

③　処分要件の解釈

　問題となっている処分の実体法上の要件および手続法上の要件を確定
したら、当該要件の解釈を行う。ただし、解釈の必要がないほどに処分
要件が一義的明白に定められている場合には、解釈の必要はない。

④　処分要件充足性の検討

　以上のようにして法令上の文言とその解釈によって処分要件の中身を
確定したら、実際に、それらの実体法上の要件および手続法上の要件が
充足されているのか否かということを事案に即して検討する必要がある。
たとえば取消訴訟や、無効確認訴訟の場合、仮に何らかの処分要件が充
足されていなければ、そのことが本案上の主張として指摘されるべきで
ある。他方、義務付け訴訟の場合は、処分を行うための処分要件が充足
されているのであれば、そのことが本案上の主張として指摘されるべき
である。

⑤　本案勝訴要件充足性の検討

　ただし、適切に本案上の主張を行ったといえるようにするためには、
処分要件の充足・不充足を指摘するだけでは、必ずしも十分ではない。
なぜなら、本案上の主張は、最終的には本案勝訴要件が充足されていた
という旨の主張でなければならないからである。したがって、本案上の

主張をまとめあげる際には、処分要件の充足・不充足に関する指摘を本案勝訴要件が充足されている旨の主張に結びつけていかなければならない。この点、たとえば覊束処分の取消訴訟の場合には、実体法上の処分要件に抵触して実際の処分が行われたことを指摘すれば、本案勝訴要件である「処分が違法であること」の主張をすることになるが、無効確認訴訟の場合は、さらに当該違法が「重大かつ明白な違法」（通説・判例）であることまで指摘して、ようやく本案勝訴要件が充足されていることを指摘したことになる。このように、抗告訴訟における本案上の主張については、訴訟形態に応じて、最後のまとめ方が異なるので、注意が必要である。

(2) 行政不服申立て

行政不服申立てにおいても、抗告訴訟と同様、「処分その他公権力の行使に当たる行為」が争われるので（行審法１条１項）、本案上の主張については、基本的に抗告訴訟の場合と同様のことが妥当する。

ただし、行政不服申立ての場合は、行政事件訴訟の場合と異なり、違法性（＝法に反すること）のほか、不当性（＝公益に反すること）についても主張することができる（行審法１条１項参照）。したがって、本案上の主張を展開する場合には、単に問題となっている行為が違法であるという主張のみならず、不当であるという主張を行うことも可能である。

| 第1問 | 法律による行政の原理 |

　警察官ＡおよびＢは、交通違反の取締りを目的にして、道路を通過する自動車に対して、不審な外観を有するか否かにかかわらず、停止を求め、飲酒等をしていないか、確認する一斉検問を行った。いずれの検問も、相手方の任意の協力を求める形で行われた。この一斉検問において、警察官Ａは、Ｘが運転する車の外観や走行の態様等に異常を見出したわけではなかったが、Ｘに対し、車の停止を求め、さらに運転免許証の提示を求めた。ところが、これに対応したＸの発言に不審な点があったため、警察官ＢがＸに事情を聞いたところ、覚醒剤の中毒者であることが判明した。そこで、Ｘの住所地を管轄するＣ県公安委員会は、道路交通法第103条第1項第3号により、Ｘの免許を取り消した（以下「本件取消し」という。）。これに納得がいかないＸは、Ｃ県を被告にして、本件取消しの取消訴訟（行政事件訴訟法第3条第2項、以下「本件訴訟」という。）を提起しようとしている。Ｘは本件訴訟における本案上の主張として、そもそも自動車の一斉検問が違法であって、その違法な一斉検問によって明らかになった事実をもとに免許の取消しを行えば、当該取消しも違法である旨、主張できるのではないかと考えている。この主張に関する以下の設問に答えなさい。なお、解答に際しては、交通違反の取締りを目的にした自動車の一斉検問について明文で定めた法律は存在しない、ということを前提にしなさい。

【設問】

1．Ｘは、本案上の主張として、法律の留保の原則との関係で、自動車の一斉検問が違法である旨、主張するとしたら、どのような主張をすることができるか。

2. C県は、本案上の主張として、法律の留保の原則との関係で、自動車の一斉検問が適法であるとの立場から、上記1の主張に反論するとしたら、どのような主張をすることができるか。

【資料】

○**道路交通法**（昭和35年6月25日法律第105号）（抜粋）

第103条　免許（……）を受けた者が次の各号のいずれかに該当することとなったときは、その者が当該各号のいずれかに該当することとなった時におけるその者の住所地を管轄する公安委員会は、政令で定める基準に従い、その者の免許を取り消し、又は6月を超えない範囲内で期間を定めて免許の効力を停止することができる。……。

　　一〜二　略

　　三　アルコール、麻薬、大麻、あへん又は覚せい剤の中毒者であることが判明したとき。

　　四〜八　略

2〜10　略

○**警察法**（昭和29年6月8日法律第162号）（抜粋）

第1条　この法律は、個人の権利と自由を保護し、公共の安全と秩序を維持するため、民主的理念を基調とする警察の管理と運営を保障し、且つ、能率的にその任務を遂行するに足る警察の組織を定めることを目的とする。

第2条　警察は、個人の生命、身体及び財産の保護に任じ、犯罪の予防、鎮圧及び捜査、被疑者の逮捕、交通の取締その他公共の安全と秩序の維持に当ることをもってその責務とする。

2　略

○**警察官職務執行法**（昭和23年7月12日法律第136号）（抜粋）

第2条　警察官は、異常な挙動その他周囲の事情から合理的に判断して何らかの犯罪を犯し、若しくは犯そうとしていると疑うに足りる相当な理由のある者又は既に行われた犯罪について、若しくは犯罪が行われようとしていることについて知っていると認められる者を停止させて質問することができる。

2〜4　略

1. 法律の留保の原則の意義

　各設問では、自動車の一斉検問が**法律の留保の原則**との関係で違法である旨の主張（設問1）および適法である旨の主張（設問2）が求められている。そこで、まずは法律の留保の原則に関する基本事項を確認しておきたい。

　法律の留保の原則とは、**法律の法規創造力の原則**（＝法律によってのみ法規を創り出すことができるという原則）および**法律の優位の原則**（＝いかなる行政活動も法律に違反してはならないという原則）とともに、**法律による行政の原理**を構成する原則であり、一定の行政活動を行う場合には、法律の根拠がなければならないという原則である。

　　○**法律による行政の原理の内容**

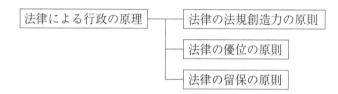

2. 法律に留保された行政活動の範囲

(1) 問題の所在

　上述の定義によれば、法律の根拠が必要になるのは一定の行政活動である（逆にいえば、そこでいう一定の行政活動に該当しない行政活動であれば、法律の根拠なくして行うことができる）。そこで、法律に根拠がなければ行いえない一定の行政活動とは、いかなる行政活動かということが問題になる。

(2) 学説の状況

　この問題について、学説の立場はわかれている。代表的な学説として「侵害留保説」「全部留保説」「社会留保説」「権力留保説」「重要事項留保説（本質留保説）」がある。

○法律の留保の原則をめぐる学説

学説	法律の根拠が必要となる行政活動
侵害留保説	国民の権利や自由を侵害する行政活動。
全部留保説	すべての公行政活動。
社会留保説	侵害的行政活動に加えて、社会権の実現に資する行政活動。
権力留保説	権力的な行政活動。
重要事項留保説（本質留保説）	国民にとって重要(本質的)な行政活動。

　このうち侵害留保説が伝統的に通説であったが、近年、重要事項留保説が有力になりつつある。また、行政実務でも伝統的に侵害留保説が採用されてきたが、近年、一部の地方公共団体では重要事項留保説が採用されているようである。

(3)　事案分析の姿勢

　以上のような学説の状況に鑑みると、問題とされる行政活動が法律の留保の原則との関係で適法か、違法かは、(ア)当該行政活動がいかなる性格をもっているかということと(イ)いかなる学説に立つかということに連動しているといえそうである。たとえば問題となる行政活動が非権力的行政活動である場合、権力留保説の立場からすると、当該行政活動は法律の根拠なくしても行うことができることになるから、たとえ法律の根拠が実際に存在しなくても、法律の留保の原則との関係では適法であるといえる。このことを踏まえると、本問への対処の仕方としては、上記(ア)および(イ)について検討することが必要であるといえそうである。

　さらに、上記(ア)および(イ)の検討の結果、法律の根拠が必要であるとの結論にいたった場合には、実際に法律の根拠があったといえるか、検討する必要がある。というのも、実際に法律の根拠があれば、法律の留保の原則との関係では、当該行政活動が適法であるといえるし、逆に法律の根拠がなければ、当該行政活動が違法であるといえるからである。そのため、事案の分析に際しては、単に上記(ア)および(イ)の検討のみならず、さらに実際

に法律の根拠があったか否かを検討しなければならない。

　ただし、法律の留保の原則によって求められる法律の根拠は、一定の性格をもった法律条文（法規範）でなければならないと解されているため、問題となる行政活動に関連した法律条文が存在していれば、それによって直ちに法律の留保の原則の要請が満たされることにはならない。それでは、一体、いかなる性格の法規範が存在していれば、法律の留保の原則の要請を満たすことになるのか。次に、この点について解説しておく。

3. 行政活動の根拠となりうる法規範

　行政に関する法規範は以下の3つに大別しうる。

○行政に関する規範の種類と内容

規範の種類	内　　容
組織規範	行政組織に関する規範であって、特定の行政組織の設置や、行政組織への事務配分等について定めた規範。
規制規範	ある行政活動が行われうることを前提にして、その適正を確保するための規範。
根拠規範	行政活動の内容を直接具体的に規律する規範。

　以上の3つの規範のうち、法律の留保の原則によって求められる、行政活動の根拠となる法律は**根拠規範**である。したがって、組織規範や、規制規範としての法律がいくら存在していても、それによって法律の留保の原則の要請が充たされることはない。

⑴　組織規範について

　組織規範は、何らかの行政活動を行うことそれ自体を直接の目的とした規範ではなく、行政活動を行う前提として必要になる組織や、組織の事務分担について定めた規範である。たとえば環境省設置法は組織規範であるが、同法は次のように定めている。

環境省設置法（平成 11 年 7 月 16 日法律第 101 号）（抜粋）

（目的）

第 1 条　この法律は、環境省の設置並びに任務及びこれを達成するため必要
　　となる明確な範囲の所掌事務を定めるとともに、その所掌する行政事務を
　　能率的に遂行するため必要な組織を定めることを目的とする。

（設置）

第 2 条　国家行政組織法……第 3 条第 2 項の規定に基づいて、環境省を設置
　　する。

（任務）

第 3 条　環境省は、地球環境保全、公害の防止、自然環境の保護及び整備そ
　　の他の環境の保全……並びに原子力の研究、開発及び利用における安全の
　　確保を図ることを任務とする。

（所掌事務）

第 4 条　環境省は、前条の任務を達成するため、次に掲げる事務をつかさど
　　る。

　一～八　略

　九　公害の防止のための規制に関すること。

　十～二十五　略

　これらの条文のうち第 2 条は環境省という組織を設置することを定めて
いるわけであるから、明らかに特定の行政活動の根拠とはなりえない。こ
れに対し、第 3 条および第 4 条 9 号は、公害防止に関する行政活動の根拠
条文になる余地がありそうである。しかし、このような規定に基づいて公
害防止に関する行政活動をすべて法的に許容できるとすると、法律によっ
て個々の行政活動の要件と効果を定めて行政機関の暴走を阻止し、もって
国民の権利利益を守ろうとした「法律による行政の原理」の趣旨を没却す
ることになりかねない。したがって、行政組織の任務や所掌事務に関する
規範があるからといって、法律の留保の原則で求められる法律があるとい
うことにはならない。

(2)　規制規範について

　規制規範は、何らかの行政活動が行われうることを前提にして、その適

137

正を確保するため、当該行政活動に一定の制限を課す規範のことである。したがって、規制規範は、そもそも特定の行政活動を行いうるか否かという次元の問題を扱っていない。たとえば**行政手続法**は規制規範であるが、同法は**不利益処分**が行われうることを前提に、実際に行政庁が不利益処分をしようとする場合には一定の手続（聴聞や弁明の機会の付与）を経ないで不利益処分を行ってはならないという制限を課している。行政手続法における不利益処分の手続規定（行手法12条以下）が、不利益処分の根拠規定になっているわけではない。このように、規制規範があるからといって、法律の留保の原則で求められる法律があるということにはならない。

4.　事案分析の手順

　以上を踏まえると、法律の留保の原則の観点から行政活動の法的根拠の有無を検討する場合には、当該行政活動の根拠規範の有無について検討しなければならないということになる。

　もっとも、この作業は、上述の(ｱ)当該行政活動がいかなる性格をもっているかということ、および、上述の(ｲ)法律の留保の原則につき、いかなる学説に立つかということを検討した後に行わなければならないというわけでは必ずしもない。むしろ、先に法律の根拠（根拠規範）の有無について検討することも考えられる。その場合、仮に根拠規範たる法律の根拠が存在するとの結論を得られれば、法律の留保の原則との関係では何の問題も生じないことになるから、それ以上の検討は必要ない。逆に、根拠規範たる法律の根拠が存在しないとの結論にいたれば、(ｱ)および(ｲ)の問題を検討する必要が生じる。

○法律の留保の原則が問題となる事案を分析する手順
　手順①：法律の根拠（根拠規範）があるか否かを検討する。
　手順②：法律の根拠（根拠規範）がない場合、問題となっている行政活動の性格と法律の留保の原則をどう解釈するか検討する。

　以下では、この手順を意識しつつ各設問を検討することにしよう。

138　**Ⅲ本案上の主張**｜**1法律による行政の原理**

5. 自動車の一斉検問を違法とする主張（設問1）

(1) 法律の根拠（手順①にかかる主張）

　Ｘの立場から、法律の留保の原則との関係で自動車の一斉検問が違法である旨の主張をしようとすれば、まずは法律の根拠（根拠規範）がないということを指摘する必要がある。本問の場合、問題文の中で自動車の一斉検問について明文で定めた法律は存在しないとされているから、関係する法律条文の解釈を通じても、根拠規範は存在しないということを指摘しなければならない。

　この点、警察法は第1条で当該法律が組織に関する法律であると宣言しているし、同法2条1項は単なる責務規定であって根拠規範とはいえない。そうすると、警察法を自動車の一斉検問の根拠規範として捉えることはできない。

　また、「異常な挙動その他周囲の事情から合理的に判断して……疑うに足りる相当な理由のある者」に対する検問であれば、警察官職務執行法2条1項に基づくものといえるが、不審な外観を有するか否かにかかわらず行われる一斉検問の場合は同条項の要件を充足しているとは言い難い。そのため、同条項を根拠規範として捉えることはできない。

　このように、本件では、自動車の一斉検問の根拠となる法律上の規定は存在しないと指摘しうる。

(2) 自動車の一斉検問の性格と法律の留保の原則（手順②にかかる主張）

　さらにＸの立場から主張しなければならないのは、自動車の一斉検問が法律の根拠を必要とする行政活動であるということである。なぜなら、仮に自動車の一斉検問が法律の根拠を必要としない行政活動であるならば、法律の根拠なくして一斉検問が行われたとしても、法律の留保の原則との関係では適法になってしまう可能性があるからである。

　この点、全部留保説によれば、自動車の一斉検問を行うためには法律の根拠が必要である。また、侵害留保説によっても、本件における一斉検問が移動の自由を制限する行政活動であると捉えれば、法律の根拠が必要である。このことは社会留保説をとる場合や重要事項留保説をとる場合にも妥当する。なぜなら、社会留保説の場合であっても、侵害的な行政活動を

行うためには法律の根拠が必要であると考えられているし（社会留保説は、社会権の実現に資する行政活動についてのみ、法律の根拠が必要であると考えるのではなく、侵害的行政活動に加えて社会権の実現に資する行政活動にも法律の根拠が必要であるとする点に特徴がある）、重要事項留保説の場合であっても権利を制限する行政活動は重要な行政活動として捉えられ、法律の根拠が必要であると考えられるからである。また、形式的には任意の協力を求めて行われているとはいえ、一斉検問の実態に即して検討すれば、実質的には権力的な行政活動であるとみる余地があるので、権力留保説によっても、やはり法律の根拠が必要である。ところが、上述したように、本件では法律上の根拠がない。結局のところ、法律の留保の原則に関して、いかなる学説にたとうとも、法律の根拠（根拠規範）を欠く自動車の一斉検問は違法であると指摘できる。

6. 自動車の一斉検問を適法とする主張（設問2）

⑴ 法律の根拠（手順①にかかる主張）

　法律の留保の原則との関係で自動車の一斉検問が適法であるとの主張をしようとする場合には、法律の根拠（根拠規範）があるという方向で主張を展開することになろう。

　この場合、まず考えられるのは警察法2条1項を根拠とする主張である。すなわち、「交通の取締」が警察の責務である旨、定めている同条項は、当該責務を果たすために必要となる警察作用の一般的な根拠規定になると解することができる。さらに、同法1条では警察法が組織規範である旨、宣言されているものの、組織規範か根拠規範かは個別の条文ごとに判断していくべきであるから、警察法1条を理由に同法2条1項も組織規範であると理解しなければならないわけではない。

　また、仮に警察法2条1項が組織規範であるがゆえに一斉検問の根拠になりえないとしても、警察官職務執行法2条1項を根拠規定として捉えることが考えられる。なぜなら、職務質問を行う前提が整っているか否かを確認するための警察作用は同条項に基づいて行うことが可能である、と拡張解釈することがありうるからである。

⑵　自動車の一斉検問の性格と法律の留保の原則（手順②にかかる主張）

　仮に百歩譲って自動車の一斉検問には法律上の根拠がないという見方に立ったとしても、依然として自動車の一斉検問が適法であると主張する余地は残されている。すなわち、自動車の一斉検問が任意の形式で行われている点を強調すれば、自動車の一斉検問は自由の制限を伴うものでもなく、また権力的に行われているわけでもないと指摘できるから、法律の留保の原則に関し、全部留保説の立場に立たない限り、上述のいかなる立場に立とうとも、自動車の一斉検問は適法であると指摘できる。

7.　最高裁昭和55年決定

　最高裁は昭和55年9月22日決定（刑集34巻5号272頁〔飲酒運転一斉検問事件〕）の中で、警察法2条1項に自動車の一斉検問の法的根拠を求め、自動車の一斉検問が適法である旨、判示している。

　しかし、当該事件は本問と異なり、刑事事件であること、また、最高裁は根拠法規以外の事項（手段の相当性など）にも言及した上で適法である旨、判示していることに注意する必要がある。

第2問　行政立法

　A市の現業職員であるXは、勤務時間外の夜間に友人と居酒屋で飲酒をした。その後、Xは帰宅するため、自ら普通乗用自動車を運転したが、警察の検問により、酒気帯び運転が発覚し、Xは検挙された（以下「本件酒気帯び運転」という。）。その翌日、Xは、当該事実を上司に自ら報告し、その後、実施された上司らによる聞き取り調査にも誠実に対応した。しかし、Xの任命権者である市長は公務員の飲酒運転に対する社会的批判が強いことから、A市の「懲戒処分の指針」（以下「本件指針」という。）の「第2　標準例」4（1）ウを踏まえ、地方公務員法第29条第1項3号に基づき、懲戒免職処分を行った（以下「本件処分」という。）。本件指針はA市の市長部局で作成され、市長が決裁したもので、法令に基づいて定められたものではないが、その内容は公表され、A市の職員に周知徹底されていた。

　本件処分に不満を抱いたXは所定の手続を経たうえで、本件処分の取消訴訟を提起しようとしている。これまでXは懲戒処分を受けたことがないこと、ならびに、本件酒気帯び運転により人身事故および物損事故を起こしていないことを前提にして、以下の設問に答えなさい。

【設問】

1．本件指針は講学上の法規命令か、それとも行政規則か。理由とともに答えなさい。

2．Xは、本件処分の取消訴訟における本案上の主張として、「本件では本件指針の『第1　基本指針』に記載されている①および②の事情が認められるため、本件処分が本件指針に違反して違法である」旨の主張をしようとしている。このような主張は適切か。理由

とともに答えなさい。

3. 上記2の主張が適切でないとした場合、Xは、本件処分の取消
訴訟の中で本案上の主張として、いかなる主張をすべきか。

【資料】

○**地方公務員法**（昭和25年12月13日法律第261号）（抜粋）

第29条　職員が次の各号の一に該当する場合においては、これに対
し懲戒処分として戒告、減給、停職又は免職の処分をすることがで
きる。

一～二　略

三　全体の奉仕者たるにふさわしくない非行のあった場合

2～4　略

○**懲戒処分の指針**（平成26年4月12日市長決裁）（抜粋）

第1　基本指針

本指針は、職員の非違行為に対し、厳正に対処することで、服務規
律の確保を図り、もって、市民の信頼に応えることを目的とする。具
体的な量定の決定にあたっては、

　　［1］　公務遂行にかかる非違行為か否か

　　［2］～［8］　略

等のほか、日頃の勤務態度や非違行為後の対応等も含め、総合的に考
慮したうえで判断する。……。特に、次に掲げる事情が認められる場
合には、それらを考慮して標準例に掲げる量定を軽減し、特に悪質な
事案を除き、免職としない。

　①　自主的な申告により非違行為が発覚していること

　②　調査に協力するなど、自らの非違行為に関連する不祥事案の全
　　容解明に寄与したこと

第2　標準例

4　飲酒運転（飲酒運転とは、酒酔い運転及び酒気帯び運転をいう。）

（1）　飲酒運転関係

　ア～イ　略

　ウ　飲酒運転をした職員は、免職又は停職とする。

（2）　略

143

1. 問題の所在

本件指針の「第2 標準例」4(1)ウは「飲酒運転をした職員は、免職又は停職とする」と定めているから、飲酒運転を行ったXに対する本件懲戒免職処分は、この指針に適合しているといえる。しかし、他方で、酒気帯び運転発覚後のXの対応は「第1 基本指針」①②の事情に該当するといえそうなので、本件処分は本件指針の「第1 基本方針」に違反するともいえそうである。ただ、このように本件処分が本件指針に適合しているか否かという観点からのみ、本件を検討すれば、本案上の主張が適切にできるようになるわけではない。なぜなら、本件指針は立法機関（国会）が定めた法律ではなく、行政機関が自ら定めた規範であって、裁判規範（＝裁判所が法的な判断を行う際に依拠する法規範）になりえない可能性があるからである。仮に本件指針が裁判規範でないとすれば、いくら本件処分が本件指針の内容に違反していたということを主張してみても、本件処分の違法の主張にはつながらない。このように、本件で本案上の主張を検討する際には、まず本件指針の法的性格を明らかにしておく必要がある。そのためには、伝統的に行政立法として理解されてきた内容を確認しておくことが有益である。そこで、以下、行政立法に関する基本事項を確認しておく。

2. 法規命令と行政規則の伝統的理解

行政機関の行為が一定の基準にしたがって行われることがある。**法律による行政の原理**からすれば、その基準は法律であることが想定されるが、行政活動の基準となるのは法律だけではない。行政機関は国会が制定した法律以外にも、行政機関自らが定立した基準にしたがって行動する。その中でも特に行政機関が定立する一般的抽象的規範は、伝統的に**行政立法**と呼ばれてきた（近年は**行政基準**、**行政準則**、**行政規範**などと呼ぶことがあり、用語法は統一されていない）。本件における「懲戒処分の指針」も、この意味での行政立法として捉えることができる。

行政立法は、さらに法規を内容に含むか否かによって**法規命令**と**行政規則**に区別されてきた。ここで、法規とは国民の権利義務に関する規範のこ

とをさす。

○**行政活動の基準の類型**

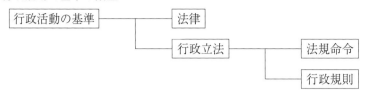

　法規命令と行政規則は、伝統的にいくつかの点で異なるものと考えられてきた。まず、法規命令は国民を法的に拘束するのに対して、行政規則は国民を法的に拘束しない。また、法規命令は裁判規範たりうるのに対して、行政規則は裁判規範たりえない。さらに、法規命令は、国民の権利義務に関する規範である法規を内容に含むので、法律の根拠なくしては定めることができないのに対して、行政規則は、法規を内容に含まないので、法律の根拠がなくても定めることができる。

○**法規命令と行政規則の差異**

種類	法規性	国民への法的拘束力	裁判規範性	法律の根拠
法規命令	○	○	○	必要
行政規則	×	×	×	不要

3. 法規命令と行政規則の判別の仕方

　このように行政機関によって定められた規範が法規命令か、行政規則かによって、理論上、法的取扱いは異なる。そのため、両者を判別できるようにしておく必要がある。それでは、どのようにして両者の判別を行えばよいか。
　まず指摘できることは、法規命令か、行政規則かの違いは法規を内容に含むか否かという点にあるのだから、行政機関が定めた規範の内容に着目して、法規命令か、行政規則かを判別することが考えられる。たとえば、行政機関によって定められた規範が行政組織について定めたものであれば、

その内容からして、当該規範は国民の権利義務に関わらないから、行政規則である。また、行政機関によって定められた規範が行政組織の内部で通用する規範（内部規範）として発せられている場合には（その名称はさまざまで、たとえば「要綱」「要領」「内規」などがある）、当該規範の内容が（行政組織の外部にいる）国民の権利義務に直接影響を及ぼすことはない。たとえ職員が内部規範にしたがって行動した結果、国民に何らかの影響が出たとしても、それは内部規範による間接的な影響であって、直接的な影響ではない。そのため、内部規範は行政規則として捉えることができる。従来、**通達**（＝上級行政機関が下級行政機関に向けて発する職務上の命令）は、このような見地から、一般に行政規則としての性格を有するものと考えられてきた。

　もっとも、行政機関によって定立された規範が法規を内容に含んでいるようにみえても、それが法律または法律の委任に基づく政省令等に根拠をもたないで定められたとすれば、当該規範は法規命令ではない。なぜなら、**法律の法規創造力の原則**からして、法律に淵源をもたない規範に基づいて国民の権利義務が変動することはないからである。このように、問題になっている規範の根拠に着目して、法規命令か、行政規則かを判別することも考えられる。

　以上からすると、行政機関によって定立された規範が法規命令か行政規則かを判断する際には、①当該規範が法規を内容に含んでいるか否か（＝内容のチェック）、②当該規範が法令に基づいて定められているか否か（＝根拠のチェック）、という視点が有益であるといえよう。

4. 法規命令と行政規則の区別の実益

　行政機関によって定められた規範が法規命令か、行政規則かを判別できるようになると、以下に指摘するとおり、本案前の主張および本案上の主張を検討する際に一定の方向性を見出すことができるようになる。

⑴　本案前の主張その1──処分性

　特定の行為の処分性が問題となる場合、当該行為が行政規則に基づいて行われたのであれば、当該行為は（狭義の）**処分**ではない。なぜなら、行

146　Ⅲ本案上の主張｜2行政立法

政規則は法規ではないので、行政規則に基づいて行われる行為に法効果性が認められることはないからである。

たとえば、地方公共団体が法令に基づかないで「○○○要綱」を定め、これに依拠して行政活動を行うことがある。当該要綱が法令の根拠なく定められていれば、それは行政規則であるから、行政機関が当該要綱に基づいて何らかの行為を行ったとしても、当該行為が法効果性を有することはなく、（狭義の）処分であるとはいえない。

(2) 本案前の主張その2——原告適格

処分の名宛人以外の第三者が取消訴訟の**原告適格**を有するか否かを検討する際には、行政事件訴訟法9条2項が重要な役割を果たす（同条項は直接型義務付け訴訟および差止め訴訟でも準用されることになっている。行訴法37条の2第4項、37条の4第4項）。同条項によれば、「法令の規定の文言」や、「法令の趣旨及び目的」が原告適格の有無を判断する際の考慮事項になるが（「関係法令」の趣旨および目的も参酌される）、同条項の「法令」には行政規則は基本的に含まれない。したがって、行政規則としての性格を有する通達や、要綱に着目し、その文言や、その趣旨および目的から処分の名宛人以外の第三者の原告適格の有無を検討するのは基本的に適切ではない。

(3) 本案上の主張

伝統的な理解によれば、行政規則は裁判規範たりえない。このことを前提にすると、国民の側が、本案上の主張として、行政機関による特定の行為の違法性を主張する場合、当該行為が行政規則に違反していることをもって、当該行為が違法である、と主張することは適切ではないし、逆に、行政側が、行政規則に適合していることを理由に当該行為が適法であると主張することも適切ではない。また、行政規則が裁判規範たりえないのであれば、裁判所は行政規則に照らして当該行為の違法・適法を判断することはできない。

147

5. 本件指針の法的性格（設問1）

　上述したように、行政機関によって定められた規範が法規命令に該当するか、行政規則に該当するかは、当該規範の内容から、あるいは、当該規範の根拠から判別しうる。

　この点、本件指針は、職員の法的地位に重大な影響を及ぼす懲戒処分について、その基本方針を定めているので、法規命令のようにもみえる。しかし、問題文にあるとおり、本件指針は法令上の根拠をもたない。法律の法規創造力の原則に照らせば、このような規範を法規命令として捉えることは許されない。したがって、本件指針は行政規則に該当する。

6. 本件指針に基づく本案上の主張（設問2）

　仮に本件指針が法規命令であれば、Xは本件指針に照らして本件処分が違法であることの主張を行いうるが、既に確認したように、本件指針は行政規則であって、裁判規範たりえない。したがって、本件処分が本件指針に違反していることを指摘できたとしても、そのことをもって本件処分の違法性を主張したことにはならない。そのため、設問2のXの主張は適切ではない。

7. 行政規則に着目した本案上の主張

　このように本件指針は行政規則であるから、本件指針違反を理由に本件処分の違法を主張することは適切ではない。そうすると、本案上の主張を検討する際に、行政規則に着目することがまったく無意味であるように思える。しかし、一般論として、たとえば次のような主張は考えられるから、事案分析に際して行政規則を無視するのは適切ではない。

　第1に、行政規則それ自体の不合理性を指摘し、そのような不合理な内容を有する行政規則に依拠して行われた処分は違法である、との主張が考えられる（以下「第1類型」とする）。このような主張の可能性は、既に最高裁判例の中で示唆されている（最判平成4年10月29日民集46巻7号1174頁〔伊方原発訴訟〕）。

第2に、合理的な理由もないのに、行政規則どおりの処分をしなかった
ことが**平等原則**や**信頼保護の原則**といった法の一般原則に抵触するため、
当該処分が違法である、との主張が考えられる（以下「第2類型」とする）。
この場合、処分の違法は行政規則に反することから導かれるのではなく、
形式的には平等原則や信頼保護の原則といった法規に反することから導か
れるのであるが、しかし、これを実質的にみれば、行政規則に反した処分
をしたことが当該処分の違法性を導き出すのに大きく貢献している。この
ような技法は、上記第1の技法とともに「**行政規則の外部化**」と呼ばれる
ことがあり、法規命令と行政規則を相対化させる要因になっている。実際
に、最高裁も、一般に行政規則として捉えられている行政手続法上の**処分
基準**に関し、「裁量権の行使における公正かつ平等な取扱いの要請や基準
の内容に係る相手方の信頼の保護等の観点から、当該処分基準の定めと異
なる取扱いをすることを相当と認めるべき特段の事情がない限り、そのよ
うな取扱い〔＝処分基準の定めと異なる取扱い：土田注〕は裁量権の範囲
の逸脱又はその濫用に当たる」と述べている（最判平成27年3月3日民集
69巻2号143頁）。

　第3に、行政規則の内容を原告自らの法解釈に必要な限度で取り込み、
比例原則や**平等原則**といった法規に即して違法主張を展開することが考え
られる（以下「第3類型」とする）。この場合、行政規則に即した処分が行
われたか否かということには着目しないで、比例原則等の法規に適合する
処分が行われたか否かという観点から検討することになる。

　以上を踏まえ、本件における本案上の主張を検討してみることにしよう。

8. 本件における本案上の主張（設問3）

　処分の取消訴訟における本案勝訴要件は処分が違法であることである。
とりわけ裁量処分の場合には、**裁量権の逸脱濫用**があることが当該処分の
違法事由になることから、仮に本件処分が裁量処分であるとすれば、X
としては裁量権の逸脱濫用があったということを指摘する必要がある。こ
の場合、上述の行政規則に着目した本案上の主張は、最終的に裁量権の逸
脱濫用に結びつけるように展開しなければならない。

⑴　裁量の有無

　そこで、まずは本件処分が裁量処分であるか否か、明らかにする。この点、従来の判例を前提にすると、公務員に対する懲戒処分については、**要件裁量**は認められないが、**効果裁量**は認められることになろう。

　このうち効果裁量が認められることにつき、最高裁は次のように理由を述べている。すなわち「懲戒権者は、懲戒事由に該当すると認められる行為の原因、動機、性質、態様、結果、影響等のほか、当該公務員の右行為の前後における態度、懲戒処分等の処分歴、選択する処分が他の公務員及び社会に与える影響等、諸般の事情を考慮して、懲戒処分をすべきかどうか、また、懲戒処分をする場合にいかなる処分を選択すべきか、を決定することができるものと考えられるのであるが、その判断は、右のような広範な事情を総合的に考慮してされるものである以上、平素から庁内の事情に通暁し、都下職員の指揮監督の衝にあたる者の裁量に任せるのでなければ、とうてい適切な結果を期待することができないものといわなければならない。それ故、公務員につき、国公法に定められた懲戒事由がある場合に、懲戒処分を行うかどうか、懲戒処分を行うときにいかなる処分を選ぶかは、懲戒権者の裁量に任されている」（最判昭和52年12月20日民集31巻7号1101頁〔神戸税関事件〕）。効果裁量には、処分をするか否かに係る**行為裁量**と、処分をするとして、いかなる内容の処分をするかに係る**選択裁量**があるが、上記判示から明らかなとおり、公務員に対する懲戒処分の場合は、両者ともに認められる。

　他方、地方公務員法29条3号の要件裁量についていえば、ある公務員の行為が「全体の奉仕者たるにふさわしくない非行」に該当するか否かは、専門技術的知見や政策的知見などを有する行政機関でなければ、適切に判断できない事項であるとは言い難い。むしろ、当該事項は社会通念にしたがって判断しうる事項であって、行政機関の判断を司法機関の判断に優先すべき理由が見当たらないことから、要件裁量は否定されるものと考えられているといえよう。

⑵　裁量権の逸脱濫用

　本件処分が裁量処分であるとすると、さらにXは本件処分に裁量権の逸脱濫用があり、違法であった旨、指摘しなければならない。

この点、考えうる第1の主張は上記第2類型を参考にした主張である。すなわち、本件指針が公表され、その内容が職員に周知徹底されていたため、Xは、本件指針「第1　基本指針」①②の事情を充足すれば、免職という最悪の事態は回避できるものと考え、自主的に酒気帯び運転の事実を申告し、その後の事情聴取にも誠意をもって対応したのである。それなのに合理的な理由なく、結局、懲戒免職処分をされるというのでは**信頼保護の原則**または**適正手続の原則**に反することになるから、このようにして行われた本件処分は社会観念上著しく妥当性を欠き、裁量権の逸脱濫用であって、違法である。

　第2の考えうる主張は、上記第3類型を参考にした主張である。すなわち、Xは現業職の職員であって本件の社会的影響はそれほどでもないこと、飲酒をしたのは勤務時間外であること、検挙された翌日には自主的に上司に酒気帯び運転を申告していること、その後の事情聴取に誠実に対応していること、これまで懲戒処分を受けたことがないこと、本件酒気帯び運転により人身事故および物損事故を起こしていないこと、他方で、懲戒免職処分は懲戒処分（戒告、減給、停職、免職の4種類）の中でも最も重い処分であって、他の懲戒処分に比して慎重に行われなければならないことからすると、本件処分は**比例原則**に反する処分であって、社会観念上著しく妥当性を欠き、裁量権の逸脱濫用であり、違法である（大阪地判平成21年7月1日労働判例992号23頁参照）。このような主張は、本件指針の内容を比例原則の解釈適用の中に溶け込ませながらも、表面上は本件指針とは無関係に比例原則に係る主張として展開したものといえる。

　なお、本問で与えられている事実を前提にすると、本件指針それ自体が合理性を欠いていた旨の主張（上記第1類型を参考にした主張）は困難であろう。また、本問では本件指針の従前の運用状況について何ら事実が与えられていないので、**平等原則違反の主張**（上記第2類型または第3類型を参考にした主張）も困難であろう。

9.　行政手続法との関係

　本件処分はXに対して不利益に作用する処分であるから、行政手続法上の**不利益処分**であって、本件には行政手続法が適用されるように思える。

仮にそうであるとすれば、本件指針は同法の**処分基準**としてとらえること
ができる（行手法2条8号ハ、同12条）。しかし、公務員の身分に関してさ
れる処分は、行政手続法の不利益処分の手続が適用されない（行手法3条
1項9号）。そのため、行政手続法に即して本件を分析するのは適切ではな
い。

　なお、行政手続法上の**審査基準**（行手法2条8号ロ、同5条）および処分
基準は、一般に行政規則として理解されている。したがって、審査基準違
反の処分や、処分基準違反の処分が問題となる事案において本案上の主張
を検討する際には、上記第1類型から第3類型までの構成が想起されてよ
い。

行政計画

第3問

　A県では都市計画法（以下「法」という。）の「都市施設」である道路を新設するため、平成28年3月にA県都市計画審議会が開催された。この審議会では5年ごとに行われる基礎調査（法6条1項）のうち平成25年の基礎調査をもとに人口予測がされ、道路の区域が決定された（法13条19号）。なお、A県では基礎調査とは別目的で平成28年1月に調査が行われ、その結果をもとに最新の人口予測が算出されていたが、これは審議会で考慮されなかった。この最新の人口予測によれば、将来の人口は平成25年の基礎調査をもとに算出された人口の半分程度にまで減少する。その後、A県は審議会の決定にしたがい、都市計画を決定するとともに（以下「本件都市計画決定」という。法18条1項）、国土交通大臣の認可を取得した（以下「本件認可」という。法59条2項）。本件都市計画決定の中で自己の所有地が道路の区域に含まれていることに不満をもったXは、本件認可の取消訴訟を提起しようとしている。本件都市計画決定に処分性がないことおよび本件認可の取消訴訟が適法に提起されることを前提にして、以下の設問に答えなさい。

【設問】

1．本件都市計画決定に裁量は認められるか。理由とともに答えよ。
2．Xは、本件認可の取消訴訟の中で、本案上の主張として、どのような主張をすればよいか。上記1の解答を踏まえて答えなさい。

【資料】都市計画法（昭和43年6月15日法律第100号）（抜粋）

第2条　都市計画は、農林漁業との健全な調和を図りつつ、健康で文化的な都市生活及び機能的な都市活動を確保すべきこと並びにこのためには適正な制限のもとに土地の合理的な利用が図られるべきこ

とを基本理念として定めるものとする。

第6条　都道府県は、……おおむね5年ごとに、都市計画に関する基礎調査として、……人口規模、産業分類別の就業人口の規模、市街地の面積、土地利用、交通量その他国土交通省令で定める事項に関する現況及び将来の見通しについての調査を行うものとする。

2～5　略

第13条　……都市計画……は、……当該都市の特質を考慮して、次に掲げるところに従って、……都市施設の整備……に関する事項で当該都市の健全な発展と秩序ある整備を図るため必要なものを、一体的かつ総合的に定めなければならない。……。

一～十　略

十一　都市施設は、土地利用、交通等の現状及び将来の見通しを勘案して、適切な規模で必要な位置に配置することにより、円滑な都市活動を確保し、良好な都市環境を保持するように定めること。……。

十二～十八　略

十九　前各号の基準を適用するについては、第6条第1項の規定による都市計画に関する基礎調査の結果に基づき、かつ、政府が法律に基づき行う人口、産業、住宅、建築、交通、工場立地その他の調査の結果について配慮すること。

第18条　都道府県は、……都道府県都市計画審議会の議を経て、都市計画を決定するものとする。

2～4　略

第59条　略

2　都道府県は、……国土交通大臣の認可を受けて、都市計画事業を施行することができる。

3～7　略

第61条　国土交通大臣……は、……申請に係る事業が次の各号に該当するときは、第59条の認可……をすることができる。

一　事業の内容が都市計画に適合し、かつ、事業施行期間が適切であること。

二　（略）

1. 行政計画を争う方法と本案上の主張の構成

(1) 適切な訴訟形式

本問では、A県による本件都市計画決定のあとに、国土交通大臣による本件認可が行われており、Xは、この認可を争おうとしている。しかし、Xの不満の直接の原因は、本件認可にあるのではなく、Xの所有地を道路の区域に含ましめた本件都市計画決定にある。

そのため、本件認可に着目して**取消訴訟**を提起するのは適切ではなく、直接、本件都市計画決定の取消訴訟（行訴法3条2項）を提起したほうがよいという見方がありうる。しかし、通常、**行政計画**は、その定立により直ちに国民の権利義務に影響を及ぼすわけではないので、処分性が認められず、取消訴訟の対象にならない（一般に行政計画の処分性は否定的に解されているが、事案によっては処分性が肯定されることもある。最も重要な判例として、土地区画整理法上の土地区画整理事業計画の処分性を認めた最高裁平20年9月10日判決民集62巻8号2029頁）。本問では「本件都市計画決定に処分性がないこと」を前提に検討することが求められているが、このような前提は、行政計画に関する上記の理解に対応するものといえる。また、判例上、都市計画法における都市計画（変更）決定の処分性は認められていないので（最判昭62年9月22日判時1285号25頁）、本問の前提は判例の立場とも合致する。結局、本件都市計画決定の処分性がないということを前提にする以上、本件都市計画決定の取消しを求めて取消訴訟を提起するのは適切ではない。

そこで次に考えられるのは、たとえば本件都市計画決定が無効であることの確認を求めて**実質的当事者訴訟**（行訴法4条後段）を提起するという方法である。当事者訴訟の場合、抗告訴訟とは異なり、その対象が処分性のある行為でなければならないということはない。しかし、上述のように、

直接、国民の権利義務に影響を及ぼすものではないということを理由にして本件都市計画決定の処分性を否定するのであれば、当事者訴訟もまた不適切な訴えになる可能性がある。なぜなら、そのような訴えは即時解決の必要性がなく、確認の利益が認められないといえるからである（あるいは紛争の成熟性がなく、法律上の争訟とはいえないということもできる）。

　このようにみていくと、本件都市計画決定それ自体を対象にして争うことは困難であるともいえる。そのため、Xが国土交通大臣による認可の取消訴訟を提起しようとしていることには一定の合理性が認められる。

(2)　本案上の主張の基本的構成

　本件都市計画決定に後続する本件認可の取消訴訟の中で、本件都市計画決定の違法性を主張していく場合、どのような構成で違法の主張を展開していけばよいか。あらかじめ本案上の主張について基本的な方針を確認しておこう。

　ところで、都市計画法61条1号は「事業の内容が都市計画に適合し」ていることを国土交通大臣の認可の要件としている。同号でいう「都市計画」は都市計画であれば、違法な都市計画であってもよいのか、それとも適法な都市計画でなければならないのか、文言上、明らかでないので、解釈上の問題が生じうる。この点、確かに同号では単に「都市計画」と定められているだけだから、違法な都市計画であってもよいようにも思える。しかし、同号の「都市計画」を違法な都市計画でもよいと解すると、違法な都市計画に適合している都市計画事業はそれ自体が違法になってしまう。国土交通大臣がそのような違法な都市計画事業を認可するのは、法治主義に反することになろう。そのため、同号の「都市計画」は適法な都市計画と解するのが妥当である。このような理解を前提にすると、Xは、本件都市計画が違法であるということを指摘できれば、あとは、そのような違法な都市計画に事業内容が適合していると判断した認可もまた都市計画法61条1号の要件を充足せず、違法であるから、当該認可は取り消されるべきであると主張することになろう。

(3)　小括

　行政計画に不満がある場合、行政計画それ自体を訴えの対象にして行政

計画の違法性を主張していく方法は検討してみてもよいが、それが適法な訴えとして受け入れられる可能性は決して高くない。そこで、これとは別に、行政計画に後続する処分がある場合には、当該処分を捉え、その取消訴訟の中で行政計画の違法を争っていく方法も検討すべきである。この場合、取消訴訟の中での主張は、行政計画が違法であり、その違法な行政計画を前提にして行われた処分もまた違法であって取り消されるべきであるといった主張になろう。本件は、このような方法で権利救済を求めていこうとしている事案である。

2. 行政計画の裁量と違法主張

　行政法の学修上、裁量問題が取り上げられるのは、処分の場合が多い。しかし、だからといって裁量は処分の場合にしか認められないというわけではない。たとえば行政指導の場合であっても、誰に対して、どのタイミングで、どのような内容の行政指導をするのか、行政機関に裁量の余地が認められる。このように処分以外の行為形式であっても、行政機関の裁量は観念できる。

　行政計画の場合も、裁量は認められる（特に行政計画の裁量は**計画裁量**と呼ばれる）。しかも、一般的な理解によれば、その裁量の幅は広いとされている。これは、行政計画の場合、法律による規律が弱い（あるいは法律による規律がない）という事情による。そのため、行政側は、法律に縛られないという意味で比較的自由に行政計画を定めることができる。実際に、そのようにして定められる内容は、政策的判断や、専門技術的判断を伴うことが少なくなく、裁判官の全面的な審査に服さしめるのが適当ではない事項が多いともいえる。

　このように行政計画に広範な裁量が認められると、行政計画の違法性を裁判所に認めてもらうことは一般に難しい。それでも行政計画の違法の主張を試みるならば、主に裁量処分を念頭に置いて形成されてきた裁量統制基準は大いに参照されてよい。これによれば、本案上の主張として行政計画の違法を主張する場合、比例原則や平等原則を使いながら、また、判断過程にも着目するなどして、最終的に裁量権の逸脱濫用を指摘することが目指されることになる。

3. 都市計画と裁量（設問1）

判例によれば、都市施設に関する都市計画決定に裁量は認められる。この点、最高裁は、いわゆる小田急高架化訴訟の判決（最判平成18年11月2日民集60巻9号3249頁）において、次のように説明している。「都市計画法は、都市計画について、健康で文化的な都市生活及び機能的な都市活動を確保すべきこと等の基本理念の下で（2条）、都市施設の整備に関する事項で当該都市の健全な発展と秩序ある整備を図るため必要なものを一体的かつ総合的に定めなければならず、当該都市について公害防止計画が定められているときは当該公害防止計画に適合したものでなければならないとし（13条1項柱書き）、都市施設について、土地利用、交通等の現状及び将来の見通しを勘案して、適切な規模で必要な位置に配置することにより、円滑な都市活動を確保し、良好な都市環境を保持するように定めることとしているところ（同項5号〔現在の11号に相当：土田注〕）、このような基準に従って都市施設の規模、配置等に関する事項を定めるに当たっては、当該都市施設に関する諸般の事情を総合的に考慮した上で、政策的、技術的な見地から判断することが不可欠であるといわざるを得ない。そうすると、このような判断は、これを決定する行政庁の広範な裁量にゆだねられているというべき」である。

この判示によれば、都市施設に関する都市計画決定に裁量は認められるが、その理由は都市計画法2条および13条の定め方（形式的要素）のほかに、都市施設に関する都市計画決定が政策的、技術的な判断を伴うこと（実質的要素）に求められよう。

4. 都市計画の違法性（設問2）

(1) 都市計画が違法であることの基本的枠組み

最高裁は、前出の小田急高架化訴訟の判決の中で、都市計画の裁量統制について次のとおり判示している。「裁判所が都市施設に関する都市計画の決定又は変更の内容の適否を審査するに当たっては、当該決定又は変更が裁量権の行使としてされたことを前提として、その基礎とされた重要な

事実に誤認があること等により重要な事実の基礎を欠くこととなる場合、又は、事実に対する評価が明らかに合理性を欠くこと、判断の過程において考慮すべき事情を考慮しないこと等によりその内容が社会通念に照らし著しく妥当性を欠くものと認められる場合に限り、裁量権の範囲を逸脱し又はこれを濫用したものとして違法となる」。ここでは、裁量統制の審査方式として、いわゆる判断過程審査の方式が採用されている。そのため、本問においても、このような審査方式を念頭において、都市計画決定の違法性を検討してみることにしよう。

(2) 都市計画の違法性

　本件では、本件都市計画決定がされる際に、最新の調査結果があるにもかかわらず、これが用いられることなく、平成 25 年の基礎調査の結果が用いられている。本案上の主張を展開する場合には、この点に注目し、考慮に入れられるべき事項（＝最新の調査結果）が考慮に入れられることなく、本件都市計画決定がされたとして都市計画が違法であることを主張すればよい。

　このような主張を展開する際には、何故、法 6 条 1 項が定めた 5 年ごとに行われる基礎調査の結果ではなく、最新の調査結果に基づいて都市計画を決定しなければならないのかという点が問題となろう。この点、確かに法は、おおむね 5 年ごとに行われる基礎調査の結果に基づいて、都市計画の中で都市施設を定めることしている（法 6 条 1 項、13 条 1 項 11 号、13 条 1 項 19 号）。しかし、法がそのような規定を設けた趣旨は、都市が人口の増減や、産業の発展・衰退等により常に変化するものであることに鑑み、都市計画の内容をできるだけその時々の社会条件に即応させようとした点にある。そうだとすれば、法 6 条 1 項に基づく 5 年ごとの基礎調査でなくても、最新の調査結果が出ているのであれば、その結果に基づいて都市計画を定めることは、むしろ、法の趣旨に即した解釈・運用ということができる。

(3) まとめ

　以上から、本件都市計画決定は考慮に入れるべき事項（＝最新の調査結果）を考慮に入れることなく行われたといえる。そうすると、本件都市計

画決定は社会通念に照らし著しく妥当性を欠き、裁量権を逸脱濫用したものとして違法である。このような違法な本件都市計画決定を前提にして行われた本件認可もまた違法であるから、本件認可は取り消されるべきであると主張することが考えられる。

5. 予想される相手方からの反論と再反論

　以上のXからの主張に対して、相手方（行政側）は次のように反論することが考えられる。すなわち、仮に考慮に入れるべき事項（最新の調査結果）を考慮したとしても、Xの所有地が道路の区域に含まれるという都市計画決定の内容に変化はなく、結論は異ならないから、本件認可は取消しに値しない。

　これに対して、Xは次のように再反論することが考えられよう。すなわち最新の人口予測によれば、将来の人口は平成25年の基礎調査をもとに算出された人口の半分程度にまで減少するところ、人口が半減するということであれば、交通量が減少することになるので、設置予定の道路の幅員や道路の新設に関する判断にも一定の影響が出るはずで（交通量が少ないのであれば、道路の幅員はそれほど広く確保しなくてよいとか、そもそも道路は新設しなくてよいといった判断が想定される）、Xの所有地が道路の区域から外れる可能性が出てくる。そうだとすれば、考慮に入れるべき事項が考慮されることによって結論が異なる可能性はあるのだから、本件認可は取消しに値する。

行政処分の瑕疵　第4問

　Xは A 市における同一の敷地内に5棟の倉庫を適法に建築し、利用していたが、使い勝手が悪かったので、さらに同じ敷地内に1棟の倉庫（以下「本件建築物」という。）を建築した。しかし、本件建築物は建築基準法（以下「法」という。）に違反する建築物であった。これを知った A 市の担当職員は X に対して行政指導をしようと試みたが、X は別件で A 市との紛争を抱えていたため、担当職員との接触を一切拒否した。そこで、A 市市長は、法第9条第1項に基づき、平成26年10月28日付けで X に対して除却命令（以下「本件命令」という。）を発するとともに、当該命令が記載された命令書を交付した。X は、同日、これを受け取り、本件命令を知ったが、命令書では除却対象建築物が明確に特定されておらず、このことは誰の目から見ても明らかであった。結局、X は6棟の倉庫のうち、どの倉庫が本件命令の対象物件なのか、わからなかったので、本件命令を無視し続けたが、平成27年6月に入ってから、行政代執行法に基づき代執行が行われるかもしれないとの情報を得たので（法第9条第12項）、訴訟提起を決意した。A 市には建築主事が置かれていること、および本件命令が処分であることを前提にして、以下の設問に答えなさい。

【設問】

1. X は本件命令の効力を否定するために、いかなる訴訟（行政事件訴訟法に定められたものに限る。）を提起すべきか。現在が平成27年6月23日であること、および、本件で行政事件訴訟法第14条各項の「正当な理由」がないことを前提にして答えなさい。

2. 上記1の訴訟における本案勝訴要件は何か。争いがある場合には、通説・判例の見地から答えなさい。

161

3. Xは、上記1の訴訟の中で本案上の主張として何を主張すべき
か。上記2の解答を踏まえて答えなさい。なお、解答に際しては、
本件命令の前後において、Xが除却対象建築物を特定しうる事情
はなかったということを前提にしなさい。

【資料】 **建築基準法**（昭和25年5月24日法律第201号）（抜粋）

第2条　この法律において次の各号に掲げる用語の意義は、それぞれ
当該各号に定めるところによる。

一〜三十四　略

三十五　特定行政庁　建築主事を置く市町村の区域については当該
市町村の長をいい、その他の市町村の区域については都道府県
知事をいう。……。

第9条　特定行政庁は、建築基準法令の規定又はこの法律の規定に基
づく許可に付した条件に違反した建築物又は建築物の敷地について
は、当該建築物の建築主、当該建築物に関する工事の請負人
（……）若しくは現場管理者又は当該建築物若しくは建築物の敷地
の所有者、管理者若しくは占有者に対して、当該工事の施工の停止
を命じ、又は、相当の猶予期限を付けて、当該建築物の除却、移転、
改築、増築、修繕、模様替、使用禁止、使用制限その他これらの規
定又は条件に対する違反を是正するために必要な措置をとることを
命ずることができる。

2〜11　略

12　特定行政庁は、第1項の規定により必要な措置を命じた場合にお
いて、その措置を命ぜられた者がその措置を履行しないとき、履行
しても十分でないとき、又は履行しても同項の期限までに完了する
見込みがないときは、行政代執行法（……）の定めるところに従い、
みずから義務者のなすべき行為をし、又は第三者をしてこれをさせ
ることができる。

13〜14　略

15　第1項……の規定による命令については、行政手続法（……）第
三章（第12条及び第14条を除く。）の規定は、適用しない。

1. 適切な訴訟形式（設問1）

　本件命令は処分であるから、**抗告訴訟**の利用が考えられる。抗告訴訟には複数の類型があるものの、設問1では本件命令の効力を否定するための訴訟が求められているので、処分の**取消訴訟**（行訴法3条2項）か、**無効確認訴訟**（行訴法3条4項）が考えられよう。この2つの訴訟は、問題となっている処分に取消原因があると考えられるのか、それとも無効原因があると考えられるのかによって使い分けるのではなく、取消訴訟の**出訴期間**を徒過しているか否かによって使い分ける（行訴法14条1項、38条）。すなわち、原則として、処分があったことを知った日から6ヶ月を経過していなければ、取消訴訟を提起し、逆に処分があったことを知った日から6ヶ月を経過していれば、無効確認訴訟を提起することになる（例外的に「正当な理由があるとき」は、6ヶ月を経過していても、取消訴訟を適法に提起することができる）。このような見地からすると、本件の場合、処分があったことを知った日から既に6ヶ月が経過しており、さらに問題文からは行政事件訴訟法14条1項但書の「正当な理由」も認められないので、Xは無効確認訴訟を提起すべきであるといえよう。

　ただし、本件命令が無効であることを前提に除却義務がないことの確認を求めて実質的当事者訴訟（行訴法4条後段）を提起することが考えられるとすると、本件は「当該処分若しくは裁決の存否又はその効力の有無を前提とする現在の法律関係に関する訴えによって目的を達することができない」とはいえないので（行訴法36条）、無効確認訴訟は適切ではない、との指摘がありうる。しかし、この要件は、行政事件訴訟法36条の「当該処分又は裁決に続く処分により損害を受けるおそれのある者」が提起する**予防的無効確認訴訟**には適用されないと解される（いわゆる**二元説**の立場であり、現在の多数説といってよいであろう）。そうすると、本件で提起する無効確認訴訟は予防的無効確認訴訟として、行政事件訴訟法上、許容される余地がある。それどころか、本件では、除却命令ののちに、行政上の強制執行が予定されており（建築基準法9条12項）、Xが損害を被るおそれがあることから、予防的無効確認訴訟に関する行政事件訴訟法36条の要件を充足する。したがって、本件でXが提起する訴訟は予防的無効確認訴訟であるといえよう。

163

なお、設問１では本件命令の効力を否認するための訴訟形式が問われているが、仮に、この条件をはずして考えた場合には、Ｘが提起する訴訟として、代執行の阻止を目的とした、戒告（行政代執行法３条１項）の**差止め訴訟**（行訴法３条７項）も考えられるところである。しかし、差止め訴訟を適法に提起するためには、「重大な損害」が認められなければならないところ（行訴法37条の４第１項）、戒告がされた後、直ちに戒告の取消訴訟を提起するとともに、執行停止の申立てをすれば、Ｘの権利利益は救済されうる。このような場合には「重大な損害」が認められないというのが現在の一般的な解釈である。したがって、本件において、戒告の差止め訴訟は適切ではない。

2. 無効確認訴訟の本案勝訴要件（設問2）

　無効確認訴訟の本案勝訴要件は、行政事件訴訟法の中で明示的に定められていない。そのため、どのような要件の下で処分が無効になるのか、解釈上、問題となる。

　この点、通説・判例は**重大かつ明白な瑕疵**があることをもって、処分が無効であることの要件としてきた（重大明白説）。この立場を前提にすると、無効確認訴訟において、原告は、処分が単に違法であるということを主張するだけでは不十分で、当該処分の違法が重大かつ明白であるということまで主張しなければならない。この点で、単に処分が違法であることを主張すればよい取消訴訟の場合とは大きく異なる。このことは、無効確認訴訟の本案勝訴要件のほうが、取消訴訟の本案勝訴要件よりも、ハードルが高いということを意味する。

3. 重大明白説の脆弱性

　もっとも、重大明白説については、問題がないわけではない。まず、重大な瑕疵とは何か、また明白な瑕疵とは何か、ということが明らかではない。この点、重大な瑕疵とは処分の基幹的要件または内容に関わる違法であると説明されることがある。また、判例上、明白な瑕疵とは「処分成立の当初から誤認であることが、外形上客観的に明白である」ことと説明さ

れている（最判昭和36年3月7日民集15巻3号381頁）。しかし、このような説明を前提にしても、なおその内容は抽象的であるから、重大明白説は具体的判断基準として十分に機能しないとの指摘がされている。さらに、重大明白説に対しては、そもそも無効の判定基準として重大性の要件と明白性の要件を掲げることが適切なのかという根本的な問題まで投げかけられている。

　そこで、重大明白説にかわる立場として、重大性の要件のみで処分の無効を判定すればよいとする立場（重大説）や、様々な事情を総合考慮して処分の無効を判定すればよいとする立場（多元説）などが唱えられている。また、判例においても、必ずしも重大明白説に固執しないものがみられる。たとえば最高裁昭和48年4月26日判決（民集27巻3号629頁）は、処分の存在を信頼する第三者の保護に配慮する必要がない事案であることなどを勘案して、明白性の要件に固執しない判断枠組みを提示している。

4. 無効確認訴訟において本案上の主張を構成する際の基本方針

　このようにみてくると、一般に通説・判例の立場であるといわれている重大明白説も、絶対的な基準であるわけではないことがわかる。それでは、このような現状を前提にすると、処分の無効確認訴訟において、原告側はどのような方針の下で本案上の主張を検討すればよいか。

　この点、まずは、重大明白説が学説・判例において一応定着している以上、重大明白説に依拠した本案上の主張を構成できないか、探ってみる必要があろう。仮に、そのような方針にしたがって検討してみた結果、うまく本案上の主張を構成できるようであれば、そのまま素直に重大明白説に依拠して、当てはめを行い、処分が無効であることを主張すればよい。

　逆に、上記の方針にしたがって本案上の主張を検討してみたものの、うまくいきそうにない場合（たとえば明白性の要件が充足されているとは言い難い場合）は、当該事案の特殊事情を根拠にして、重大明白説を放棄するとともに、処分が無効である旨、主張できないか、模索することになろう。その際、処分の無効に結びつく、当該事案の特殊事情を探し出し、指摘することは決定的に重要である。そのための有益な視点としては、たとえば、第三者の保護を必要とする事案か否かといった視点や、出訴期間や不服申

立て期間を徒過しても（＝法的安定性を犠牲にしても）、原告を救済するだけの必要性があるか否かといった視点が考えられる（いずれの視点についても、上記最高裁昭和48年判決を参照）。このような視点で当該事案を分析しつつ、総合的見地から当該事案の特殊性を肯定できれば、重大明白説から離れて、処分が無効である旨の主張をすることも許されよう。

5. 本件の場合（設問3）

　以上の基本方針にしたがえば、本件でも、まずは重大な瑕疵および明白な瑕疵があるということを指摘できないか、模索することになるが、本件の場合、この指摘は容易にできよう。すなわち、建築基準法9条1項は「違反した建築物」を要件としているが、当該要件に該当する建築物が6棟の倉庫のうちどれなのか明確でないということは重大な違法であるといえるし、問題文から、そのような対象物件の不明確さは本件命令が成立した当初から外形上客観的に明白であったといえる。通説も、本件のような、除却命令の対象となる建物が明確でないといった、内容の不明確な処分は伝統的に無効と解してきた。このように、本件は比較的容易に重大かつ明白な瑕疵の存在を肯定できる場合に該当するので、あえて重大明白説から離れて本案上の主張を検討する必要はない。

　もっとも、処分の内容が不明確である場合であっても、それは書面上不明確であるだけで、他の諸事情からして処分の内容が明確である場合も想定しうる（たとえば、本件において、命令書では除却対象物件が明確になっておらず、処分内容が不明確であるとしても、事前の行政指導の段階で相手方にどの倉庫が違法建築物に該当するか指摘し、これをXも了知していた場合など）。このような場合であっても、当該処分は内容の不明確さを理由に無効といえるか、という問題がある。この点、最高裁判例の中には、処分内容が書面上、不明確であっても、他の諸事情から関係当事者間で疑義のない程度に処分内容を看取し得る場合には、処分が無効にならない旨、判示するものがある（最判昭和32年11月1日民集11巻12号1870頁）。ただし、本件の場合は、問題文の中で命令書において処分の内容が不明確であるだけでなく、本件命令の前後において除却対象物件を特定しうる事情が存在しなかったということが前提とされているので、たとえ一般に上記の問題

があるにしても、本件の場合は上述の X の本案上の主張が影響を受けることはない。

6. 行政手続法の観点からの検討（設問3）

　本件では、処分内容が不明確であって、重大かつ明白な瑕疵が認められるということを事案に即して指摘していけば、本案上の主張としては、一応、十分である。もっとも、このような実体違法の主張のほかに、手続違法の主張も考えうる。この点、本件命令は行政手続法上の不利益処分に該当するので、行政手続法の適用が考えられるところ、建築基準法9条15項によれば、原則として本件命令に行政手続法は適用されない。しかし、建築基準法9条15項カッコ書では例外的に行政手続法14条が適用されることになっているので、本件命令には行政手続法14条1項本文の求めに応じて具体的な理由が付記されなければならない（処分理由が具体的に提示されなければ、恣意抑制機能および不服申立て便宜機能の確保という同条の趣旨が阻害され、違法となる）。ところが、本件では、除却命令対象物件が特定されていないので、いかなる事実関係を前提にして処分がされたのか、明らかではなく、処分理由が具体的に示されていたとは考えにくい。このように、本件では行政手続法14条1項本文違反を指摘することも不可能ではないが、この場合、最後に、当該手続違法が処分の無効原因につながることも指摘する必要がある。

| 第5問 | 行政処分の取消しと撤回 |

　A県公安委員会から風俗営業等の規制及び業務の適正化等に関する法律（以下「風営法」とする。）に基づいて適法に営業許可を得てパチンコ店を経営していたXは、風営法第11条に違反してBに名板貸しを行った。これを知った公安委員会は、風営法第26条第1項に基づきXに対して営業許可の取消し（以下「本件処分」とする。）を行った。その際に、公安委員会は、本件処分の理由として、名板貸し行為があれば、特段の事情が認められない限り、原則として同条項の「著しく善良の風俗若しくは清浄な風俗環境を害し若しくは少年の健全な育成に障害を及ぼすおそれがある」といえることを挙げていた。

　本件処分に不満をもったXはA県を被告にして本件処分の取消訴訟（行政事件訴訟法第3条第2項）を提起しようとしている。XおよびBは名板貸しに関する行為以外に違法・不正な行為を行っていないことを前提にして、以下の設問に答えなさい。

【設問】

1．本件処分は講学上の取消しに該当するか。それとも講学上の撤回に該当するか。理由とともに答えなさい。
2．仮に本件処分が行われる前に、Xに対して個別的に何らかの手続がとられていたとしたら、それは、いかなる手続か。行政手続法が適用除外にならないことを前提にして簡潔に答えなさい。
3．Xは、取消訴訟の中で、風営法第26条の処分要件との関係で、いかなる本案上の主張をすることが考えられるか。
4．上記3のXの主張に対し、A県はいかなる反論をすることが考えられるか。

【資料】風俗営業等の規制及び業務の適正化等に関する法律（昭和23年7月10日法律第122号）（抜粋）

第1条　この法律は、善良の風俗と清浄な風俗環境を保持し、及び少年の健全な育成に障害を及ぼす行為を防止するため、風俗営業及び性風俗関連特殊営業等について、営業時間、営業区域等を制限し、及び年少者をこれらの営業所に立ち入らせること等を規制するとともに、風俗営業の健全化に資するため、その業務の適正化を促進する等の措置を講ずることを目的とする。

第3条　風俗営業を営もうとする者は、……都道府県公安委員会（以下「公安委員会」という。）の許可を受けなければならない。

2　公安委員会は、善良の風俗若しくは清浄な風俗環境を害する行為又は少年の健全な育成に障害を及ぼす行為を防止するため必要があると認めるときは、その必要の限度において、前項の許可に条件を付し、及びこれを変更することができる。

第8条　公安委員会は、第3条第1項の許可を受けた者（……）について、次の各号に掲げるいずれかの事実が判明したときは、その許可を取り消すことができる。

一　偽りその他不正の手段により当該許可又は承認を受けたこと。

二～四　略

第11条　第3条第1項の許可を受けた者は、自己の名義をもって、他人に風俗営業を営ませてはならない。

第26条　公安委員会は、風俗営業者若しくはその代理人等が当該営業に関し法令若しくはこの法律に基づく条例の規定に違反した場合において著しく善良の風俗若しくは清浄な風俗環境を害し若しくは少年の健全な育成に障害を及ぼすおそれがあると認めるとき、又は風俗営業者がこの法律に基づく処分若しくは第3条第2項の規定に基づき付された条件に違反したときは、当該風俗営業者に対し、当該風俗営業の許可を取り消し、又は6月を超えない範囲内で期間を定めて当該風俗営業の全部若しくは一部の停止を命ずることができる。

2　略

1. 取消しと撤回（設問1）

(1) 取消しと撤回の異同

　取消しにせよ、撤回にせよ、それが行われれば、処分の効力は失われる。この点で両者は共通するが、他方で、原因、主体、効果の点で両者は異なる。すなわち、取消しは、処分の成立時の瑕疵を原因にして行われるのに対し、撤回は処分を維持するのが適切ではない後発的事情が生じたことを原因にして行われる。また、取消しは、学説上の争いはあるが、一般に処分庁、上級行政庁および裁判所が行うことができると解されているのに対し、撤回は処分庁のみが行うことができると解されている。さらに、取消しの効果は過去に遡って効力を失わしめるのに対し（遡及効）、撤回は撤回時から将来に向かってのみ処分の効力を失わしめる（将来効）。

○取消しと撤回の違い

	原因	主体	効果
取消し	成立時の瑕疵	処分庁、上級行政庁、裁判所	遡及効
撤回	後発的事情	処分庁	将来効

(2) 本件の場合

　本件で問題になっている行政庁の行為は風営法第26条第1項に基づく「取り消し」である。法文上は「取り消し」となっているが、そのことを理由にして直ちに当該行為が講学上の取消しに該当すると結論付けるのは適切ではない。なぜなら、法文上「取り消し」と表現されていても、当該条文に依拠して行われる行為が講学上の撤回に該当することは頻繁にあるからである。そこで、両者の判別の仕方が問題となる。この点、通常は、当該行為の原因に着目して判断することになる。

　本件の場合、営業許可の取消しがされた原因は、適法に営業許可（処分）を得た後にXが名板貸しという違法行為を行った点に求めることができる。したがって、本件では後発的事情によって風営法第26条に基づく「取り消し」が行われたのであるから、当該行為は講学上の撤回である。

2. 撤回の手続（設問2）

　処分の撤回は、それ自体が処分である。また、本問のように、営業許可の撤回が行われれば、それは当該処分の名宛人に不利益に作用する。そのため、本件のような授益的処分の撤回は**不利益処分**として捉えられることになる。

　一般に、不利益処分が行われる際の事前手続については、行政手続法が規律している。それによれば、不利益処分をしようとする行政庁は、原則として、不利益処分の名宛人となるべき者に対して意見陳述のための手続をとらなければならない。もっとも、その方法には**聴聞**と**弁明の機会の付与**という2種類の方法がある。いずれの手続をとるべきかは行政手続法の定めに従って決せられるが、比較的不利益の程度が重い処分については聴聞が、逆に比較的不利益の程度が軽い処分については弁明の機会の付与の手続がとられることになっている（行手法13条1項）。

　本問で問題となっている営業許可の取消しは、行政手続法上の不利益処分に該当し（行手法2条4号）、かつ、同法が適用除外になるわけではないため、上述の一般的な手続がとられることになる。したがって、本問でも営業許可の取消しが行われる前に意見陳述のための手続が必要になるところ、本問では営業許可の取消しという不利益の程度が重い処分が問題となっており、これは行政手続法13条1項1号イに該当するから、事前の手続は弁明の機会の付与ではなく、聴聞となる。

　なお、不利益処分の事前手続として、「行政庁は、**処分基準**を定め、かつ、これを公にしておく」ことも求められている（行手法12条1項）。ただし、仮に本件で処分基準が設定され、公にされていたとしても、そのような事前手続はXに対して個別的に行われているわけではないので、設問2の回答としては適切ではない。

3. Xの主張（設問3）

　風営法26条1項によれば、風俗営業の許可を取り消すには、「風俗営業者又はその代理人等が、当該営業に関し、法令若しくはこの法律に基づく条例の規定に違反した場合」という要件（以下「第1要件」という。）と、

171

「著しく善良の風俗若しくは清浄な風俗環境を害し、若しくは少年の健全な育成に障害を及ぼすおそれがあると認めるとき」という要件（以下「第2要件」という。）の双方を充足していなければならない。本件では風営法11条違反となる名板貸しが行われていたのであるから、第1要件が充足されていたことは疑いがない。問題となるのは、第2要件である。というのも、本件では第1要件が充足されれば、自動的に第2要件も充足されるという解釈がされて、第2要件充足性が認められているからである。そこで、Xとしては、このような解釈が適切ではない旨の主張を展開し、その上で第2要件が充足されていなかったということを指摘していくことが考えられる。具体的には、以下の主張がありえよう（大阪高判平成9年10月1日判タ962号108頁参照）。

第1要件と第2要件は別個の独立した要件である。仮に第1要件に連動して第2要件も自動的に充足されるとするならば、立法者はわざわざ第2要件を設けるはずがない（実際に立法者は、第2要件に相当する規定を設けることなく、風営法8条に基づく取消しや、条件違反の場合の風営法26条1項に基づく取消しを認めている）。立法者があえて第2要件を課したのは、第2要件に第1要件とは異なる独自の意義があると考えたからである。したがって、第1要件が充足されれば、第2要件も充足されるとする解釈は誤りである。

このようにして第2要件に独自の意義があるとするならば、第2要件が充足されていない限り、本件処分は処分要件を充足せず、違法である。この点、名板貸し行為それ自体は、「著しく善良の風俗若しくは清浄な風俗環境を害し、若しくは少年の健全な育成に障害を及ぼす」行為とはいい難い。このことは、風俗営業者が年少者を営業所に客として立ち入らせることや、年少者に客の接待をさせることなどと比較すると、明らかである。また、XおよびBは名板貸し行為以外に違法・不正な行為は行っておらず、この点でも、第2要件を充足しているとは言い難い。

以上から、本件処分は違法な処分であるといえる。

4. A県の主張（設問4）

A県は、上記のようなXからの主張に対して、以下のように反論する

ことが考えられる（最判平成 12 年 3 月 21 日判時 1707 号 112 頁〔パチンコ屋
名義貸し事件〕参照）。

　第 1 要件にいう「法令」や「条例」の規定には様々なものが含まれるか
ら、第 1 要件を充足する行為が、特段の事情のない限り、第 2 要件も充足
するということはありうる。この点、風営法は「善良の風俗と清浄な風俗
環境を保持し、及び少年の健全な育成に障害を及ぼす行為を防止する」こ
となどを目的として制定されたものであるから（風営法 1 条）、同法の規定
に違反することは、第 2 要件の「善良の風俗若しくは清浄な風俗環境を害
し、若しくは少年の健全な育成に障害を及ぼすおそれがある」と認められ
る蓋然性が高い。特に、名板貸しを許すと、無許可営業を助長することと
なり、許可制度によって風俗営業を社会的に管理しようとする風営法の立
法趣旨を著しく阻害することになる。そうであれば、名板貸しではあるも
のの、風営法の立法趣旨を阻害するおそれがあるとはいえないような特段
の事情がある場合（たとえば許可を受けた個人営業者が法人として営業するよ
うになったのに、法人名義で許可を受け直すことなく、営業を続けた場合など）
を除き、名板貸しがあれば、第 2 要件も充足されているとみるべきである。
本件では、この特別の事情は認められないことから、本件処分は第 1 要件
も第 2 要件もともに充足し、違法ではないと指摘できよう。

5.　裁量論

　本件で「第 1 要件が充足されれば、直ちに第 2 要件も充足されるか」と
いった形で問題を捉えれば、この問題は風営法の解釈問題といえる。法の
解釈について、行政機関の判断が司法機関の判断よりも尊重されることは
ないので、この局面で行政機関の裁量が認められることはない。したがっ
て、A 県の主張として、「第 1 要件が充足されれば、第 2 要件も充足され
るとする解釈は行政裁量の範囲内であるから、違法にならない」などとい
った主張は不適切である。

　また、本件における名板貸し違反という事実が第 2 要件を充足するか否
かの判断は**要件裁量**の問題となりうるが、ここでも行政機関の裁量を認め
るのは適切ではないであろう。確かに、第 2 要件では**不確定概念**が用いら
れているものの、第 2 要件を充足するか否かの判断は専門技術的判断でも

173

なければ、政治的判断でもなく、裁判官が社会通念にしたがって行いうる判断といえるからである。

以上のようにみてくると、本問の解答として裁量論を展開する余地はないといえよう（風営法 26 条に基づく許可の取消しに**効果裁量**は認められるものの、本問では「風営法第 26 条の処分要件との関係で」論じることが求められているため、効果裁量について展開する必要はない）。

教育の現場で	授益的処分の撤回はどんなときでも制限されるか？

侵害的処分の撤回それ自体は授益的処分であって、相手方の権利利益を損なわないので、原則として撤回は自由である（撤回自由の原則）。これに対し、授益的処分の撤回それ自体は侵害的処分であるから、撤回事由が存在したとしても、信頼保護の原則や、相手方私人の権利利益の保護の見地から、撤回権の行使が制限される場合がある。

このことを踏まえると、本件の場合、風俗営業許可という授益的処分の撤回が問題となっているので、撤回権を行使すること自体が違法であるともいえそうである。しかし、相手方の責めに帰すべき事由がある場合にまで授益的処分の撤回が制限されるわけではない。本件の場合、名板貸しという、Xの責めに帰すべき事由が存在するので、撤回権の行使が制限される事案ではないといえる。このように授益的処分の撤回はどんなときでも制限されるわけではないことに注意する必要がある。

行政裁量⑴

第6問

　株式会社 X は、甲山県内で新たに温泉の掘削を行うため、甲山県知事に対して許可（以下「掘削許可」という。）の申請を行った（温泉法第3条第1項）。これに対し、甲山県知事は、X の計画では温泉掘削後に温泉利用施設の建設が予定されているので、当該施設が完成すると、多くの利用者が訪れ、これに伴い交通状況等、地元住民の生活環境が著しく悪化するおそれがあると考え、温泉法第4条第1項第3号に該当する事情があることを理由に X からの申請を拒否する旨、X に通知した（温泉法第4条第2項）。これを知った X は直ちに訴訟提起に踏み切りたいと考えている。本件では温泉法第4条第1項第1号、第2号、第4号〜第6号に該当する事情は認められず、さらに上記の地元住民の生活環境の悪化という事情以外に同条項第3号の要件を充足しうる事情は存在しないということを前提にして、以下の設問に答えなさい。

【設問】

1. X は、掘削許可を得るために、いかなる訴訟（行政事件訴訟法に定められたものに限る。）を提起すべきか。適切と考えられる訴訟形式を答えなさい。
2. 上記1の訴訟における本案勝訴要件は何か。
3. 温泉法第3条第1項に基づく掘削許可について要件裁量は認められるか。
4. 温泉法第3条第1項に基づく掘削許可について効果裁量は認められるか。
5. 上記1の訴訟において、X は本案上の主張として、どのような主張をすることが考えられるか。

【資料】温泉法（昭和23年7月10日法律第125号）（抜粋）

第1条　この法律は、温泉を保護し、温泉の採取等に伴い発生する可燃性天然ガスによる災害を防止し、及び温泉の利用の適正を図り、もって公共の福祉の増進に寄与することを目的とする。

第3条　温泉をゆう出させる目的で土地を掘削しようとする者は、環境省令で定めるところにより、都道府県知事に申請してその許可を受けなければならない。

2　略

第4条　都道府県知事は、前条第1項の許可の申請があったときは、当該申請が次の各号のいずれかに該当する場合を除き、同項の許可をしなければならない。

　一　当該申請に係る掘削が温泉のゆう出量、温度又は成分に影響を及ぼすと認めるとき。

　二　当該申請に係る掘削のための施設の位置、構造及び設備並びに当該掘削の方法が掘削に伴い発生する可燃性天然ガスによる災害の防止に関する環境省令で定める技術上の基準に適合しないものであると認めるとき。

　三　前二号に掲げるもののほか、当該申請に係る掘削が公益を害するおそれがあると認めるとき。

　四　申請者がこの法律の規定により罰金以上の刑に処せられ、その執行を終わり、又はその執行を受けることがなくなった日から2年を経過しない者であるとき。

　五　略

　六　申請者が法人である場合において、その役員が前二号のいずれかに該当する者であるとき。

2　都道府県知事は、前条第1項の許可をしないときは、遅滞なく、その旨及びその理由を申請者に書面により通知しなければならない。

3　略

1. 適切な訴訟（設問1）

　Xが許可を得るためには、義務付け訴訟を提起するのが適切である。温泉法3条1項の許可は、同条項の文言から明らかなとおり、申請を前提にしているため、義務付け訴訟を提起するとすれば、それは**申請満足型義務付け訴訟**（行訴法3条6項2号）である。

　申請満足型義務付け訴訟の場合、さらに一定の抗告訴訟を併合提起しなければならないが（行訴法37条の3第3項）、本件の場合は、拒否処分の**取消訴訟**（行訴法3条2項）を併合提起すべきである（行訴法37条の3第3項第2号）。というのも、本件では、Xの申請に対して拒否処分がされているから、行政事件訴訟法37条の3第3項1号による**不作為の違法確認訴訟**（行訴法3条5項）を提起するのは適切ではないし、また、本件では、拒否処分後、直ちに訴訟提起することが前提とされており、取消訴訟の出訴期間を徒過しているわけでもないので（行訴法14条1項）、拒否処分の**無効等確認訴訟**（行訴法3条4項）を提起するのも適切ではない、といえるからである。

　以上から、Xは申請満足型義務付け訴訟を提起するとともに、取消訴訟を併合提起するのが適切である。

2. 本案勝訴要件（設問2）

⑴　取消訴訟

　Xが提起する取消訴訟の本案勝訴要件は、行政事件訴訟法において明文で定められているわけではないが、「処分が違法であること」である。

　この点、取消しを求める対象が**覊束処分**であろうと、**裁量処分**であろうと、処分の取消訴訟の本案勝訴要件は同じである。もっとも、行政事件訴訟法30条は裁量処分の取消訴訟における本案勝訴要件を定めており、それによれば、「裁量権の範囲をこえ又はその濫用があった場合」が本案勝訴要件である。つまり、同条では「処分が違法であること」とは定められていない。しかし、そこでいう**裁量権の逸脱濫用**があれば、それは違法であると理解されているから、結局、行政事件訴訟法30条の定めも、取消訴訟における本案勝訴要件が「処分が違法であること」と矛盾しない。

177

(2) 申請満足型義務付け訴訟の本案勝訴要件

　Xが提起する申請満足型義務付け訴訟の本案勝訴要件は、行政事件訴訟法37条の3第5項が定めている。それによれば、①併合提起する抗告訴訟に係る請求に理由があり、かつ、②(ア)行政庁が処分をすべきであることが処分の根拠となる法令の規定から明らかであるか、または(イ)行政庁が処分をしないことが裁量権の逸脱濫用になると認められることが本案勝訴要件である（以下、それぞれ「本案勝訴要件①」「本案勝訴要件②(ア)」「本案勝訴要件②(イ)」とする。）。

○申請満足型義務付け訴訟の本案勝訴要件

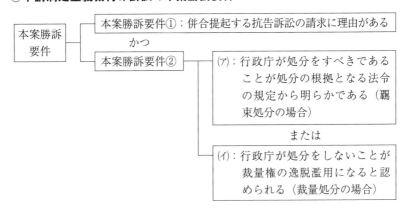

(3) 両者の関係

　このように申請満足型義務付け訴訟の場合は、本案勝訴要件①のほかに、本案勝訴要件②も充足しなければならないことになっていることから、併合提起する抗告訴訟において勝訴できるからといって、必ず申請満足型義務付け訴訟で勝訴できるというわけではない。本案勝訴要件②が付加されている分、申請満足型義務付け訴訟のほうが、併合提起する抗告訴訟よりも、本案勝訴要件のハードルが高いといえる。

　したがって、本件のように、併合提起する抗告訴訟が取消訴訟である場合、取消訴訟における本案上の主張として処分が違法であるということを主張できたとしても、それによって申請満足型義務付け訴訟の本案上の主張まで行ったことには必ずしもならない。たとえば、不許可事由が存在す

るために不許可処分が行われたものの、処分理由がまったく示されておら
ず、行政手続法8条違反があった場合で、かつ、それ以外の違法事由がな
い場合、取消訴訟では当該手続違法をもって勝訴できるが、申請満足型義
務付け訴訟では勝訴できないであろう。なぜなら、不許可事由が存在する
以上、許可処分をすべきとまではいえず、あるいは、許可処分をしないこ
とが裁量権の逸脱濫用に該当するとまではいえず、裁判所としては許可処
分の義務付け判決を出すことができないからである（このことを本案勝訴
要件との関係で指摘すると、本案勝訴要件①は充足されているものの、本案勝
訴要件②㋐または本案勝訴要件②㋑のいずれかが充足されていない状況といえ
る）。このように、併合提起する取消訴訟では勝訴できるものの、申請満
足型義務付け訴訟では勝訴できないという事態は想定しうる。

3. 掘削許可の要件裁量（設問3）

　要件裁量とは、法定された処分要件が満たされているか否かの判断につ
いて、行政庁に認められる判断の余地のことをさす。そのため、要件裁量
が認められるか否かの作業を行う際には、まず、処分要件がどのように定
められているかということを確認しなければならない。本件では掘削許可
の要件を定めているのは、温泉法4条1項である。それによれば「○○の
場合を除き、同項の許可をしなければならない」と定めているから、「○
○の場合」という要件を充足しているか否かの判断について裁量が認めら
れるか否か、検討することになる。

　そこで、「○○の場合」のうちの1つを定める温泉法4条1項3号に着
目すると、そこでは「公益を害するおそれがあると認めるとき」と定めら
れており、この「公益を害するおそれ」という文言は**不確定概念**であるこ
とを指摘できる。さらに、同号が「前二号に掲げるもののほか」と定めて
いることからすると、1号および2号の法定拒否事由（1号は温泉保護の観
点から、2号は災害発生防止の観点から定められた拒否事由である）に準じて
「公益を害するおそれ」を判断することが求められているといえるし、ま
た、同法1条では「温泉を保護し、温泉の採取等に伴い発生する可燃性天
然ガスによる災害を防止し、及び温泉の利用の適正を図」ることが同法の
目的である、と定められている。これらのことからすると、「公益を害す

るおそれ」があるといえるか否かは、掘削許可が温泉の保護および災害発生の防止の観点から問題がないかどうかという見地から判断すべきものといえる。そして、このような判断を行うためには、地質学や土木工学等の専門技術的知見を要すると考えられる。そうすると、「公益を害するおそれ」の要件を充足するか否かの判断には裁量が認められる（つまり、要件裁量が認められる）といえる。

　なお、温泉法4条の規定は改正されて現行法の規定となったが、当初は「都道府県知事は、温泉のゆう出量、温度若しくは成分に影響を及ぼし、その他公益を害する虞があると認めるときの外は、前条第一項の許可を与えなければならない。」と定めていた。このような条文を前提として、かつて最高裁は、「ゆう出量の減少、温度の低下若しくは成分の変化は、いずれも、『公益を害する虞がある』場合の例示と解すべきものであり、『公益を害する虞がある』場合とは、ひっきょう、温泉源を保護しその利用の適正化を図るという見地からとくに必要があると認められる場合を指す」とした上で、「公益を害する虞があると認めるとき」という要件の認定には、「主として、専門技術的な判断を基礎とする行政庁の裁量により決定さるべきことがら」であると判示している（最判昭和33年7月1日民集12巻11号1612頁）。このような最高裁の判断は、その後の温泉法の改正を経ても、なお基本的に裁判実務で通用している（たとえば名古屋高裁金沢支部判平成21年8月19日判タ1311号95頁）。

4. 掘削許可の効果裁量（設問4）

　効果裁量とは、処分をするか否か、するとしていかなる処分をするか、の判断について、行政庁に認められる判断の余地のことをさす。前者の裁量を**行為裁量**、後者の裁量を**選択裁量**と呼ぶことがある。本問で問題となる効果裁量は、このうち前者の行為裁量である。

　仮に本件のような事案において掘削許可について効果裁量が認められるとしたら、それは同法4条各号に該当する事情がない（＝法定された拒否事由に該当する事情が存在しない）にもかかわらず、申請を拒否することができる、ということを意味する。しかし、温泉法4条の書きぶりからして、法定の拒否事由がないのに、申請を拒否することができると解するのは適

切ではない。また、人権保障の見地からしても、法律の明文規定による制限以外に申請者の自由を制限するような解釈を展開するのは適切ではないといえる。これらのことからすると、掘削許可について効果裁量は認められないというべきであろう。このような理解を前提にすると、行政庁は、法定の拒否事由がないのであれば、掘削許可をしなければならないということになる。

5. 本案上の主張（設問5）

(1) 取消訴訟における本案上の主張

　設問3の解説で述べたとおり、掘削許可には要件裁量が認められる。そのため、Xとしては、拒否処分の取消訴訟において、裁量権の逸脱濫用があり（行訴法30条）、違法である旨、主張しなければならない。それでは、本件の場合、どのようにして裁量権の逸脱濫用があったということを指摘すればよいか。

　この点、まずは、設問3の解説で述べたように、温泉法1条の規定や、同法4条1項の規定を解釈して、「公益を害するおそれがあると認めるとき」とは、掘削許可が温泉の保護および災害防止の観点から問題がある場合に限られる、ということを指摘することになろう。このような法解釈を前提にすると、温泉の保護および災害防止以外の観点から「公益を害するおそれ」があるか否かを判断すれば、それは、温泉法が禁止する考慮事項を考慮して判断したことになる。そうすると、温泉の保護や災害発生の防止とは何ら関係ない、掘削後の地元住民の生活環境の悪化が考慮された本件は、考慮に入れられるべきでない事項が考慮に入れられて裁量権が行使された事案であるといえるので、このことから裁量権の逸脱濫用が認められ、本件拒否処分が違法であるといえる。

　なお、このような整理からすると、本件はいわゆる**他事考慮**の事案であるといえそうであるが、1条の目的規定による拘束に反して裁量権が行使されたとみることもできるので、**目的拘束の法理**違反の事案ともいえる。

(2) 申請満足型義務付け訴訟における本案上の主張

　仮に上述のようにして取消訴訟における本案上の主張を構成できるとし

ても、それは申請満足型義務付け訴訟の本案勝訴要件①に係る主張にしか過ぎない。そのため、申請満足型義務付け訴訟では、さらに本案勝訴要件②を充足するということを主張しなければならず、裁量処分が問題となっている本件の場合は、本案勝訴要件②(イ)を充足するということを主張しなければならない。

それでは、どのようにして、処分をしないことが裁量権の逸脱濫用にあたる旨、指摘すればよいか。この点、行政事件訴訟法3条6項2号が「行政庁がその処分……をすべきであるにかかわらずこれがされないとき」と定めていることから、処分をすべき事案であったのに、処分がされなかったということを指摘できれば、本案勝訴要件②(イ)の充足性について主張したことになろう。

このような理解を前提にすると、本件が許可処分をすべき事案であったといえればよい。そのためには次の3点を漏れなく指摘すべきである。

第1に、温泉法4条1項3号の「公益を害するおそれ」が温泉の保護および災害発生の防止の観点からのみ判断されるべきであるから、知事によって実際に考慮された地元住民の生活環境の悪化という事情は同号の拒否事由には該当しないということを指摘した上で（このような指摘を可能にする論理については、上述の(1)取消訴訟における本案上の主張を参照）、さらに本件では「地元住民の生活環境の悪化という事情以外に同条項3号の要件を充足しうる事情は存在しない」ということを指摘すべきである。このような指摘を行うことで、本件は温泉法4条1項3号によって拒否される事案ではないということを指摘することができる。

第2に、温泉法4条1項1号、2号、4号〜6号に該当する事情はないということを指摘すべきである。すなわち、上記第1の点（第3号に該当する拒否事由が存在しない旨の主張）だけでは、第1号、第2号、第4号〜第6号のいずれかに該当する拒否事由が存在することを理由に、拒否処分が正当化される可能性がある。そこで、第3号以外の各号が定める拒否事由も本件では存在しないということを指摘する必要がある。

第3に、効果裁量がないということを指摘すべきである（このような指摘を可能にする論理については、設問4の解説を参照）。上記第1および第2の点を指摘することで、本件には温泉法4条1項各号の法定拒否事由に該当する事情は存在しないといえるが、しかし、それでもまだ、本件が処分

すべき事案であったということまではいえない。なぜなら、効果裁量が認められると、法定の拒否事由に該当する事情が存在しない場合であっても、拒否処分が行われる可能性が残るため、処分すべき事案であったとは必ずしもいえなくなるからである。そのため、効果裁量を否定する旨の指摘が最後に必要となる。

　以上の3点を漏れなく指摘することができれば、ようやく本件は許可処分をすべき事案であったといえる。また、このこととは別に、問題文から本件で許可処分がされなかったことは明らかである。そうすると、本件は許可処分をすべきであったのに許可処分がされなかった事案であったといえ、この点に裁量権の逸脱濫用を認めることができる。このように論じることで、本案勝訴要件②(イ)の充足性を主張することができよう。

6. 取消訴訟における本案上の主張と申請満足型義務付け訴訟における本案上の主張の関係

　ここまでの検討では、取消訴訟における本案上の主張と申請満足型義務付け訴訟の本案上の主張を、一応、別々に検討してきた。しかし、このように別々に検討せずとも、最初から「処分をすべきであったのに処分がされなかった」ということを指摘する方向で本案上の主張を組み立てれば、両者を別々に検討する必要はない。その理由は以下のとおりである。

　仮に処分をすべきであったといえれば、法は当該事案では処分をすべきという行為規範を設けていたといえる。それにもかかわらず、当該規範に違反して、処分をしなかったということであれば、不許可処分は、その意味で（＝許可すべきという行為規範に違反して不許可がされたという意味で）違法である。そうすると、「処分をすべきであったのに処分がされなかった」ということを指摘できれば、そのことは取消訴訟の本案勝訴要件である「処分が違法であること」の指摘をしたことになろう。

　他方、申請満足型義務付け訴訟の場合も、「処分をすべきであったのに処分がされなかった」といえれば、本案上の主張をしたことになる。このことは、設問5の検討過程では裁量処分の場合を前提に指摘したが、覊束処分の場合であっても、同様に妥当する。行政事件訴訟法37条の3第5項が覊束処分の本案勝訴要件として「処分……をすべきであることが……

183

明らかである」と定めていることや、同法3条6項2号が覊束処分と裁量処分を区別することなく、申請満足型義務付け訴訟を「行政庁がその処分……をすべきであるにかかわらずこれがされないとき」の訴訟として捉えていることからも、このことは正当化されよう。

このようにみてくると、「処分をすべきであったのに処分がされなかった」という方向で主張をまとめることができる事案であれば、特段、取消訴訟の本案上の主張と申請満足型義務付け訴訟の本案上の主張を区別する必要はないといえよう。申請満足型義務付け訴訟の高いハードル（本案勝訴要件）を乗り越えられれば、それよりも低いハードルである取消訴訟のハードル（本案勝訴要件）を乗り越えられるのは、当然のことである。

教育の現場で	裁量の有無について議論する際の前提問題

事案分析に際して裁量の有無を検討しなければならないことがある。この場合、第1に、いかなる意味での裁量が問題になるのか、第2に、いかなる種類の裁量の有無が問題になるのか、という点を意識する必要がある。

(1) 裁量の意味

上記第1の点が問題になるのは、近年、裁量という用語に異なる2つの意味があることが指摘されるようになってきたからである。たとえば芝池義一によれば、裁量には対法律裁量と対司法裁量がある。前者は、法律が不確定概念を用いるなどして多義的な規定を置くことによって、行政機関に認められる判断の余地のことをさす。これに対し、後者は、対法律裁量のうち司法審査との関係で行政機関の判断が尊重される裁量をさす（芝池義一『行政法読本〔第4版〕』68頁以下）。このような理解を前提にすると、対法律裁量の有無が問題になる場合には、法律の規定の仕方（文言）に着目して、その有無を論じることになる。これに対し対司法裁量の有無が問題になる場合には、対法律裁量が認められることを前提にして、司法機関（裁判官）による判断と行政機関（公務員）による判断を比較した場合に、どちらの判断を優先させたほうがよいかといった観点から、その有無を論じることが考えられる。従来、政治的判断や、専門技術的判断を伴う場合には行政裁量が認められると説明されてきたが、この背景には、行政機関（公務員）による判断を

司法機関（裁判官）の判断に優先したほうが適切である、との見方がある。なお、以上の理解を前提にすれば、対法律裁量は認められるが、対司法裁量は認められないという事案がありうる。従来、このようなケースは「裁量がない」と表現されることが少なくなかったように思われる。これは、個別の事案で裁量の有無を議論する際には、司法審査との関係が意識されていた（その意味では対司法裁量が念頭に置かれていた）ことによるものであろう。そうだとすれば、単に裁量の有無が問われたときは、対法律裁量の有無の検討にとどまるのではなく、さらに立ち入って対司法裁量の有無まで検討するのが適切であるといえよう。

(2) 裁量の種類

　上記第2の点が問題になるのは、裁量の種類が複数想定できるからである。直ちに想起しうる裁量の種類として要件裁量と効果裁量があるが、これ以外にも、たとえば手続の裁量（いかなる手続を踏むかについての裁量）など複数の裁量を想定することができる。したがって、裁量の有無を議論するときには、いかなる裁量を対象にして議論するのか、はっきりさせないと、せっかくの議論がかみ合わない。

第 7 問 — 行政裁量(2)

　国は、治水のため、河川法が適用される甲川においてダム建設を行おうとし（以下「本件事業」という。）、本件事業に必要となる土地について所有者と売買契約の交渉を行った。しかし、当該土地およびその周辺は、先住の少数民族たる A 民族の聖地であり、その独自の文化が根付いていたため、A 民族の一員である土地所有者 X だけは国との土地売買契約を頑なに拒んだ。そこで、起業者たる国は X の土地を土地収用法（以下「法」という。）に基づき収用するため、国土交通大臣に事業認定の申請を行った。これに対し、同大臣は、治水の必要性について丁寧に検討する一方で、本件事業が A 民族にいかなる影響を及ぼすかということについてまったく検討しなかった。その結果、同大臣は法第 20 条第 1 号および第 2 号の要件とともに、第 3 号の要件も充足していると判断し、事業認定を行った。これに納得のいかない X は、直ちに事業認定の取消訴訟（行政事件訴訟法第 3 条第 2 項）を提起しようとしている。事業認定が行政事件訴訟法上の処分であること、日本国憲法第 13 条において A 民族に属する個人は A 民族固有の文化を享有する権利が保障されていると解されること、ならびに、法第 20 条第 3 号の「事業計画が土地の適正且つ合理的な利用に寄与するものであること」との要件は、当該事業の起業地がその事業に供されることによって得られる公共の利益と、その土地がその事業に供されることによって失われる公共的又は私的利益とを比較衡量して、前者が後者に優越すると認められるかどうかによって判断されるべきであるとの解釈が確立していることを前提にして、以下の設問に答えなさい。

【設問】

1. 法第20条第3号の要件充足性の判断について、国土交通大臣に裁量は認められるか。理由とともに説明しなさい。

2. 近年、最高裁は、行政裁量の審査密度を高めるために、どのような審査方法を用いているか。

3. 本件取消訴訟において、Xは本案上の主張として、いかなる主張をすべきか。上記1の結果を踏まえて答えなさい。

【資料】 土地収用法（昭和26年6月9日法律第219号）（抜粋）

第1条　この法律は、公共の利益となる事業に必要な土地等の収用又は使用に関し、その要件、手続及び効果並びにこれに伴う損失の補償等について規定し、公共の利益の増進と私有財産との調整を図り、もって国土の適正且つ合理的な利用に寄与することを目的とする。

第3条　土地を収用し、又は使用することができる公共の利益となる事業は、次の各号のいずれかに該当するものに関する事業でなければならない。

　一　略

　二　河川法……が適用され……る河川……に治水若しくは利水の目的をもって設置する……ダム……その他の施設

　三～三十五　略

第16条　起業者は、当該事業又は当該事業の施行により必要を生じた第3条各号の一に該当するものに関する事業……のために土地を収用し、又は使用しようとするときは、この節の定めるところに従い、事業の認定を受けなければならない。

第20条　国土交通大臣又は都道府県知事は、申請に係る事業が左の各号のすべてに該当するときは、事業の認定をすることができる。

　一　事業が第3条各号の一に掲げるものに関するものであること。

　二　起業者が当該事業を遂行する充分な意思と能力を有する者であること。

　三　事業計画が土地の適正且つ合理的な利用に寄与するものであること。

　四　土地を収用し、又は使用する公益上の必要があるものであること。

1. 裁量の箇所

　土地収用法 20 条に基づく事業認定に裁量が認められれば、本件取消訴訟において、X は本案上の主張として**裁量権の逸脱濫用**があったということを主張しなければならないし、裁判所も裁量権の逸脱濫用があったか否かという観点から審査を行わなければならない（行訴法 30 条）。このように争いの対象となる処分に裁量が認められるか否かによって、本案上の主張の構成や、裁判所の審査の方式が異なるので、事案分析にあたって裁量の有無を見定めることは重要である。

　もっとも、裁量にはさまざまな種類があるから、裁量の有無を検討する際には、いかなる箇所の裁量の有無について検討するのか、十分注意しなければならない。本件で問題となっている事業認定の場合にも、**要件裁量**の有無および**効果裁量**の有無を問題にすることができる。前者であれば、土地収用法 20 条の要件が充足されているか否かの判断について国土交通大臣に裁量が認められるか否か、問題となるし、後者であれば、同条の要件が充足されている場合でも、なお国土交通大臣には申請を拒否する余地があるのか否か、問題となる。さらに要件裁量についていえば、土地収用法 20 条は 1 号から 4 号まで要件を掲げているので、それぞれについて要件裁量が認められるか否か、検討の余地があるといえよう。このようにみてくると、事業認定の裁量の有無を検討する際には、その対象が要件裁量なのか、それとも効果裁量なのか意識する必要があるし、また要件裁量の有無を検討する際には、1 号から 4 号までのどの要件の裁量を問題にするのか意識する必要がある。この点、設問 1 では、事業認定の要件裁量、特に土地収用法 20 条 3 号に関する要件裁量が特定されたうえで、その有無が問われている。したがって、本問では検討対象にすべき裁量の箇所について悩む必要はない。

2. 要件裁量の有無（設問 1）

　それでは、土地収用法 20 条 3 号に関して要件裁量は認められるであろうか。この問題について、学説および裁判例は必ずしも見解が一致していないが、近年は 3 号の要件裁量を肯定する立場が多数を占めているといっ

てよい。その主たる根拠は、3号の要件充足性の判断が**専門技術的判断**および**政策的判断**を伴うものであるという点にある。問題文にあるとおり、3号の「事業計画が土地の適正且つ合理的な利用に寄与するものであること」との要件は、当該事業の起業地がその事業に供されることによって得られる公共の利益と、その土地がその事業に供されることによって失われる公共的又は私的利益とを比較衡量して、前者が後者に優越すると認められるかどうかによって判断されるべきであると解されており、このような判断を行おうとすれば、得られる利益や失われる利益の見積もりに際して専門技術的知見が求められることが少なくないであろうし、また、さまざまに考えうる諸利益の中でいかなる利益をどの程度優先させるのかについて政策的判断が求められることが少なくないであろう。このような見方にしたがえば、国土交通大臣には土地収用法20条3号の要件の認定について裁量が認められる。

そうすると、少なくとも、この点において事業認定が裁量処分であることは肯定できるから、Xは事業認定の取消訴訟の中で本案上の主張として当該裁量権の行使に逸脱濫用があった旨、主張していくことになる。

なお、裁量権の逸脱濫用に関するXの主張は、これまでの裁判例を一定程度意識して行う必要があるから、以下、裁判所が裁量権の逸脱濫用の有無をどのように審査してきたか、その基本的枠組みを確認しておくことにしよう。

3. 従来の裁量審査

取消訴訟における裁量処分の審査は、行政事件訴訟法30条により、裁量権の逸脱濫用の有無という観点から行われる。しかし、同法では、裁量権の逸脱濫用とは何か、あるいは、いかなる裁量権の行使が逸脱濫用に該当するか、何ら定めを置いていない。そのため、解釈上、問題となる。

この点、最高裁は、これまで多くの判例で「社会観念上（通念上）著しく妥当性を欠く」か否かという観点から裁量処分の審査を行い、社会観念上著しく妥当性を欠いていれば、裁量権の逸脱濫用であって、違法である旨、判示してきた（これを**社会観念審査**と呼ぶ）。これによれば、裁量処分の妥当性の欠如が著しい場合でなければ、違法判断は下されないため（こ

189

のことは、裁量処分が適法と判断されやすいということを意味する）、行政裁量に対する十分な司法統制が確保できないのではないか、との批判がされた。このような裁判所の審査方法は、いわば目に余る裁量権の行使をチェックするという方法であるから、裁量処分に深く立ち入って審査する必要がなく、粗い審査となりやすい。そのため、一般的には、このような手法は審査密度が低い審査手法として捉えられてきた（なお、「社会観念上著しく妥当性を欠く」か否かの判断は、何を基準にして行うのかということが問題になるが、この点、具体的には**比例原則**や**平等原則**などが基準になりうるとの理解が示されてきた）。

4. 近年の裁量審査（設問2）

これに対し、近年、最高裁は審査密度が高い審査方法を採用して、行政裁量の統制を行うようになってきた。従来の裁量審査がもっぱら行政機関の最終判断（＝結果）にのみ着目して審査を行ってきたのに対し、近年の裁量審査は最終判断に至る過程に着目して審査する点に特徴がある（これを**判断過程審査**と呼ぶ）。すなわち、行政庁が国民・住民に向けて特定の裁量処分を行う際には必ず一定の過程を経ているが、その過程に不合理な点があれば、そのような過程を経て導き出された国民・住民に向けた最終判断（裁量処分）は不合理である可能性が高い。そこで、判断過程に過誤があった場合も、裁量権の逸脱濫用があった場合として捉え、裁量処分が違法になるものと考えられるようになってきたのである。

○**判断過程審査**

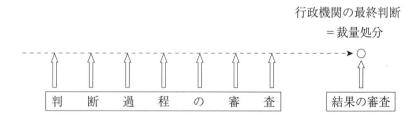

この審査方法によれば、裁判所は、従来、着目されてこなかった判断過

程にまで立ち入って審査をすることになるので、その審査は、従来の審査と比較すると、より深く立ち入ったものとなる。そのため、この審査方法は行政裁量に対する、よりきめ細かな司法統制を確保するものとして（したがって審査密度が高い審査方法として）一定の支持を集めてきた。

○行政裁量に対する審査密度

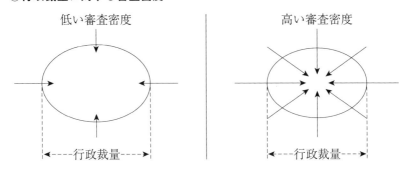

　もっとも、行政機関が最終判断（裁量処分）を下すまでの過程として、さまざまな過程を想定することができるから、判断過程の審査といっても、そのパターンは一様ではない。

(1) 別の行政機関が関与したうえで、行政庁が処分を行う場合
　行政庁とは別の行政機関（審議会等）が専門的見地から審査を行い、その結果を踏まえて行政庁が処分を行うことがある。この場合、当該行政機関（審議会等）の審査に不合理な点があれば、処分の判断過程に過誤があったものとして裁量権の逸脱濫用を肯定することができる（たとえば最判平成 5 年 3 月 16 日民集 47 巻 5 号 3483 頁〔教科書検定訴訟〕）。

(2) 一定の事項を一定程度考慮したうえで（あるいは考慮しないで）、行政庁が処分を行う場合
　行政庁が一定の事項を一定程度考慮したうえで（あるいは考慮しないで）、処分を行うことがある。このような場合、考慮に入れるべき事項を考慮に入れないで処分を行ったり（**考慮遺脱**）、また、考慮に入れてはならない事項を考慮に入れて処分を行えば（**他事考慮**）、当該処分は判断過程に過

誤があったものとして、裁量権の逸脱濫用が肯定され、裁量処分は違法となる。あるいは、過大（過小）に考慮してはならない事項を過大（過小）に考慮して処分を行ったり、また、重視（軽視）すべき事項を重視（軽視）しないで処分を行えば、同じく、当該処分は判断過程に過誤があったものとして、裁量権の逸脱濫用が肯定され、裁量処分は違法となる。前者を「他事考慮・考慮遺脱審査」（あるいは「形式的考慮要素審査」）、後者を「過大考慮・過小考慮審査」（あるいは「実質的考慮要素審査」）と呼ぶことがある。また、これらをまとめて考慮事項審査と呼ぶことができる。

○考慮事項審査

他事考慮・考慮遺脱審査 （形式的考慮要素審査）	考慮に入れてはならない事項を考慮に入れたか否か、また、考慮に入れるべき事項を考慮に入れたか否かを審査する方式
過大考慮・過小考慮審査 （実質的考慮要素審査）	過大（または過小）に考慮してはならない事項を過大（または過小）に考慮したか否か、また、重視（または軽視）すべき事項を重視（または軽視）したか否かを審査する方式

近年、最高裁は、以上にみてきた判断過程審査（なかでも考慮事項審査）の手法を用いて行政裁量に対する審査密度を高めてきた。その対象は、裁量処分のみならず、契約締結過程の行為にも及んでおり（最判平18年10月26日判時1953号122頁〔指名回避措置事件〕）、また、行政事件訴訟のみならず、国家賠償請求訴訟においても考慮事項審査が行われている（最判平成18年2月7日民集60巻2号401頁〔呉市公共施設利用事件〕）。

5. 考慮事項審査を意識して本案上の主張を構成する場合の注意点

以上のような近年の判例の傾向を踏まえると、裁量処分の違法性を争いたいと考える原告は、裁判所による考慮事項審査を一定程度意識して、本案上の主張を検討することがあってよい。その際、注意すべきは、何が考慮に入れられるべき事項で、何が考慮に入れられてはならない事項なのか、

あるいは、何が過大（過小）に考慮してはならない事項で、何が重視（軽視）すべき事項なのかということを、法規範から導き出すということである。仮に、これらの考慮事項および考慮の程度を客観的な基準である法規範から導き出すことができなければ、恣意的な考慮事項の設定および恣意的な考慮程度の設定を許すこととなり、適切ではない（この点、考慮事項審査を行った従来の裁判例の中には、考慮事項や考慮の程度の法的根拠を明らかにしていないものがあり、適切ではない）。

それでは、考慮事項および考慮の程度を法規範から導き出すとして、いかなる法規範に着目すればよいか。この点、まずは処分の根拠法律に着目する必要があろう。そして、仮に当該法律から一定の考慮事項や、考慮の程度が読み取れないような場合には、他の関係法令のほか、憲法、条約、法の一般原則等にまで視野を拡げる必要がある。

以上の裁量統制に関する基礎的理解を踏まえ、以下、本件における X の主張を検討してみることにしたい。

6. X の本案上の主張を検討する際の基本方針

X の本案上の主張を検討するにあたり、まず基本方針を確認しておこう。

第 1 に、既に設問 1 で明らかにしたとおり、事業認定は裁量処分であるから、X が事業認定の取消訴訟において本案上の主張をするのであれば、最終的に裁量権の逸脱濫用があり、事業認定が違法であったということを指摘しなければならない。

第 2 に、その際に着目すべき裁量は、土地収用法 20 条 3 号の要件の認定に関する裁量である。したがって、さしあたっては、他の要件裁量の可能性および効果裁量の可能性まで視野に入れて、裁量権の逸脱濫用の有無を検討する必要はない（設問 3 の問題文では「上記 1 の結果を踏まえて」という留保が付されている）。とりわけ取消訴訟においては、裁量権の逸脱濫用が 1 つでも認められれば、裁量処分は違法となり、取り消されるから、同条 3 号の要件裁量について裁量権の逸脱濫用を指摘できれば、原告としては満足な結果を得られよう。

193

第3に、土地収用法20条3号の「事業計画が土地の適正且つ合理的な利用に寄与するものであること」との要件は、**不確定概念**が用いられ、法解釈の余地があるが、「当該事業の起業地がその事業に供されることによって得られる公共の利益と、その土地がその事業に供されることによって失われる公共の又は私的利益とを比較衡量して、前者が後者に優越すると認められるかどうかによって判断されるべきである」との確立した法解釈があるので、これを前提にして、裁量権の有無および裁量権の逸脱濫用を指摘する必要がある。この点、法解釈それ自体の是非を問題にするのであれば、そこには司法機関たる裁判所の全面的な審査が及ぶため、行政機関の裁量は認められない。したがって、法解釈の是非について裁量権の逸脱濫用を観念する余地はない。

　第4に、裁量処分が問題となる事案の場合、一般論としては、審査密度が高い審査方法に依拠して裁量権の逸脱濫用を審査してもらったほうが、原告にとっては有利なので（＝裁量権の逸脱濫用を認定してもらいやすいので）、判断過程審査を念頭においた主張が検討されるべきである。

7. Xの本案上の主張（設問3）

　以上の基本方針を踏まえると、本件取消訴訟におけるXの本案上の主張として、以下の主張が考えられる。

　事業認定の要件とされる土地収用法20条3号では「事業計画が土地の適正且つ合理的な利用に寄与するものであること」と定められており、これについては「当該事業の起業地がその事業に供されることによって得られる公共の利益と、その土地がその事業に供されることによって失われる公共的又は私的利益とを比較衡量して、前者が後者に優越すると認められるかどうかによって判断されるべきである」との確立した法解釈がある。このような判断を行おうとすれば、いかなる利益をもって、得られる利益または失われる利益と捉えるのか、あるいは、さまざまに考えうる諸利益の間でいかなる利益をどの程度優先させるのかについて判断せざるをえず、このような判断には専門技術的および政策的判断が伴う。それゆえ、同号の要件の認定には国土交通大臣の裁量が認められる。

　このような裁量処分が行われるにあたり、考慮に入れるべき事項を考慮

に入れないで処分を行ったり、また、考慮に入れてはならない事項を考慮に入れて処分を行えば、裁量権の逸脱濫用が認められ、当該処分は違法であり、取り消されるべきである（行訴法30条）。これを本件についてみるに、憲法13条においてA民族に属する個人はA民族固有の文化を享有する権利が保障されていると解されることからすれば、国土交通大臣は事業認定にあたり、本件事業がA民族にいかなる影響を及ぼすかということを考慮して判断しなければならないはずであるが、現実には、同大臣は、これをまったく考慮することなく、判断を行った。そのため、本件事業認定は考慮に入れるべき事項を考慮に入れないで行われているから、裁量権の逸脱濫用が認められ、違法であって、取り消されるべきである。

8. 二風谷ダム事件

　本件のモデルケースとなったのは二風谷事件である。この事件では、アイヌ民族への配慮を欠いた形で進められた土地収用の是非が争われた。当該訴訟において、札幌地裁は「土地収用法20条3号所定の要件は、事業計画の達成によって得られる公共の利益と事業計画により失われる公共ないし私的利益とを比較衡量し、前者が後者に優越すると認められる場合をいうことは前記のとおりであるところ、この判断をするに当たっては行政庁に裁量権が認められるが、行政庁が判断をするに当たり、本来最も重視すべき諸要素、諸価値を不当、安易に軽視し、その結果当然尽くすべき考慮を尽くさず、又は本来考慮に入れ若しくは過大に評価すべきでない事項を過大に評価し、このため判断が左右されたと認められる場合には、裁量判断の方法ないし過程に誤りがあるものとして違法になるものというべきである。」と述べ、考慮事項審査によって事業認定の違法性を認めた（札幌地判平成9年3月27日判時1598号33頁）。この点で札幌地裁の判断は、本問でXが本案上の主張を検討する際に参考になる。

　もっとも、厳密には、二風谷ダム事件と本問の事案は異なる。そこで、考慮事項審査に関して、札幌地裁判決を参考にする際に留意すべき点として、さしあたり以下の2点を指摘しておきたい。

　第1に、札幌地裁判決は考慮事項審査を行うに際して、憲法13条のほかに、市民的及び政治的権利に関する国際規約（B規約）27条も用いてい

195

る。同条によれば、「種族的、宗教的又は言語的少数民族が存在する国において、当該少数民族に属する者は、その集団の他の構成員とともに自己の文化を享有し、自己の宗教を信仰しかつ実践し又は自己の言語を使用する権利を否定されない。」。このように国際規約もまた、考慮事項審査を行う際に利用されることがあるということを、ここでは理解しておくべきである。

　第２に、札幌地裁判決は、当該事業がアイヌ民族の文化にどのような影響を与えるかということについて、必要な調査・研究が行われていないということに着目し、そのような調査・研究が行われていなければ、判断材料が適正に収集されていないことになるから、本来最も重視すべき事項が軽視あるいは無視されて事業認定の判断が行われたとして、事業認定の違法性を導き出している。このような判断枠組みの最も重要な点は、「考慮すべき事項が考慮されたか否か、あるいは重視すべき事項が重視されたか否か」の判断が、「必要な調査が行われたか否か」の判断と連動させられているという点である（このように、行政調査は裁量統制の観点からも一定の意義を有する）。これを踏まえると、個別の事案分析に際しては、まず必要な調査が行われたか否かという観点から検討し、そこで必要な調査が行われていないということがいえれば、そのことをもって特定事項の考慮の仕方に過誤があったということを導き出すことができ、そこから裁量権の逸脱濫用および裁量処分の違法性へと結びつけることができよう。

　この点、本問では問題文の中で本件事業がＡ民族の文化に対してどのような影響を及ぼすかということについて国土交通大臣が全く考慮しなかったということが前提とされているが、仮にこのような前提がなくても、必要な調査が行われていなかったという事実が与えられていれば、最終的に特定事項の考慮の仕方に過誤があり、裁量権の逸脱濫用があった旨の主張をすることは可能であろう。

| 教育の現場で | **「社会観念審査」と「判断過程審査」の関係** |

　最高裁判所が裁量行為の違法性を指摘する際の決まり文句として、「社会通念に照らして著しく妥当性を欠くものと認められる場合に限って、裁量権の逸脱又は濫用として違法になる」という表現がある（ただし、言回しは若干異なる場合がある）。このような言回しでもって行われた裁量審査は社会観念審査と呼ばれ、従来、審査密度の低い審査方式として捉えられてきた。しかし、近年、最高裁は、同様の言回しを用いて判断過程審査を行っている。したがって、形式上、社会観念審査にみえる場合であっても、そのことから直ちに審査密度の低い審査が行われているとみるべきではなく、審査密度の高い審査が行われていることもあるということに注意すべきである。このことを踏まえると、この間の判例の流れは、形式的には社会観念審査の形式を維持しつつも、実質的には審査密度の低い審査から審査密度の高い審査へと変化してきた、と指摘できよう。

　また、このような実態を踏まえると、起案に際しても、実質的に判断過程審査の観点から検討しつつ、最後に「当該処分は社会通念に照らして著しく妥当性を欠くものであって、裁量権の逸脱または濫用が認められるので、違法である」とまとめて、形式上、社会観念審査の体裁をとることも許されよう（むしろ、このようなまとめ方は判例の傾向に適合するものといえる）。

第8問　行政手続法(1)

　スキー場を経営する株式会社Ｘは、ゲレンデを拡張するため、無権原のまま、2014年5月下旬にゲレンデ脇の市道の一部（以下「本件道路部分」という。）に盛土をする工事に着手した。道路法（以下「法」という。）に基づき本件道路部分を管理しているＡ市は（法第16条第1項）、同年6月1日に住民からの通報を受けて、この事実を知った。そこで、同年6月8日に同市の担当者が現地に赴き、Ｘに対して、盛土の工事が法第43条第2号の禁止行為に該当する旨、説明するとともに、直ちに工事を中止するよう要望した。しかし、その後も工事は続行され、Ａ市の担当者が同年6月24日に現場を確認したところ、盛土はほぼ完了し、本件道路部分は道路としての外形を失っていた。そこで、同年6月25日にＡ市の担当者が改めて工事の中止を求めたところ、Ｘの担当者は「盛土をした部分に市道が存在しないと認識しているため、工事中止の求めには応じられない」と述べた。これを受けて、同日、Ａ市で議論した結果、これまでＡ市では法第71条第1項第1号に基づく処分を行ったことがないものの、緊急性が認められるから、直ちにＸに対して同条項に基づき工事中止命令を発するのが妥当であるとの結論にいたり、同年7月25日にＡ市は意見陳述の手続をとることなく、Ｘに対して具体的な理由とともに工事中止命令を発した（以下「本件処分」という。）。これに納得がいかないＸはＡ市を被告にして直ちに本件処分の取消訴訟（行政事件訴訟法第3条第2項）を提起することにした（以下「本件訴訟」という。）。本件処分には行政手続法が適用されること、また、Ａ市では法第71条第1項に基づく処分の処分基準（行政手続法第2条第8号ハ）が作成されていなかったこと、さらに、行政手続法が求める意見陳述のための手続

198 **Ⅲ本案上の主張** │ **8 行政手続法(1)**

（行政手続法第13条第1項）は、2週間程度あれば、とることができたといえることを前提にして、以下の設問に答えなさい。

【設問】

1. Xは、本件訴訟における本案上の主張として、処分基準が定められていなかったことを根拠に本件処分の違法性を主張しようとしている。このような主張は適切といえるか。理由とともに答えなさい。

2. Xは、本件訴訟における本案上の主張として、手続法の観点から、いかなる主張をすべきか。相手方からの反論も考慮して答えなさい。

3. Xが本件処分にしたがわない場合、行政側は代執行を行うことは可能か。道路法には行政上の義務履行確保の手段（代執行を含む。）について定めた条文は存在しないということを前提にして答えなさい。

【資料】道路法（昭和27年6月10日法律第180号）（抜粋）

第16条　市町村道の管理は、その路線の存する市町村が行う。

2〜5　略

第43条　何人も道路に関し、左に掲げる行為をしてはならない。

　一　みだりに道路を損傷し、又は汚損すること。

　二　みだりに道路に土石、竹木等の物件をたい積し、その他道路の構造又は交通に支障を及ぼす虞のある行為をすること。

第71条　道路管理者は、次の各号のいずれかに該当する者に対して、この法律又はこの法律に基づく命令の規定によって与えた許可若しくは承認を取り消し、その効力を停止し、若しくはその条件を変更し、又は行為若しくは工事の中止、道路……に存する工作物その他の物件の改築、移転、除却若しくは当該工作物その他の物件により生ずべき損害を予防するために必要な施設をすること若しくは道路を原状に回復することを命ずることができる。

　一　この法律若しくはこの法律に基づく命令の規定又はこれらの規定に基づく処分に違反している者

　二〜三　略

2〜7　略

1. 行政手続法の適用

　法治主義の下では、行政活動は実体的見地からだけでなく、手続的見地からも法的に規律されている。したがって、本案上の主張として処分の違法性を検討する際には、手続法の観点も忘れてはならない。

　手続法の観点から検討する場合には、まず、いかなる手続法規が適用されるのかということをはっきりさせる必要がある。この点、現在は一般法としての**行政手続法**が存在するため、個別法において特別な手続規定が存在しない限り、同法が適用されることになる。ただし、同法は、すべての行政活動を対象にして手続的規律を及ぼしているわけではない。同法が対象にしているのは、**申請に対する処分**（同法第2章）、**不利益処分**（同法第3章）、**行政指導**（同法第4章）、**届出**（同法第5章）、**命令等**（同法第6章）に限定されているから、これら以外の行政活動が問題となる場合には、同法の適用はない（たとえば**行政計画**が問題となる場合には、同法の適用はない）。また、行政手続法が規律対象にしている行為が問題となる場合であっても、同法3条および4条ならびに個別法上の**適用除外**規定によって、行政手続法が適用されないこともあるから、注意が必要である。

　本件の場合、工事中止命令という、行政手続法上の不利益処分に該当する行為が問題となっている（行手法2条4号）。したがって、本件が行政手続法または個別法の適用除外規定に該当しない限り、行政手続法の不利益処分に関する規定は適用される。そこで、本来であれば、本件が適用除外の場合に該当するのか否か、チェックする必要があるが、問題文では本件処分に行政手続法の適用がある旨、指摘されているので（このことは、本件が適用除外の場合に該当しないということを意味する）、ここでは、そのチェック作業は必要ない。また、問題文で与えられた条文からは、個別法上、本件処分の手続に関する特別ルールは見当たらない。そのため、行政手続法における一般的な手続ルールを修正する特別な手続ルールを意識する必要もない。

　以上のことを踏まえると、本件訴訟において手続法の見地から本案上の主張を検討する場合には、行政手続法違反、とりわけ不利益処分について規律した同法第3章の規定（行手法12条以下）違反がないかという見地から、事案の分析を行うことになる。

2. 処分基準の未設定（設問1）

そこで、設問1で問題となっている**処分基準**に関する行政手続法の規律を確認すると、同法12条1項が「行政庁は、処分基準を定め、かつ、これを公にしておくよう努めなければならない」と定めている。この点、本件では処分基準が設定されていなかったので、手続違法として同条項違反を指摘することができそうである。果たして、そのような指摘は適切であろうか。以下、検討することにする。

(1) 努力義務

ところで、行政手続法は不利益処分の処分基準とともに、申請に対する処分の**審査基準**についても規律している。行政手続法は、いずれの基準についても、これを設け、公にすることを求めているものの、両者の定め方は、以下のとおり、異なる。

○審査基準と処分基準

種類	文　言
審査基準	行政庁は、審査基準を定めるものとする（行手法5条1項）。
	行政庁は、……審査基準を公にしておかなければならない（行手法5条3項）。
処分基準	行政庁は、処分基準を定め、かつ、これを公にしておくよう努めなければならない（行手法12条1項）。

両者の文言を比較すると明らかなように（特に傍点で強調した部分）、処分基準を設定し、公にすることは努力義務に止められており、この点で審査基準の場合と大きく異なる。このように処分基準の設定が努力義務に止められたのは、個々の事案に応じて問題のあらわれ方が異なり、一般的な基準を設けることが技術的に困難な場合も少なくないと考えられたからである。また、処分基準を公にすることで違法・不当な行為が助長・促進される恐れがあると考えられたことも、努力義務に止められた理由とされている。

(2) 努力規定違反

　このような努力規定に違反しても、それが努力規定であるが故に違法の問題は生じないとの見方がありうる。しかし、このような見方は適切ではないであろう。努力規定であっても、行政庁が処分基準を設定し、公にしておく努力を怠れば、違法の問題は生じよう。

　ただし、本件の場合は、①法71条1項に基づく処分の事例が先例として存在しない、②あらかじめ違法行為および不当行為の発現形態を予測して、一般的な基準として処分基準を設けることが技術的に困難であると考えられる、③問題文では漫然と努力義務を怠ったことが伺われる事実が与えられていないことから、たとえ処分基準が設定されていなかったとしても、そのことをもって違法とはいえないであろう。そうすると、本件訴訟における本案上の主張として、行政手続法12条1項違反を指摘するのは適切ではないということになる。

3. 双方の考えうる主張と争点 (設問2)

　本件では行政手続法の適用があるため、不利益処分について定めた同法第3章の規律が及ぶ。本件の場合、それらの規律のうち同法12条に着目して手続違法を指摘するのは適切ではない。このことは既に明らかにした。また、行政手続法14条についても、問題文の中で本件処分とともに具体的な理由が示されていたことが指摘されているので、同条に着目して手続違法を主張するのは適切ではない。そこで、不利益処分の通則規定（行手法第3章第1節）のうち残った同法13条に着目してみる。同条1項によれば、不利益処分をしようとする行政庁は、原則として、不利益処分の名宛人について意見陳述のための手続（聴聞または弁明の機会の付与）をとらなければならない。ところが、本件では、このような意見陳述のための手続がとられることなく、本件処分が行われている。したがって、Xは行政手続法13条1項違反を指摘することが考えられる。

　これに対して、A市は行政手続法13条2項1号を引き合いに出して、本件では緊急の必要性があったため、意見陳述のための手続をとらなくてもよい事案であったと主張することが考えられる。また、仮に百歩譲って緊急性がなく、行政手続法13条1項違反が認められるとしても、Xの行

為は道路法違反の行為であるから、手続違法を理由に本件処分を取り消してみたところで、再び同様の処分がされる可能性が高いので、当該手続違法は取消事由に該当しない、と主張することも考えられる。

　そうすると、本件の争点として浮上してくるのは、(1) 意見陳述のための手続をとらなかったことは違法か、(2) 意見陳述のための手続をとらなかったことが違法であるとした場合、当該違法は取消事由に該当するか、という問題である。以下、それぞれについて、Xの主張を考えてみることにする。

4.　意見陳述手続が不要な場合～緊急に不利益処分をする必要がある場合（設問2）

(1)　原則と例外

　行政手続法は、行政庁が不利益処分をしようとする場合、原則として意見陳述のための手続をとることを求めているが、例外的に意見陳述のための手続をとらなくてもよい場合についても定めている。行政手続法13条2項が、その例外的な場合を定めており、そこで列挙されている第1号から第5号までのいずれかに該当すれば、行政庁は不利益処分をする場合であっても、事前に意見陳述のための手続をとる必要はない。

(2)　Xの主張

　そこで、A市は、本件が行政手続法13条2項1号に該当し、緊急性を要する事案であることから意見陳述のための手続をとらなかったという主張をすることが考えられるのであるが、これに対してXは、本件が同号に該当する事案ではないと反論しなければならない。

　具体的には、本件処分を行うことが決められた当時、既に盛土の工事はほぼ完成していたので、工事中止命令を直ちに発しなければならない公益上の必要性はなかった（または少なかった）といえる。また、本件処分の前に意見聴取の手続をとるとすれば、そのために要する期間は2週間程度であるところ、本件処分を行うことがA市の内部で決められた2014年6月25日から実際に本件処分が行われた同年7月25日まで、約1ヶ月もの期間があった（A市が盛土の工事を知った時点から起算しても、2ヶ月近くの

期間があった）から、意見陳述のための手続をとるだけの時間的余裕がな
かったとはいえない。このように、一方で緊急に本件処分をする必要性が
なく（あるいはその必要性が少なく）、他方で意見陳述のための手続をとる
だけの時間的余裕があったことからすれば、本件は行政手続法13条2項
1号の要件を充足する事案ではなかったと指摘できる。したがって、本件
は同法13条1項によって意見陳述のための手続がとられるべき事案であ
った。それにもかかわらず、当該手続がとられることなく本件処分が行わ
れたわけであるから、この点で本件処分は行政手続法13条1項に違反し、
違法であると指摘できる（大阪地判平元年9月12日行集40巻9号1190頁、
大阪高判平成2年8月29日行集41巻8号1426頁参照）。

5. 手続違法と処分の効力（設問2）

(1) 問題の所在

　行政手続法に定められた手続規律に違反して処分が行われた場合、当該
処分を法的にどのように取り扱うべきかについて、同法は何の定めも置い
ていない。そのため、解釈上の問題が生じる。この点、手続違法も違法で
ある以上、手続違法を根拠に処分の効力を否認することは当然のことのよ
うにも思える。しかし、このような見方は、行政効率という見地からする
と、問題がないわけではない。というのも、実体法の見地から当該処分が
適法である場合には、手続違法を理由に当該処分の効力を否認し、再度、
適法な手続に従って処分を行ってみても、同じ内容の処分が繰り返される
可能性があるからである。そこで、手続違法の処分をどのように法的に取
り扱うべきか、問題となる。

(2) 問題の提起

　この問題につき、考えうる法的な取扱いとしては、まず手続違法の処分
の効力を維持するというパターン（①）と、効力を維持しないというパタ
ーンが考えられ、さらに後者は取消しによって効力の否認を導くパターン
（②）と無効によって効力の否認を導くパターン（③）が考えられる。

○**手続違法の処分の法的取扱い**

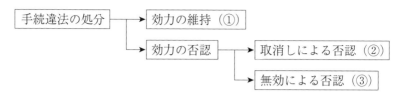

　このことを踏まえて改めて問題提起をするとすれば、その形はさまざまでありうる。たとえば、上記①〜③の３つのパターンが存在することを前提にして、いかなる場合に、どのパターンになるのかを問うということが考えられよう。

　しかし、これまで比較的多くみられた問題提起の仕方は、「手続違法が取消事由になるか」というものである（これは上記②のパターンに軸足を置いた問題提起の仕方である）。この問題は、取消訴訟において手続違法が認められるものの、実体違法が認められない場合に顕在化する。すなわち、処分の取消訴訟において手続違法があることを理由に取消判決が出された場合、行政庁その他の関係行政庁は当該取消判決に拘束されるが（これを取消判決の**拘束力**という。行訴法33条１項）、行政庁が同じ内容の処分をすることまで禁止されるわけではない。そうすると、実体法上、処分の内容が適法である限り、取消判決後に手続をやり直してみても、再度、同じ内容の処分が行われる可能性がある。実際に同じ内容の処分が行われるとすると、手続違法を理由に取消判決を出す意味がない（＝手続違法は取消事由に値しない）ともいえる。そこで、果たして手続違法が取消事由になるのか、問題となる。以下、この問題提起を前提に解説する。

(3)　**考え方の基本類型**

　手続違法が取消事由になるかという問題については、以下の３つの基本的な考え方がある。

　第１は、手続違法はそれだけで直ちに取消事由になるという考え方である。この考え方の背後には、手続法を重視する見方がある。

　第２は、手続違法は取消事由にならないという考え方である。この考え方の背後には、実体法を重視する見方（あるいは手続法を軽視する見方）がある。

第3は、上記第1および第2の考え方の中間にある考え方で、手続違法は結果（＝処分）に影響を及ぼしたと考えられる場合にのみ、取消事由になるという考え方である。

(4)　個別の事案分析

もっとも、判例・学説ともに、これらの3つの基本的な考え方のうち、どれか1つが普遍的に妥当すべきであると考えているわけではない。というのも、一口に手続違法といっても、さまざまな手続違法が想定できるので、それらを十把ひとからげにして、手続違法が取消事由になるか否かを論じることは適切ではないからである。たとえば聴聞手続ひとつをとってみても、(ア)全く聴聞手続がとられなかった場合（行手法13条1項違反）、(イ)聴聞手続はとられたものの、聴聞の通知書の中で聴聞の事務を所掌する組織の名称が誤記されていた場合（行手法15条1項違反）、(ウ)聴聞の主宰者が聴聞調書の一部を作成していなかった場合（行手法24条2項違反）など、様々なケースを想定できる。これら各事案の差異を無視して手続違法が取消事由になるか否かを一律に論じるのは適切ではない。そこで、現在では、個別の事案において個別の手続違法ごとに取消事由になるか否かが検討されているといえよう。

もっとも、その際の検討の視点は必ずしも確立されておらず、たとえば、重要な手続に違反したか否かという観点から事案の分析が行われたり、あるいは、私人の手続権を保護するための手続に違反したか否かといった観点から事案の分析が行われたりする。また、主に手続の公正さそれ自体を確保するために定められた手続の違反か、それとも、主に処分内容の適正さを確保するために定められた手続の違反かといった観点から事案の分析が行われたりすることもある。

このように事案分析の視点として必ずしも統一されたものがあるわけではないが、他方で、直ちに取消事由になる（＝**絶対的取消事由になる**）と考えられる手続違法類型があるという点では共通の理解があるように見受けられる。そのような絶対的取消事由になる場合の手続違法として、今日、比較的異論のないものに以下のものがある。

○絶対的取消事由になる手続違法

申請に対する処分	①拒否処分の理由がまったく提示されていなかった。 ②拒否処分の理由が提示されたものの、具体的ではなかった。
不利益処分	①意見陳述のための手続（聴聞または弁明の機会の付与）がまったくとられていなかった。 ②不利益処分の理由がまったく提示されていなかった。 ③不利益処分の理由が提示されたものの、具体的ではなかった。

　したがって、これらの手続違法を指摘できる事案の場合は、比較的容易に当該違法が取消事由になることを主張できよう。その場合の表現の仕方はさまざまに考えられるが、たとえば「当該手続違法が重大であるから取消事由になる」とか、「手続の公正さそれ自体を確保するために定められた手続に違反するから取消事由になる」といったまとめ方がありうる。

(5)　Xの主張

　以上を踏まえると、Xとしては、たとえば次のように主張することが考えられよう。すなわち、本件は意見陳述のための手続を必要とする事案であるところ、実際には、そのような手続がとられておらず、この点で行政手続法によって国民に保障された手続権の侵害があり、当該違法は重大な手続違反であるといえるから、本件処分は取り消されるべきである（大阪地判平元年9月12日行集40巻9号1190頁、大阪高判平成2年8月29日行集41巻8号1426頁参照）。

6.　代執行の可否（設問3）

　設問3では代執行の可否が問題になっている。代執行とは行政上の義務のうち代替的作為義務について、義務者がこれをみずから履行しない場合に、行政機関がその財産に強制を加え、義務者に代わって義務を実現する手段のことであり、法律の根拠がなければ行うことができない（代執行に法律の根拠が必要であるとの結論は、法律の留保の原則に関し、いかなる学説

にたっても、かわらない）。そこで、代執行の根拠法が問題となるが、現在では一般法としての**行政代執行法**が存在する。本問では行政上の義務履行確保の手段について定めた道路法上の条文は存在しないとされているから、一般法たる行政代執行法に即して代執行の可否を検討すればよい。

行政代執行法に基づく代執行が可能であるというためには、同法2条の要件がすべて充足されていなければならない。この点、本件処分によってXに課された義務は工事中止の義務であって、これは不作為義務である。同条では代替的作為義務が代執行の対象にされているから、結局、本件では行政代執行法に基づいて代執行を行うことはできない。

そうすると、市道上に盛土をしたXに対して、行政側が実効性のある措置をとれないのではないかとの疑問が生じる。ただ、本件の場合、行政側は法71条1項に基づいて盛土の除去を求める処分をすることもできる。当該処分によって課されるXの義務は盛土を除去すべき義務であり、これは不作為義務ではなく、代替的作為義務である。この場合、行政代執行法に基づく代執行がありうることになる（実際に同法に基づいて代執行を行うことができるかどうかは、同法2条の他の要件が充足されているか否かによる）。

教育の現場で	論点は、なぜ論点か？

何が行政法における論点かを比較的よく把握している学生であっても、なぜそれが論点になるのかということを尋ねると、適切な回答が返ってこないということが少なからずある。処分の取消訴訟において手続違法が取消事由になるかという論点も、そのような論点のうちのひとつである。その原因は、この論点を説明する際に、手続法と実体法の関係や、取消判決の効力に関する理解が複合的に求められるからであろうと推測される。

これまでの経験によれば、なぜそれが論点になるのかということを説明できている答案は、他の部分でも、地に足がついた（＝好印象の）論述を展開できていることが多い。論点がなぜ論点になるのかを理解することは、当該論点についてどのような考え方（判例・学説）があるかということを把握するのと同様に（あるいはそれ以上に）、重要なことである。

208　**Ⅲ本案上の主張**｜**8 行政手続法**(1)

行政手続法(2)

第9問

　株式会社Ｘはカビの発生等による事故米穀（非食用）を購入した。Ｘは、その後、これを加工用米穀（食用）と区分しないで米澱粉に加工したうえ、当該米澱粉を食用と非食用に区別することなく、大量に販売した。この事実を知った甲山県知事は、Ｘに対して、以下のとおり本文が記載された命令書を提示し、処分を行った（以下「本件処分」という。）。

　食品衛生法第6条に違反していることが認められますので、同法第54条の規定により下記のとおり処置することを命じます。
1　違反の内容
　貴社は、カビの発生等による非食用の事故米穀を原料として米澱粉を製造し、食用と非食用の区別をせずに販売した。
　製造期間：平成25年5月23日から平成29年8月20日まで
2　処置事項
(1)　すべての販売済みの上記1の米澱粉を回収すること。
　　（販売先で非食用として使用されることが確実なものは除く。）
(2)　回収方法及び回収品の処分方法について計画書を提出すること。
(3)　回収終了後、回収結果を速やかに報告すること。

　これに納得のいかないＸは、本件処分の取消訴訟（行政事件訴訟法第3条第2項）を提起しようとしている。甲山県には行政手続法とほぼ同内容の甲山県行政手続条例が存在すること、および、本件で食品衛生法第54条に基づく不利益処分の処分基準は定められていないも

のの、そのこと自体に瑕疵はないことを前提にして（行政手続法第12条）、以下の設問に答えなさい。

【設問】

1. 本件処分に適用されるのは、行政手続法か、それとも甲山県行政手続条例か。なお、行政手続法以外の法律では、本件に行政手続法が適用されない旨、定めた規定は存在しないものとする。

2. 行政手続法または行政手続条例の中で一定の処分について理由付記が求められているのはなぜか。理由付記制度の趣旨を説明せよ。

3. 不利益処分の場合、付記される処分理由の具体性の程度は、どのように決定されるか。判例（最判平成23年6月7日民集65巻4号2081頁〔一級建築士免許取消処分等取消請求事件〕）に即して説明しなさい。

4. Xは、本件処分の取消訴訟の中で、いかなる本案上の主張をすべきか。上記1～3を踏まえ、処分の理由付記との関連で答えなさい。

【資料】食品衛生法（昭和22年12月24日法律第233号）（抜粋）

第6条　次に掲げる食品又は添加物は、これを販売し……、又は販売の用に供するために、採取し、製造し、輸入し、加工し、使用し、調理し、貯蔵し、若しくは陳列してはならない。

一　腐敗し、若しくは変敗したもの又は未熟であるもの。ただし、一般に人の健康を損なうおそれがなく飲食に適すると認められているものは、この限りでない。

二　有毒な、若しくは有害な物質が含まれ、若しくは付着し、又はこれらの疑いがあるもの。ただし、人の健康を損なうおそれがない場合として厚生労働大臣が定める場合においては、この限りでない。

三　略

四　不潔、異物の混入又は添加その他の事由により、人の健康を損なうおそれがあるもの。

第54条　……都道府県知事は、営業者が第6条……の規定に違反した場合……においては、……営業者に対し食品衛生上の危害を除去するために必要な処置をとることを命ずることができる。

2　略

1. 行政手続法の適用の可否

　取消訴訟において原告は本案上の主張として処分が違法であるということを主張しなければならないが、処分の違法には実体違法と手続違法があるから、事案分析に際しては、実体法と手続法の両面から処分の違法事由を検討する必要がある。このうち手続法の見地から検討する場合、まずは、いかなる手続法規が当該事案に適用されるのかということを見定めなければならない。この点、現在では統一的な行政手続法典である**行政手続法**が存在するため、同法の適用の可否について検討する必要がある。同法が適用されるか否かは、次の手順にしたがって判断される。

① 　行政手続法による規律対象

　まず、当該事案において問題となる行為が行政手続法によって規律対象とされている行為か否かをチェックする必要がある。すなわち、行政手続法は**申請に対する処分**、**不利益処分**、**行政指導**、**届出**、**命令等**を規律対象にしているから、これらの行為のうちのいずれかが問題となっているのであれば、同法が適用される可能性はある（この段階では同法の適用の可能性があるというだけで、後述の②および③の検討を経ない限り、同法の適用があると結論づけることはできない）。これに対し、これらの行為のうち、どれも問題となっていない事案では、同法が適用される可能性はない（この場合は、後述の②および③の検討をするまでもなく、直ちに同法の適用はないと結論づけることができる）。たとえば**行政計画**は行政手続法の規律対象にされていないので、行政計画が問題となる事案では同法の適用はない。

② 　行政手続法による適用除外

　当該事案において問題となる行為が行政手続法の規律対象とされている行為であっても、そのことから直ちに同法が適用されることになるわけではない。なぜなら、行政手続法は、その３条および４条において、**適用除外**の規定を設けているからである。つまり、それらの規定に該当する事案の場合は、たとえ申請に対する処分、不利益処分、行政指導、届出、命令等が問題となっている事案であっても、行政手続法は適用されない。

③ 　個別法による適用除外

　さらに、行政手続法３条または４条が定める適用除外のケースに該当しなくても、行政手続法以外の個別の法律によって行政手続法の適用が排除

されることもある。

○行政手続法の適用の可否を判定する手順

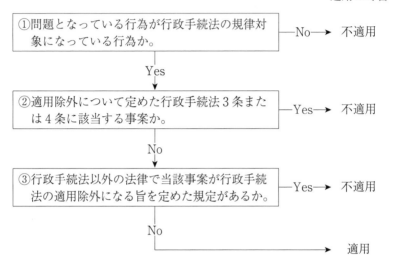

以上のことからすれば、行政手続法が適用される場合というのは、(1)問題として取り上げられる行為が申請に対する処分、不利益処分、行政指導、届出、命令等のうちのいずれかに該当し、かつ、(2)行政手続法3条または4条が定める適用除外のケースに該当せず、かつ、(3)個別法によっても行政手続法の適用除外にならない、という条件を満たしている場合である。

2. 本件の場合（設問1）

以上の①～③の手順にしたがって、以下、本件に行政手続法が適用されるか否か、検討してみる。

まず上記①について検討すると、本件処分は行政手続法上の不利益処分（行手法2条4号）に該当するといえるから、行政手続法が適用される可能性がある。

次に上記②について検討すると、本件は行政手続法3条3項の場合に該

当し、行政手続法の適用除外になる事案のようにもみえる。なぜなら、同
条項は地方公共団体の機関が行う一定の行為について行政手続法が適用さ
れない旨、定めているところ、本件では甲山県の機関（知事）によって行
われた不利益処分が問題となっているからである。しかし、同条項は、そ
のカッコ書で行政手続法の適用除外になる処分を「その根拠となる規定が
条例又は規則に置かれているものに限る」と定めている。したがって、本
件のように食品衛生法という法律に基づいて行われる不利益処分の場合は、
たとえ不利益処分を行った主体が地方公共団体の機関であったとしても、
行政手続法3条3項により同法が適用除外になることはない。

　最後に上記③については、問題文で「行政手続法以外の法律では、本件
に行政手続法が適用されない旨、定めた規定は存在しない」とされている。

　以上からすると、本件には行政手続法が適用され、本件処分に同法の不
利益処分に関する規律が及ぶことになる。そのため、本件で手続法の見地
から本案上の主張を検討する際には、行政手続法第3章「不利益処分」の
規定（12条～31条）との適合性を検討しなければならない（もっとも、本
案上の主張が問われている設問4では本件処分の理由付記に着目するよう求め
られているので、本件では不利益処分の理由付記について定めた行政手続法14
条適合性のみ検討すればよい）。

3. 理由付記の趣旨（設問2）

　行政手続法は、申請に対する拒否処分の場合（行手法8条）と不利益処
分の場合（行手法14条）に理由付記を求めている。また、各地方公共団体
の行政手続条例においても、基本的に同様の規律が設けられている。いず
れの理由付記制度も、(ア)行政庁の慎重かつ合理的な判断を担保し、恣意的
な判断を抑制すること（**恣意抑制機能**または**慎重配慮確保機能**）、および、
(イ)処分の名宛人による不服申立てに便宜を与えること（**不服申立便宜機能**）
がその趣旨とされている。このことは、最高裁も認めるところである（た
とえば設問3で引用されている平成23年判決をみよ）。

4. 理由付記の程度（設問3）

　行政手続法上、行政庁は原則として不利益処分を行う際には理由を付記しなければならないが、それでは一体どの程度詳細に処分理由を示せばよいか。たとえば、処分の根拠条文さえ示せば、処分理由を適法に示したことになるであろうか。行政手続法上、明文の規定がないので、解釈上、問題となる（行政手続条例の場合も、同様に問題となる）。

　この不利益処分の理由付記の程度について、最高裁は、平成23年6月7日判決（民集65巻4号2081頁〔一級建築士免許取消処分等取消請求事件〕、以下「平成23年判決」という）の中で次のように述べている。いわく、行政手続法14条1項本文に基づいてどの程度の理由を提示すべきかは、「(ア)当該処分の根拠法令の規定内容、(イ)当該処分に係る処分基準の存否及び内容並びに公表の有無、(ウ)当該処分の性質及び内容、(エ)当該処分の原因となる事実関係の内容等を総合考慮してこれを決定すべきである。」((ア)〜(エ)の表記は筆者)。これによれば、不利益処分の場合、上記(ア)〜(エ)などが総合考慮されて、処分理由の具体性の程度が決められることになる。

5. 本件の場合（設問4）

(1) 分析の視点

　本件処分は行政手続法上の不利益処分であって、同法が適用される。その結果、行政庁は行政手続法14条1項本文により処分理由を提示しなければならない。この点、本件の「命令書」を確認すると、全く理由が示されていないわけではないので、行政手続法14条1項本文に反して違法であるとはいえないようにも思える。しかし、理由が示されていたとしても、そこに一定程度の具体性がなければ、理由付記制度の趣旨は没却されてしまう。たとえば、「公益上の必要性により、本件処分を行う」といった抽象的な理由では、行政手続法14条1項本文の要請に応えたことにはならない。そこで、さらに処分理由の具体性の程度という観点から、本件を検討してみる必要がある。

(2) 本件で求められる処分理由の具体性の程度

　まずは本件において、いかなる程度の処分理由が提示されるべきか、ということを明らかにする必要がある。そこで、この問題について、平成23年判決が示した上記(ア)〜(エ)の観点から本件を分析すると、以下の諸点を指摘することができる。

　　(ア)について：本件処分の直接の根拠規定は食品衛生法54条であるが、同条の処分要件を構成する同法6条では複数の食品と複数の行為が対象にされている。また、同法54条では、処分の内容が特定されておらず、さらに「できる」規定になっている。

　　(イ)について：本件では、食品衛生法54条に基づく処分の処分基準それ自体が存在しない（このことは問題文から明らかである）。

　　(ウ)について：本件処分の不利益の内容は、大量の販売済みの米澱粉を回収すること等であって、Ｘの財産上の不利益の程度は重大なものといえる。

　　(エ)について：本件処分の原因となる事実関係として、非食用の事故米穀を食用の加工用米穀と区分しないで米澱粉に加工したという事実のほかに、当該米澱粉を食用と非食用に区別しないで販売したという事実がある。

　以上のうち(イ)に関する本件の事情（＝処分基準が存在しないという事情）からすると、本件は平成23年判決のように処分基準の適用関係まで示すことが求められる事案であるとはいえない。そこで、このことと上述した(ア)(ウ)(エ)に関する事情を踏まえると、本件における処分理由の具体性の程度については、次のように指摘することができよう。すなわち、本件では、いかなる事実関係に基づき、いかなる法規を適用して食品衛生法54条に基づく不利益処分が行われたかを処分の名宛人において命令書の記載自体から了知できる程度に処分理由が提示されなければならない（新潟地判平成23年11月17日判タ1382号90頁）。

(3) 当てはめ

　Ｘとしては、このような処分理由の具体性の程度が本件では確保されていなかったということを主張する必要がある。そのためには、さらに以下の諸点を指摘すべきである。

215

第1に、本件では食品衛生法6条の規律対象になる可能性のある食品として事故米穀と米澱粉があるが、本件処分に付記された理由からは、両者のうちどちらが問題視されたのか、はっきりしない。

　第2に、本件では、①食品衛生法6条の前段で規律対象になっている販売行為と②同条後段で規律対象になっている販売目的の加工行為が認められるが、本件処分に付記された理由からは、両者のうちどちらの行為が問題視されたのか、はっきりしない。

　第3に、食品衛生法6条は1号から4号まで規定があるが、本件処分には単に食品衛生法6条違反であることが示されているのみで、具体的に第何号に該当すると判断されたのか不明である。

　これらのことからすると、本件処分は、いかなる事実関係に基づき、いかなる法規を適用して食品衛生法54条に基づく処分が行われたか、命令書の記載からXは了知できないので、行政手続法14条1項本文に違反するといえる（新潟地判平成23年11月17日判タ1382号90頁）。

6.　手続法違反と取消事由

　取消訴訟の本案上の主張として手続違法を指摘できる場合には、さらに、当該手続違法が取消事由になるか否かということが、別途、問題になりうる。というのも、裁判所が手続違法を理由に処分を取り消したとしても、その後、適法な手続を経て行政庁によって改めて出される処分が取消訴訟で取り消された処分と同じ内容の処分であるとすれば、果たして取消訴訟の中で処分を取り消すだけの意味があるといえるのか、疑義が生じるからである。

　この問題は、理論上、すべての手続違法について生じうる。しかし、裁判実務上、手続違法の種類によっては、このような問題がいちいち議論されないこともある。そのような場合として、不利益処分に際して聴聞が実施されるべきなのに、それがされなかった場合や、処分理由が付記されるべきなのに、それがされなかった場合がある。これらの場合は、重大な手続法違反であること等を理由に、当該手続違法が直ちに取消事由になるとする見方が支配的であるといってよい。

　このことを踏まえれば、本件では、行政手続法14条1項本文が求める、

付記されるべき理由が付記されていないということを主張すれば十分であって、当該手続違法が取消事由になるか否かという論点にまで深く立ち入って主張を展開する必要はないといえる。もっとも、平成23年判決では、反対意見の中で、行政手続法14条1項違反が直ちに取消事由になるわけではない旨の指摘がされている。そこで、念のため、本案上の主張として、本件でも上述の問題があることを指摘した上で、本件の手続違法が重大な手続違法に該当するので取消事由になる旨、指摘しておくとよいであろう。

| 教育の現場で | 行政手続法と行政手続条例の役割分担 |

　改めて指摘するまでもないが、個別事案の処理にあたり、適用法規を間違えることがあってはならない。この点で誤解が生じやすいのが、地方公共団体の機関が行う行為に対する行政手続法の適用の有無である。すなわち、よくみられるのは、「地方自治への配慮から行政手続法3条3項で行政手続法が適用除外となる旨、定められているので、地方公共団体の機関が行う、すべての行為が行政手続法の適用を受けない」との誤った理解である。しかし、行政手続法3条3項をよく読むと（特に同条項のカッコ書）、地方公共団体の機関が行う行為であっても、場合によっては、行政手続法が適用されるということがわかる。地方公共団体の機関が行う行為に行政手続法（あるいは行政手続条例）が適用されるか否かは、行為の種類と当該行為の根拠によって決まるので、以下、これを整理しておく（地方公共団体の機関による命令等制定行為については省略する）。

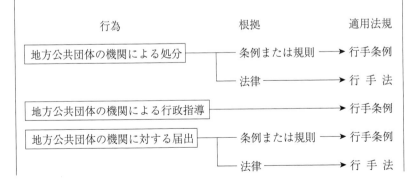

以上のようにして、行政手続法３条３項はカッコ書まで注意して理解するように努めなければならないが、このことを授業等で強調すると、学生の中には「行政手続法・行政手続条例の適用関係を判断する場合には、とにかく根拠規定が決め手になる」と記憶する者が出てくる。これはこれで間違いではないが、そこで決め手になる根拠規定を手続の根拠規定として理解している学生が少なくない。この理解によると、行政手続条例が存在する事案であれば、それが手続の根拠規定となるので、当該事案では行政手続条例が適用されるが、そのような条例が存在しなければ、行政手続法が手続の根拠規定となるので、当該事案では行政手続法が適用されることになる（らしい）。しかし、このような理解は誤りである。行政手続法３条３項を正確に読むと、決め手となる根拠規定は手続の根拠規定ではなく、行為（処分あるいは届出の通知）の根拠規定であることがわかる。したがって、行政手続法の適用の有無を行政手続法３条３項に即して判断する場合には、当該事案で問題となる行為が条例・規則に基づくものなのか、それとも法律に基づくものなのかということを検討すべきである。

行政上の強制制度 第10問

　A市では船舶の放置防止に関する条例（以下「条例」という。）が個別の法律の委任に基づかないで制定され、施行されていたが、Xは条例第8条に違反して自己の所有船舶を放置していた。そこで、市長は、Xに対して、係留施設に船舶を移動するよう、命令した（条例第9条第1項）。しかし、Xは当該命令に従わなかったので、市長はXの船舶を所定の場所に移動させ（条例第10条）、保管した（条例第12条、以下「保管行為」という。）。これに不満をもったXは直ちに保管行為の取消訴訟を提起することにした。条例第9条第1項の「指導」および「勧告」が事実行為であるのに対して、同条項の「命令」が処分であるということ、および、保管された船舶の返還のためには、条例上、所定の費用を支払わなければならないと定められていることを前提に以下の設問に答えなさい。

【設問】

1. Xが保管行為の取消訴訟を提起することは適切か。保管行為が取消訴訟の対象として適切か否かという観点から答えなさい。

2. Xは、上記の取消訴訟における本案上の主張として、本件条例が行政代執行法に抵触し、違法であるから、保管行為も違法である旨、主張したいと考えている。本件条例が行政代執行法に違反し、違法である旨、主張するためには、どのような指摘をすればよいか。

3. A市では、Xから取消訴訟を提起されたことを受けて、本件条例の見直しを行った。その結果、条例第9条第1項に基づく移動の要請は「命令」で行うことをせず、もっぱら「指導」または「勧告」で行い、指導または勧告が行われた場合にだけ、条例第10条に基づいて放置船舶を移動させることができるようにした。なぜ、

219

このように条例の仕組みを改めれば、問題がないと考えられたのか。上記2のXの主張を念頭において、考えうる理由について答えなさい。なお、その理由の当否についてまで検討する必要はない。

【資料】船舶の放置防止に関する条例（平成7年6月5日条例第26号）（抜粋）

第1条　この条例は、公共の水面における船舶の放置を防止することにより、市民の良好な生活環境を保持するとともに、快適な都市環境の形成を図ることを目的とする。

第2条　この条例において、次の各号に掲げる用語の意義は、当該各号に定めるところによる。

　(1)　船舶　水上輸送の用に供する船舟類をいう。

　(2)　放置　船舶が正当な権原に基づき置くことを認められた場所以外の公共の水面に置かれている状態をいう。

　(3)　所有者等　船舶の所有権、占有権又は使用権を有する者をいう。

第8条　何人も、故なく船舶を放置し、若しくは放置させ、又はこれを放置し、若しくは放置させようとする者に協力してはならない。

第9条　市長は、船舶を放置し、又は放置しようとする所有者等に対し、当該船舶を係留施設等に移動するよう指導し、若しくは勧告し、又は命ずることができる。

2～3　略

第10条　市長は、所有者等が前条第1項の規定による指導若しくは勧告若しくは命令に従わない場合……は、第1条の目的を達成するため必要な限度において、当該職員に、当該船舶をあらかじめ市長が定めた場所に移動させることができる。

第12条　市長は、第10条の規定により船舶を移動させたときは、当該船舶を保管し、速やかに、その旨を告示するとともに、規則で定めるところにより、その所有者等に当該船舶を返還するために必要な措置を講じなければならない。

第14条　この条例の適用に当たっては、この条例の規定が他の法令の規定に基づく措置を妨げるものと解釈してはならない。

1. 継続的事実行為と取消訴訟（設問 1）

　取消訴訟の対象として適切なのは、「**行政庁の処分その他公権力の行使に当たる行為**」である（行訴法 3 条 2 項）。このうち「行政庁の処分」（＝狭義の処分）とは「**公権力の主体たる国または公共団体が行う行為のうち、その行為によって、直接国民の権利義務を形成しまたはその範囲を確定することが法律上認められているものをいう**」（最判昭和 39 年 10 月 29 日民集 18 巻 8 号 1809 頁〔大田区ゴミ焼却場設置事件〕）。この定義によれば、国民の権利義務に影響を及ぼす法行為であることが、行政事件訴訟法上の（狭義の）処分であるための 1 つの要件となる。しかし、本件で問題となっている保管行為は X に新たな義務を課す行為ではなく、当該行為それ自体によって X の権利義務が影響を受けることはない。そのため、保管行為は事実行為であって、法行為ではないといえるから、保管行為を行政事件訴訟法上の（狭義の）処分として捉えることはできない。

　もっとも、これによって、保管行為を対象にした取消訴訟が不適切であると結論づけるのは適切ではない。なぜなら、保管行為が行政事件訴訟法 3 条 2 項の「その他公権力の行使に当たる行為」に該当する可能性があるからである。そこで「その他公権力の行使に当たる行為」とは何かが問題となるが、行政事件訴訟法上、その意味について定めた明文規定はない。そのため、解釈上、問題となるが、現在のところ、公権力の行使に当たる**継続的事実行為**がそこに含まれることについて異論はない。このような理解は、①平成 26 年改正前の行政不服審査法 2 条 1 項で「この法律にいう「処分」には、……公権力の行使に当たる事実上の行為で、人の収容、物の留置その他その内容が継続的性質を有するもの（以下「事実行為」という。）が含まれるものとする」と定められ、行政不服審査法の処分には公権力の行使に当たる継続的事実行為が含まれる旨、明らかにされていた、②平成 26 年改正で同条項は削除されたものの、公権力の行使に当たる継続的事実行為を処分から除く趣旨で削除されたわけではないので、現在においてもなお処分には当該行為が含まれると解されている、③行政不服申立ての対象になる行為は同時に取消訴訟の対象にもなるという一般的な理解がある、④そのため、公権力の行使に当たる継続的事実行為は取消訴訟の対象になるといえる、⑤ただし、事実行為の場合は法行為ではないので、

行政事件訴訟法上の（狭義の）処分とはいえず、行政事件訴訟法3条2項の「その他公権力の行使に当たる行為」として捉えるほかない、という理屈によって支えられている。

それでは、本問における保管行為は公権力の行使に当たる継続的事実行為といえるか。この点、(ア)船舶の保管は船舶所有者の同意を得ることなく行われ、しかも所定の経費を支払わなければ船舶の返還はされないため、公権力の行使に当たる行為といえ、(イ)保管行為は新たに義務を課すわけでもなく、当該行為それ自体によって船舶所有者の権利義務が影響を受けるわけではないので、事実行為といえ、(ウ)保管行為は継続して行われているため、継続的行為といえる。そうすると、保管行為は公権力の行使に当たる継続的事実行為であるといえるから、行政事件訴訟法3条2項の「その他公権力の行使に当たる行為」として捉えることができる。したがって、保管行為が取消訴訟の対象として適切か否か（＝処分性の有無）という観点からすると、保管行為の取消訴訟は適切であるといえる。

2. 行政代執行法と条例の関係

設問2では行政代執行法と条例の関係が問題になっている。そこで、設問2について検討する前に、行政代執行法と条例の関係に関する、次元の異なる2つの問題について確認しておきたい。以下、順に取り上げる。

⑴ 条例に基づく行政上の強制執行

第1に、行政代執行法があるにもかかわらず、地方公共団体が条例によって行政上の義務履行確保の手段を定めることができるか、という問題がある。

この点、行政代執行法は、その第1条で「行政上の義務の履行確保に関しては、別に法律で定めるものを除いては、この法律の定めるところによる」と規定し、続く第2条で「法律（法律の委任に基く命令、規則及び条例を含む。以下同じ。）……」と規定し、第2条の「法律」についてのみ、条例が含まれる旨、明記している。このことに着目すると、立法者は第1条の「法律」には条例が含まれないということを前提にしているからこそ、わざわざ第2条で「法律」に条例が含まれる旨を明記したと考えられる。

そうすると、行政代執行法1条の「法律」に条例は含まれないことになるから、義務履行確保の手段は法律によってのみ定めることができる（つまり法律の専権事項である）、と解することができる。その結果、地方公共団体は条例で行政上の義務履行確保の手段を定めることができないということになる。現在のところ、このような見方は一般的であるといってよい。

　もっとも、学説上、このような見方に基本的に立ちつつも、法律によってしか定めることのできない、行政上の義務履行確保の手段は伝統的な行政上の強制執行のみで、それ以外の新しい義務履行確保の手段（たとえば**公表**等）については条例で定めることができる、という見解も示されている。このような見解は、行政代執行法が新しい義務履行確保の手段を想定していないと解されることを根拠にしているほか、新しい行政上の義務履行確保の手段まで条例で定めることができないということにしてしまうと、地方公共団体の側で行政上の義務の不履行に対処する有効な手段を一切とれなくなり、このことは地方自治の本旨に照らし、適切ではないといった見方を根拠にしている。

(2)　条例に基づく行政上の義務の賦課

　第2に、地方公共団体の条例によって、行政代執行法に基づく代執行の前提となる行政上の義務を課すことができるか、という問題がある。

　この点、行政代執行法2条は「法律（法律の委任に基く命令、規則及び条例を含む。以下同じ。）により直接に命ぜられ、又は法律に基き行政庁により命ぜられた行為……について義務者がこれを履行しない場合」と定めており、そのカッコ書の意味が問題となる。すなわち、「法律の委任に基く」との文言を「条例」にかかるものとして読んだ場合、法律の委任に基づく条例であれば、代執行の前提となる行政上の義務を課すことができるが、逆に、法律の委任に基づかない条例では、そのような行政上の義務を課すことができない。しかし、このような読み方をすると、法律の委任に基づかない条例で行政上の義務を定めても、当該義務については行政代執行法に基づき代執行を行うことができない。しかも、上記(1)で述べたように、条例によって義務履行確保の手段を定めることは消極的に解されているから、改めて義務履行確保のための条例を制定し、その条例に基づいて義務履行確保の手段をとるということもできない。これでは法律の委任に基づ

かないで制定された条例の中で行政上の義務が定められたとしても、その不履行に対して、行政側は何の対抗手段ももたないこととなり、行政運営上、適切ではない。そこで、現在では、「法律の委任に基く」の文言は「条例」にかからないと解したり、あるいは「法律の委任に基く」の文言が「条例」にもかかると解したうえで、地方自治法14条1項（「普通地方公共団体は、法令に違反しない限りにおいて第2条第2項の事務に関し、条例を制定することができる。」）を法律による委任規定として理解することで、行政代執行法に基づく代執行の対象となる義務を条例で課すことができるようにする解釈が提示されている。いずれにせよ、地方公共団体の条例によって、行政代執行法に基づく代執行の前提となる行政上の義務を課すことができるという理解は、今日、広く支持されているといってよい。

3. 本件の場合（設問2）

　行政代執行法と条例の関係をめぐる以上の2つの問題のうち、後者の(2)については、本件の場合、問題とならない。確かに、本件条例は個別の法律の委任に基づかないで定められているにもかかわらず、船舶の移動義務を課すことができるようにしており（条例9条1項）、しかも当該義務の不履行に対して行政代執行法を適用する可能性も残しているようにみえるから（条例14条）、(2)の問題があるようにも思える。しかし、上述した今日の一般的理解からすれば、当該義務を行政代執行法に基づく代執行の対象となる義務として捉えることに支障はない。したがって、「本件条例が個別の法律の委任に基づかないで行政代執行法に基づく代執行の対象となる義務を定めているため、行政代執行法に抵触して、違法である」といった指摘は適切ではない。

　他方、行政代執行法と条例の関係をめぐる上記の2つの問題のうち、前者の(1)については、本件の場合、問題となる。この点、本件条例は、命令によって船舶の移動義務という行政上の義務を課し（条例9条1項）、当該義務が履行されない場合には、本人に代わって行政機関が船舶を移動、保管することで（条例10条、12条）、当該義務が履行されたのと同様の状況を創り出すことを認めている。このように地方公共団体が条例によって行政上の義務履行確保の手段を定めることは、上述した現在の一般的な理解

を前提にすると、行政代執行法に抵触し、許されない。したがって、本件条例は違法であるといえる。また、条例に基づく船舶の移動は代執行に該当するといえ、新しい義務履行確保の手段の部類には属さないから、たとえ新しい義務履行確保の手段については条例で定めることが許されるとの立場をとったとしても、やはり、本件条例は行政代執行法に抵触し、違法であるといえる。

4. 行政上の強制制度

設問3によれば、本件条例の見直しの結果、放置船舶の移動という強制手段は維持されることになったが、当該強制手段をとる際の条例上の仕組みは変更されることになった。この変更の意味を理解するためには、従来、行政上の強制制度として理解されてきた2つの制度、すなわち、①行政上の強制執行（代執行・執行罰・直接強制・行政上の強制徴収）と②即時強制に関する基礎的理解が必要となる。

行政上の強制執行と即時強制は、いずれも行政目的の実現を図る強制制度であるという点では共通するが、相手方への義務賦課行為を前提にしているか否かという点で、大きく異なる。すなわち、行政上の強制執行の場合は義務賦課行為の存在を前提にするが、即時強制の場合は義務賦課行為の存在を前提にしていない。

○行政上の強制執行と即時強制

行政上の強制執行：　義務賦課行為　──────→　強制行為

　即時強制　　：　　　　　　　　　　　　　　　　強制行為

このことを踏まえると、ある行政上の強制制度について定めた法的仕組みが行政上の強制執行に該当するのか、それとも即時強制に該当するのか判別しようとする際には、義務賦課行為が前提とされているか否かという視点をもつことが有益であるといえよう。

それでは、このような視点から本件条例を分析すると、本件条例上の強制制度は行政上の強制執行なのか、それとも即時強制なのか。以下、この

225

ような問題意識をもちつつ、設問3について検討することにしよう。

5. 即時強制（設問3）

　本件条例が行政代執行法に抵触し、違法であるとすれば、それは、上述したように、本件条例が行政上の義務履行確保の手段を定めているからである。逆にいえば、本件条例が行政上の義務履行確保の手段を定めていなければ、行政代執行法との抵触問題は生じない。ところで、本件で問題となった義務履行確保の手段は船舶の移動という手段であるが、これには、命令によって賦課された移動義務が、その前提として存在する。そこで、このような義務あるいは当該義務を賦課する行為をなくしてしまえば、本件条例で定められている船舶の強制移動という手段は義務履行確保の手段ではないことになる。

　他方、指導および勧告は事実行為であるから、それによって行政上の義務が発生することはない。そうすると、指導および勧告のみを前提とする限り、本件条例9条に基づいて行政上の義務が賦課されることはない。その結果、指導または勧告を行った上で行われる船舶の強制移動は義務賦課行為を前提としないので、義務履行確保の手段ではないといえる。この場合の強制移動は、講学上の即時強制に該当する余地があろう（横浜地判平成12年9月27日判自217号69頁参照）。この点、仮に即時強制の「即時」の意味を時間的切迫性の意味で理解すると、本件で問題となっている強制手段は、急迫性の欠如を理由に即時強制であることを否定される可能性がある。しかし、近時の学説のように、即時強制の「即時」の意味を相手方への義務賦課行為がないという意味で理解すると（塩野宏『行政法Ⅰ〔第6版〕』278頁）、たとえ急迫性が欠如していたとしても、本件で問題となっている強制手段は即時強制に該当するといえよう。

　以上のように、本件条例が義務賦課行為を前提とする行政上の強制執行の制度ではなく、即時強制の制度を定めたものであれば、行政代執行法との抵触問題は生じない。本件条例の新たな仕組みは、このような考え方に基づいて導入されたものといえる。

6. 行政上の強制制度と条例

　以上の理解は、条例で行政上の強制執行を定めることは許されないが、即時強制を定めることは許されるという理解に支えられている。しかし、行政上の強制執行も、即時強制も、いずれも行政上の強制制度であることに鑑みると、両者の間で、このような差異があるのはバランスを失し、適当ではないともいえよう。そこで、両者のバランスを保つために、行政上の強制執行も、即時強制も、いずれも法律でしか定められないとする見方や、あるいは、いずれも法律だけでなく、条例でも定められるとする見方が登場してくることになる（原田尚彦『行政法要論〔全訂第7版（補訂2版）』243頁は基本的に前者の立場であるのに対し、宇賀克也『行政法概説Ⅰ〔第7版〕』246頁は後者の立場である）。この点、現在では、地方自治法の趣旨を根拠にするなどして、条例によっても義務履行確保の手段を定めることができるとする解釈が徐々に増えており、従来の通説的な見方に変更を迫る動きがみられるところである。

| 第11問 | 行政指導 |

　A村には、法令に基づかないで定められた開発事業指導要綱（以下「本件要綱」という。）がある。開発事業者Xが本件要綱の大規模開発事業に該当するマンション建築を計画したため、A村の村長は、本件要綱第23条第1項に基づき、Xに対し、開発協力金として合計1000万円の負担を要請した（以下「本件行為」という。）。その際、村長は、開発協力金の負担があくまで任意であることを明言するとともに、過去に開発協力金の負担の要請に応じなかった事業者がいたものの、そのことを理由に不利益に取り扱った事例は1件もないということをXに伝えた。その後、Xは、開発協力金の負担が重すぎるとして、開発協力金の減免を申し出たので、村長はXとの交渉を重ねるとともに、関係部署と何度も協議した。しかし、最終的に、Xに1000万円の納付をしてもらうことで合意を得た（本件要綱第23条第2項）。後日、Xはこれを納付したものの、次第に本件行為に疑問を抱くようになり、何らかの訴訟を提起して争いたいと考えるようになった。A村には行政手続法とほぼ同じ内容の標準的なA村行政手続条例が存在することを前提にして、以下の設問に答えなさい。

【設問】
1．Xは、本件行為の取消訴訟（行政事件訴訟法第3条第2項）を提起しようとしている。本件行為が取消訴訟の対象になる行為として適切か否かという観点から、当該取消訴訟の適否について答えなさい。
2．Xは、A村に対して、本件行為が強制力を伴って行われたために違法であるとして、国家賠償法第1条第1項に基づいて損害賠償請求訴訟を提起しようとしている。本件行為は同条項でいう「公権力の行使」に該当するか。最高裁判例の立場にたって答えなさい。

3．本件行為に適用されるのは行政手続法か。それとも A 村行政手続条例か。理由とともに答えなさい。

4．X は、行政手続法第 36 条の 2 第 1 項または同条項に相当する A 村行政手続条例の条項のいずれかに基づき、本件行為の中止を求めることができたか。理由とともに答えなさい。

5．いわゆる武蔵野市教育施設負担金事件における最高裁判決（最判平成 5 年 2 月 18 日民集 47 巻 2 号 574 頁）において、教育施設負担金の納付を求めた行為が違法と判断された理由は何か。当該事件において問題となった「宅地開発等に関する指導要綱」（当時のもの）が下記【資料】に掲げてあるので、これを適宜参照して答えなさい。

6．上記 2 の訴訟において、A 村は、X の訴えを退けるために、いかなる本案上の主張をすることが考えられるか。本件行為の違法性について、上記 5 の最高裁判決を意識して答えなさい。

【資料】

〇開発事業指導要綱（抜粋）

第 23 条　村長は、大規模開発事業を行う開発事業者……に対し、……次に掲げる事業のための資金（以下「開発協力金」という。）の負担を求めることができる。

　　一〜五　略

2　開発協力金の負担の額は、村長が開発事業者……と協議の上定めるものとする。

＊本件要綱には、上記の開発協力金の求めに応じなかった場合の制裁条項は存在しない。

〇宅地開発等に関する指導要綱（抜粋）

3—5　建設計画が 20 戸以上の場合は、事業主は建設計画戸数（……）1000 戸につき小学校 1 校、建設計画戸数 2000 戸につき中学校 1 校を基本として、市が定める基準により学校用地を市に無償で提供し、又は用地取得費を負担するとともに、これらの施設の建設に要する費用を負担するものとする。

5—2　この要綱に従わない事業主に対して、市は上下水道等必要な施設その他必要な協力を行なわないことがある。

1. 本件行為の法的性格

　本件行為の最大の特徴は、その根拠が**指導要綱**にあり、さらにその指導要綱が法令に基づかないで定められているという点にある。**法律の法規創造力の原則**からすると、法令に根拠のない行政上の基準が**法規**としての性格をもつことはない。また、法規ではない基準に依拠して行われた行為によって、国民の権利義務が発生したり、変動したり、消滅したりすることはないし、当該行為が権力性を備えることもない。つまり、本件行為は**事実行為**であるとともに、**非権力的行為**である。

　一般に、本件要綱のように法令に基づかないで指導要綱が定められ、当該要綱に依拠して行われる行政機関の行為は**行政指導**として捉えられる。事実行為であることや、非権力的行為であることは、行政指導の大きな特徴といってよい。結局、本問では行政指導の法的諸問題が取り上げられているといってよい。

2. 取消訴訟と行政指導（設問1）

　取消訴訟の提起が適法であるためには、その対象が①「行政庁の処分」または②「その他公権力の行使に当たる行為」でなければならない（行訴法3条2項）。このうち①「行政庁の処分」については、「**公権力の主体たる国または公共団体が行う行為のうち、その行為によって、直接国民の権利義務を形成しまたはその範囲を確定することが法律上認められているものをいう**」との理解が定着している（最判昭和39年10月29日民集18巻8号1809頁〔大田区ゴミ焼却場設置事件〕）。それでは、この意味での①「行政庁の処分」に本件行為は該当するといえるか。この点、上述のとおり、本件行為の根拠となる本件要綱が法令に基づかないで定められていることから、本件行為によって国民の権利義務を形成しまたはその範囲を確定することが法律上認められているとはいえない。また、本件要綱が法令に基づかないで定められた以上、本件要綱に基づく行為が公権力性を備えることもない。これらのことから、本件行為は「行政庁の処分」とはいえない。また、本件行為が②「その他公権力の行使に当たる行為」に該当すると解すべき事情は見当たらない。以上から、本件行為は、上記の①および②の

230　**Ⅲ本案上の主張** ｜ 11 行政指導

いずれにも該当しないので、取消訴訟の対象として適切ではない。よって、Xが本件行為の取消訴訟を提起するのは適切ではない。

　一般に行政指導は非権力的な事実行為であるから取消訴訟の対象にならないと解されており、本件行為が取消訴訟の対象にならないとの上記結論は、この一般的な理解とも符合する（最判平成17年7月15日民集59巻6号1661頁〔病院開設中止勧告事件〕は、行政指導である医療法上の勧告が取消訴訟の対象になる旨、判示しているが、これは当該事案の特殊性によるものであって、この判決によって行政指導全般が取消訴訟の対象になると判示されたわけではない。）。

3. 国家賠償法における「公権力の行使」と行政指導（設問2）

　設問2では、本件行為が国家賠償法1条1項の「公権力の行使」に該当するか否か、が問われている。そこで、まずは国家賠償法における「公権力の行使」の意味を明らかにしておくことにしよう。当該文言については、以下のとおり、狭義説・広義説・最広義説の3つの解釈がある。

○国家賠償法1条1項における「公権力の行使」の意味

狭義説	行政行為などの権力的行政作用
広義説	国または公共団体が行う作用のうち、私経済作用と国家賠償法2条の公営造物の設置管理作用を除くすべての作用
最広義説	国または公共団体が行うすべての作用

　このうち広義説が一般に通説・判例とされている。そこで、広義説にしたがって本件を検討すると、本件行為はA村の村長による行為であって、私経済作用でもなければ、国家賠償法2条の公営造物の設置管理作用でもないので、国家賠償法1条1項の「公権力の行使」に該当するといえる。したがって、同条項に基づくXの損害賠償請求訴訟は、少なくとも「公権力の行使」の要件との関係では、問題がない。

　なお、「公権力の行使」という概念は行政事件訴訟法でも用いられているが（行訴法3条1項）、それが国家賠償法1条1項の「公権力の行使」概

231

念と一致するわけではない。とりわけ、国家賠償法上の「公権力の行使」を広義説にしたがって理解すると、非権力的公行政作用が原則として国家賠償法上の「公権力の行使」概念に含まれることになる。そうすると、国家賠償法上の「公権力の行使」概念のほうが、行政事件訴訟法上の「公権力の行使」概念よりも広いといえよう。

4. 行政手続法・行政手続条例と行政指導（設問3）

　行政手続法2条6号によれば、行政指導とは「行政機関がその任務又は所掌事務の範囲内において一定の行政目的を実現するため特定の者に一定の作為又は不作為を求める指導、勧告、助言その他の行為であって処分に該当しないものをいう」。本件行為が、この定義に当てはまることについて、異論はないであろう。このことを前提にすれば、本件行為には行政手続法が適用されるようにも思える。

　しかし、行政手続法は、地方公共団体の機関がする行政指導には同法の適用がない旨、定めている（行手法3条3項）。この点、地方公共団体の機関が行う処分の場合は、その根拠が条例または規則であれば、同法の適用はないが（行手法3条3項カッコ書）、その根拠が法律であれば、同法の適用がある。このように地方公共団体の機関が行う行為であっても、行政指導と処分では、行政手続法の適用の有無につき、差異があるので、注意が必要である。本件行為は、上述のとおり、行政指導であるから、行政手続法が適用されることはない。

　もっとも、このことは、地方公共団体の機関がする行政指導に何の法的規律も及ばないということを意味しない。標準的な行政手続条例が制定されている地方公共団体では、地方公共団体の機関がする行政指導には行政手続条例が適用され、法的規律が及ぶ。本件ではA村に標準的な行政手続条例があることになっているので、本件行為に当該行政手続条例が適用され、同条例による規律が及ぶと考えてよい。

5. 行政指導の中止の求め（設問4）

　行政手続法は平成26年に改正され、新たに36条の2が設けられた。こ

れによれば、行政指導の相手方は、一定の場合に行政指導の中止等を求めることができる。これを受けて、各普通地方公共団体でも行政手続条例の改正が行われ、同様の規定が設けられるようになった。

　本件の場合、上述のように、行政手続法は適用されないから、Xは同法36条の2第1項に基づいて行政指導の中止を求めることはできない。そこで、A村行政手続条例に基づいて行政指導の中止を求めることができるか、問題となる。以下、行政手続法36条の2第1項に相当するA村行政手続条例の規定が次のような標準的な条文であることを前提にして検討することにしよう。

A村行政手続条例（抜粋）

第36条の2　法令又は条例等に違反する行為の是正を求める行政指導（その根拠となる規定が法律又は条例に置かれているものに限る。）の相手方は、当該行政指導が当該法律又は条例に規定する要件に適合しないと思料するときは、当該行政指導をした本村の機関に対し、その旨を申し出て、当該行政指導の中止その他必要な措置を講じることを求めることができる。ただし、当該行政指導がその相手方について弁明その他意見陳述のための手続を経てされたものであるときは、この限りでない。

2〜3　略

　上記のA村行政手続条例36条の2第1項によれば、Xは行政指導の中止を求めることができるようにもみえる。しかし、同条項に基づいて行政指導の中止を求める場合には、まず当該行政指導が「法令又は条例等に違反する行為の是正を求める」行政指導でなければならない。しかるに、本件で問題となっている行政指導は開発協力金の負担を求める行政指導であって、違反行為の是正を求める行政指導ではない。さらに同条項カッコ書きは行政指導の根拠規定が法律又は条例に置かれていなければならないと定めているが、本件で問題となっている行政指導は法律または条例に根拠がなく、指導要綱に基づいて行われている。これらのことからすると、結局、XはA村行政手続条例に基づいて本件行為の中止を求めることはできないといえる。

6. 最高裁平成 5 年判決（設問 5）

　最高裁は、いわゆる武蔵野市教育施設負担金事件において、「行政指導として教育施設の充実に充てるために事業主に対して寄付金の納付を求めること自体は、強制にわたるなど事業主の任意性を損なうことがない限り、違法ということはできない」と述べたうえで、指導要綱の内容および運用の実態に着目して、教育施設の負担金を求めた行政指導が強制力を伴っており、違法な公権力の行使にあたると判断した。それでは、最高裁は、具体的に、いかなる指導要綱の文言および運用の実態に着目して行政指導の強制性を認定したのか。以下、判決に即して、この点を確認する。

(1) 指導要綱の内容

　最高裁は、指導要綱の内容に関し、次のように判示している。「教育施設負担金についても、その金額は選択の余地のないほど具体的に定められており、事業主の義務の一部として寄付金を割り当て、その納付を命ずるような文言となっているから、右負担金が事業主の任意の寄付金の趣旨で規定されていると認めるのは困難である。しかも、事業主が指導要綱に基づく行政指導に従わなかった場合に採ることがあるとされる給水契約の締結の拒否という制裁措置は、水道法上許されないものであり（略）、右措置が採られた場合には、マンションを建築してもそれを住居として使用することが事実上不可能となり、建築の目的を達成することができなくなるような性質のものである」。

　以上の判示部分から、最高裁が着目しているのは、指導要綱において、①教育施設負担金の金額が選択の余地のないほど具体的に定められている、②寄付金の割当・納付を命じるような文言が用いられている、③行政指導に従わなかった場合には給水契約の締結の拒否という制裁措置が設けられているという 3 点であることがわかる。このうち①および②は開発指導要綱の 3—5、③は開発指導要綱の 5—2 に対応した指摘である。

(2) 運用の実態

　次に、最高裁は、運用の実態に関し、以下のように判示している。「当時においては、指導要綱に基づく行政指導に従うことができない事業主は

事実上開発等を断念せざるを得なくなっており、これに従わずに開発等を行った事業主は△△建設以外になく、その△△建設の建築したマンションに関しては、現に水道の給水契約の締結及び下水道の使用が拒否され、その事実が新聞等によって報道されていたというのである。さらに、○○〔事業主〕が被上告人〔市〕の担当者に対して本件教育施設負担金の減免等を懇請した際には、右担当者は、前例がないとして拒絶しているが、右担当者のこのような対応からは、本件教育施設負担金の納付が事業主の任意の寄付であることを認識した上で行政指導をするという姿勢は、到底うかがうことができない」。

　以上によれば、最高裁が着目しているのは、④指導要綱に基づく指導に従わなかった事業者が実際に水道の給水契約の締結および下水道の使用を拒否され、その事実が報道されていたという実態、ならびに、⑤事業者が教育施設負担金の減免等を懇請した際に、担当者は、前例がないとして拒絶していたという実態である。

　このように、最高裁は①〜③の指導要綱の内容のほかに、④および⑤の運用の実態も考慮して、教育施設負担金の納付を求める行政指導が違法である旨の判断を示した。

7. A村の主張（設問6）

　A村行政手続条例が行政手続法とほぼ同内容の標準的な行政手続条例であるならば、行政指導があくまで相手方の任意の協力によってのみ実現されること、また、行政指導に従わなかったことを理由として不利益な取扱いをしてはならないことが求められているはずであるから（行手法32条1項および2項に相当する規律）、それらの規律に反して、強制力を伴って本件行為が行われたとすれば、本件行為は違法である。そして、仮に上記の①〜⑤と同様の事情が認められるのであれば、武蔵野市教育施設負担金事件における最高裁判決のように、行政指導に強制力が認められ、違法の判断をされてしまう可能性が高くなる。そこで、A村としては、上記①〜⑤の事情を念頭に置きつつ、本件行為に強制力はなかったという主張をするのに有利な事情を探すことになろう。そうすると、A村として以下の諸点を指摘することが考えられる。

235

第1に、本件要綱23条2項によれば、「開発協力金の負担の額は、村長が開発事業者……と協議の上定める」ものとされており、負担額が一方的に決められることにはなっていない（上記①を念頭に置いた指摘）。

第2に、本件要綱23条1項は「負担を求めることができる」としているだけで、武蔵野市の指導要綱と異なり、負担金の納付を命じるような文言にはなっていない（上記②を念頭に置いた指摘）。

第3に、本件要綱には、武蔵野市の指導要綱5—2とは異なり、要綱に従わない事業主に対する制裁条項がない（上記③を念頭に置いた指摘）。

第4に、本件において村長は負担金の納付が任意であることを明言している。また、過去に指導に従わなかった者に対して不利益な取扱いをしたことがなく、村長は、その旨、Xに伝えている（上記④を念頭に置いた指摘）。

第5に、村長はXとの交渉を重ねるとともに、関係部署と交渉をするなど、強権的に一定の負担金を納めさせようとしていない（上記⑤を念頭に置いた指摘）。

A村としては、以上の諸点から、本件行為に強制力が認められず、したがって本件行為は違法ではない、と主張することになろう。

8. 行政指導を争う法的手段

既に指摘したとおり、行政指導には原則として処分性が認められないから、抗告訴訟によって行政指導を争うことはできない。他方で、行政指導は国家賠償法上の「公権力の行使」に該当する。そのため、国家賠償請求訴訟は行政指導の違法性を争う有効な手段といえる。

もっとも、平成16年の行政事件訴訟法改正において**当事者訴訟**（行訴法4条）の活性化が図られて以降、（実質的）当事者訴訟としての確認訴訟を利用して行政指導を争うことが考えられるようになった。これによれば、本件の場合、開発協力金の負担を求める行政指導が違法であることの確認や、Xに開発協力金を納付する義務がないことの確認を求めて（実質的）当事者訴訟を提起することが考えられよう。無論、これらの訴えは、**確認の利益**が認められないと、適法に提起されたことにはならないが、紛争の抜本的解決に資する法的手段として有効に機能することが期待されよう。

行政契約

第12問

　中央農業技術センターは、A県によって開設された家畜人工授精所であり、A県のブランド牛である甲川牛の人工授精用精液を取り扱っている。黒毛和牛の改良に取り組むことを企図したXは、同センターにおいて県有甲川牛の人工授精用精液の提供を申し込んだ。しかし、同センターの開設者であるA県は、Xが他県の畜産農家であるということのみを理由にして、これを拒否した（家畜改良増殖法第29条）。そこで、Xは、A県がXからの申込みを拒んではならない旨の判決を求めて当事者訴訟（行政事件訴訟法第4条）または民事訴訟を提起しようとしている（以下「本件訴訟」という。）。Xからの精液提供の申込みが契約の申込みであること、特定の家畜の改良増殖を特定の都道府県に限って行わせるか否かについて家畜改良増殖法は明文の定めを置いていないことを前提にして、以下の設問に答えなさい。

【設問】

1．本件訴訟の中で、Xは、本案上の主張として、いかなる主張をすべきか。なお、Xが他県の畜産農家であるということ以外にA県の拒否行為を正当化しうる事情は存在しないものとする。

2．本件訴訟の中で、A県は、本案上の主張として、いかなる主張をすべきか。

【資料】家畜改良増殖法（昭和25年5月27日法律第209号）（抜粋）

第1条　この法律は、家畜の改良増殖を計画的に行うための措置並びにこれに関連して必要な種畜の確保及び家畜の登録に関する制度、家畜人工授精及び家畜受精卵移植に関する規制等について定めて、家畜の改良増殖を促進し、もって畜産の振興を図り、あわせて農業経営の改善に資することを目的とする。

第2条　国及び都道府県は、家畜の改良増殖の促進に有効な事項については、これを積極的に行わなければならない。

2～3　略

第3条の3　都道府県知事は、家畜につき、その種類ごとに、家畜改良増殖目標に即し、当該都道府県におけるその改良増殖に関する計画（以下「家畜改良増殖計画」という。）を定めることができる。

2～5　略

第3条の4　国は、都道府県知事が前条第一項の規定により家畜改良増殖計画を定めた場合には、当該都道府県に対し、独立行政法人家畜改良センター（以下「センター」という。）の所有する優良な資質を有する家畜の貸付けの促進その他当該家畜改良増殖計画の実施に必要な援助を行うように努めるものとする。

第12条　家畜人工授精所、家畜保健衛生所その他家畜人工授精……を行うためセンター又は都道府県が開設する施設以外の場所で家畜人工授精用精液を採取し、若しくは処理し……てはならない。……。

第24条　家畜人工授精所を開設しようとする者は、都道府県知事の許可を受けなければならない。ただし、センター又は都道府県が開設する家畜人工授精所については、この限りでない。

第25条　前条の許可は、申請に係る施設が、家畜人工授精又は家畜受精卵移植を的確に、かつ、衛生的に実施するため必要な農林水産省令で定める構造、設備及び器具を備えていない場合には、与えない。

2　略

第28条　家畜人工授精所の開設者は、……その家畜人工授精所を管理させるために、獣医師又は家畜人工授精師を置かなければならない。

第29条　家畜人工授精所の開設者は、その家畜人工授精所において家畜人工授精用精液の提供を求められたときは、正当な理由がなければ、これを拒んではならない。

1. 行政契約の法的統制

　本件では、A県とXの間で締結されようとした契約が問題となっている。契約当事者のうち一方が行政主体であれば、当該契約は**行政契約**として捉えることができるので、本問で問題となる契約は行政契約といえる。

　もっとも、行政契約であるからといって、民事法とは異なる、何か特別な法秩序に服するわけではない。むしろ、行政契約にも、基本的には民事法上の契約に関するルールが適用される。ただし、公目的達成のために個別の法令で民事法のルールが修正されていることがある。家畜人工授精用精液の提供の申込みが契約の申込みであるとすれば、家畜改良増殖法（以下「法」という。）29条は、その例である。この条項があるために、家畜人工授精所の開設者は、原則として家畜人工授精用精液の提供を求めてくる者と契約を締結しなければならない。**私的自治の原則**から導かれる**契約自由の原則**によれば、誰と契約を締結するか、あるいは、特定の者と契約を締結するかしないかは自由であるが、法29条の存在によって、この民事法上の大原則が修正されているといえる。

　このように、行政契約が個別の法令によって規律されている場合、当該法令に違反して行政契約が締結されれば（あるいは行政契約が締結されなければ）、行政側の対応は違法である。そのため、個別の事案分析に際しては、まずもって行政契約について規律している個別法令に着目し、当該法令が何を求めているのか（あるいは当該法令が何を許し、何を禁じているのか）、読み解く必要がある。

2. 本件における問題の所在

　このような見地からすると、本件では、家畜改良増殖法が当該契約について何を求めているのかということを明らかにしなければならない。とりわけ、同法が他県の畜産農家からの精液提供の求めを拒否することを許しているのか、それとも禁じているのか、明らかにする必要がある。なぜなら、本件でXは他県の畜産農家であるということを理由に精液提供の求めを拒否されているからである。

　この問題は法29条の解釈問題でもある。すなわち、同条によれば、「正

239

当な理由」があれば、家畜人工授精所の開設者は、家畜人工授精用精液の提供の求めを拒否することができるところ、他県の畜産農家であるということが精液提供の求めを拒否する「正当な理由」といえるのか、解釈上、問題になるのである。

3. Xの主張（設問1）

この問題について、Xとしては、他県の畜産農家であるということが精液提供の求めを拒否する「正当な理由」にならないと主張しなければならない。このような主張の根拠として指摘しうるのは、以下の3点である。

第1に、法は特定の遺伝子を持った家畜の改良増殖を特定の県に限って行わせることについて明文の規定を置いていない。

第2に、法は家畜人工授精所が衛生面に配慮した物的構造を備えていることや（法24条、25条）、家畜人工授精所に専門的知見を有する人材を配置することを求め（法28条）、そのような物的・人的条件が整えられた特定の施設でしか、家畜人工授精用精液の採取、処理を行うことができないとしている（法12条）。法は、このような仕組みによって、家畜人工授精用精液の採取、処理が衛生的に配慮された場所で専門的見地から行われるようにし、もって衛生面から家畜人工授精用精液の品質の保持を確保しようとしていると解される。そして、法の趣旨がこのような点にあることと職業選択の自由の要請を考慮すれば、衛生面の問題がない限りは、できるだけ広く家畜人工授精用精液が利用されるようにしておくことが望ましい。したがって、「正当な理由」は衛生面に限定して解釈されるべきであって、これを拡大解釈すべきではないから、他県の畜産農家であるということが、精液提供の求めを拒否する「正当な理由」にはなりえない。

第3に、法は家畜の改良増殖を促進し、もって畜産を振興し、農業経営の改善に資することを目的としているが（法1条）、遺伝的に優秀な資質を有する家畜の改良増殖が促進されるためには、特定の地域に限定せず、それ以外の地域にもその家畜が導入されることが望ましい。法律上、国が家畜の増殖改良に一定の役割を担うこととされているのも（法2条、3条の4）、全国的な規模で家畜の改良増殖が行われることが望ましいと考えられたからである。そうすると、他県の畜産農家であることを理由に精液

提供の求めを拒否することは、法の趣旨に反しているといえる。

以上の指摘からすれば、A 県は他県の畜産農家であるということを理由に X からの精液提供の申込みを拒否することはできないし、その他に X からの申込みを拒否する正当な理由はないので（このことは問題文から明らかである）、結局、A 県は X からの精液提供の申込みを拒否することはできないというべきである（大阪高判平成 12 年 12 月 5 日判タ 1072 号 121 頁参照）。

4. A 県の主張（設問 2）

他方、A 県としては、他県の畜産農家であるということが精液提供の求めを拒否する「正当な理由」になると主張しなければならない。このような主張の根拠として指摘しうるのは、以下の 2 点である。

第 1 に、法は特定の遺伝子を持った家畜の改良増殖を特定の都道府県に限って行わせることについて明文規定を置いていないが、これを禁止する明文規定も置いていない。

第 2 に、法は都道府県が国と並んで家畜の改良増殖の促進に有効な事項を積極的に行わなければならないとしたうえで（法 2 条）、家畜につき、当該都道府県における家畜改良増殖計画を定めることができるとしている（法 3 条の 3）。この都道府県の責務と権限は、都道府県が地域における行政を自主的かつ総合的に実施する役割を担わされていることからすると（地自法 1 条の 2 第 1 項）、他の都道府県における家畜の改良増殖を直接の目的として定められたのではなく、当該都道府県内の家畜の改良増殖を直接の目的として定められたものと解される。したがって、県外の畜産農家に対する精液提供の拒否は法によって禁止されていない。

これらのことから、精液提供の申込者が県外の畜産農家であるということは法 29 条の「正当な理由」にあたるといえ、A 県は X が他県の畜産農家であることを理由に精液提供の申込みを拒否することができるというべきである。

5. 最高裁平成 13 年判決

　本件のモデルケースとなったのは、最判平成 13 年 12 月 13 日判時 1773 号 19 頁〔兵庫県但馬牛精液提供拒否事件〕である。これによれば、最高裁は、法 29 条の趣旨が「家畜人工授精用精液の利用者の利益を保護する」ことにあるとして精液提供の申し込みを行った者の立場に一定の配慮を示しながら、他方で「法は、国及び都道府県が家畜の改良増殖の促進に有効な事項を積極的に行わなければならないものと定め（2 条 1 項）、そのため都道府県知事は、家畜改良増殖計画を定めることができるものとし（3 条の 3）、都道府県が国と並んで家畜の改良増殖を促進し、もって畜産の振興を図り、あわせて農業経営の改善に資することとなるように努めるべきものとするが（1 条参照）、都道府県のこれら責務は、その性質上、当該都道府県内の家畜、畜産及び農業を対象とし、直接には他の都道府県のものを対象とするものではない。したがって、都道府県が開設する家畜人工授精所において、同所が改良した種雄牛の精液を当該都道府県内の畜産農家に優先的に提供することは、法の禁止するところではない」として、申込みを拒否した県の立場にも一定の理解を示している。そして、最高裁は最終的に「当該精液が都道府県内の需要を満たし得ないような場合は、他の都道府県の畜産農家への提供を拒むことは、法 29 条の正当な理由があるものとして許される」が、「当該精液の需給状況と無関係に、その提供を求める者が当該都道府県内の畜産農家ではないことの一事のみをもって、提供を拒むことは、同条の前記の趣旨よりして、正当な理由があるものとはいえない」として、いわば折衷的な立場を表明した。

　この判例をめぐっては賛否両論があるが、その当否はさておき、この判断枠組みを前提にした X の主張および A 県の主張は、上述の 3 および 4 で指摘した主張とは別に、ありうる。その場合、県内における精液の需給状況がどうであったかということが、判断のポイントになる（ただし、本問では、この点に関する情報は与えられていないから、訴訟当事者の主張として、ここまで配慮する必要はない）。

行政調査 第13問

　XはA県の区域において砂利採取業を行う者であり、砂利採取法（以下「法」という。）第16条に基づき、採取計画を定め、A県知事の認可を受けた。それから数ヶ月後、知事はXが同計画に違反して砂利を採取しているとの情報を入手したため、職員にXの事務所を調査させることにした（法第34条第2項）。知事から指示を受けたA県の職員BおよびCは、裁判官の令状を取得することなく、Xの事務所に赴き、身分証明書を提示したうえで（法第34条第4項）、関係書類等を検査しようとした。ところが、これにXが強く抵抗したため、BがXを羽交い絞めにし、その間にCがXの関係書類を検査した（以下「本件調査」という。）。その後、知事は本件調査によって得た情報をもとに、所定の手続を経てXの採取計画の認可を取り消した（法第26条第1号、以下「本件処分」という。）。これに納得がいかないXはA県を被告にして本件処分の取消訴訟（行政事件訴訟法第3条第2項）を提起し、本案上の主張として、本件調査が違法であるため、本件処分もまた違法であって取り消されるべきである旨、主張しようとしている（以下「本件主張」という。）。本件調査に関する法律上の規律は【資料】に掲げた条文しか存在しないということを前提にして、以下の設問に答えなさい。

【設問】

1. Xは、本件調査が違法であるということを指摘するために、いかなる主張をすることが考えられるか。
2. Xが本件主張をするとしたら、A県は、これに対して、いかなる反論をすることが考えられるか。上記1のXの主張については争わないことを前提にして答えなさい。

3．上記2のＡ県の反論に対して、Ｘはいかなる再反論をすること
　が考えられるか。

【資料】砂利採取法（昭和43年5月30日法律第74号）（抜粋）

第16条　砂利採取業者は、砂利の採取を行おうとするときは、当該
　　採取に係る砂利採取場ごとに採取計画を定め、当該砂利採取場の所
　　在地を管轄する都道府県知事（……）の認可を受けなければならな
　　い。

第21条　第16条の認可を受けた砂利採取業者は、当該認可に係る採
　　取計画（……）に従って砂利の採取を行なわなければならない。

第26条　都道府県知事又は河川管理者は、第16条の認可を受けた砂
　　利採取業者が次の各号の一に該当するときは、その認可を取り消
　　〔す〕……ことができる。

　一　第21条の規定に違反したとき。

　二～四　略

第34条　略

2　都道府県知事は、この法律の施行に必要な限度において、その職
　　員に、当該都道府県の区域において砂利採取業を行う者又は河川区
　　域等以外の区域において砂利の採取を業として行う者の事務所、砂
　　利採取場その他その業務を行う場所に立ち入り、帳簿、書類その他
　　の物件を検査させ、又は関係者に質問させることができる。

3　略

4　前三項の規定により職員が立ち入るときは、その身分を示す証明
　　書を携帯し、関係者に提示しなければならない。

5　第1項から第3項までの規定による権限は、犯罪捜査のために認
　　められたものと解釈してはならない。

第46条　次の各号の一に該当する者は、3万円以下の罰金に処する。

　一～三　略

　四　第34条第1項から第3項までの規定による検査を拒み、妨げ、
　　　若しくは忌避し……た者

1. 実体法の観点から（設問1）

　本件調査は、講学上、**行政調査**と呼ばれている行政の活動形式に該当する。一般に行政調査は、以下のとおり、任意調査、強制調査、間接強制調査の3つに区分される。

○行政調査の種類

任意調査	相手方の任意の協力を得て行われる行政調査
強制調査	相手方の抵抗を排除しても行われる行政調査または相手方の受諾義務の存在を前提として行われる行政調査
間接強制調査	罰則または何らかの制裁手段によって実効性が担保された行政調査

　砂利採取法34条2項に定められた調査は、このうち間接強制調査に該当する。なぜなら、同条項による調査を拒んだ者に対しては刑罰が科される仕組みになっているからである（砂利採取法46条4号）。ところが、本件で実際に行われた調査では、BがXを羽交い絞めにし、実力の行使が行われているから、強制調査の実態がある。Xは、この実態に着目して本件調査の違法性を指摘すべきである。

　すなわち、**法律の留保の原則**によれば、当該原則に関するいかなる学説に立とうとも、本件調査に際して行われた実力の行使は法律の根拠を必要とする。ところが、砂利採取法上、そのための根拠規定は存在しない。したがって、本件調査は法律の留保の原則に照らし、違法である。また、砂利採取法は間接強制調査の仕組みを採用しているから、調査を拒んだ者に対しては、もっぱら刑罰を科すことによって実効性を担保しようとしていると解される。そうすると、同法は行政調査に際して実力を行使することを禁止する趣旨であると指摘することもできる。このことを前提にすれば、本件調査は砂利採取法が禁止する方法で行われたともいえるので、違法である。

　なお、以上の理解を前提にしても、緊急性が認められる場合には、実力

の行使を伴う行政調査が認められると解する余地がある。ただ、本問で与えられた事実からは、そのような緊急性は認められない。したがって、緊急性の観点から本件調査が適法であると評価することはできない。

2. 手続法の観点から（設問1）

以上の実体法の観点とは別に、手続法の観点からも本件調査の違法性を指摘できないか、検討しておこう。より具体的には、(1) 法律上の手続違反がないか、また、(2) 憲法上の手続違反がないか、検討する。

(1) 法律上の手続

本件調査を手続的観点から規律している法律条文があるとすれば、それは個別法たる砂利採取法において定められているか、一般法たる**行政手続法**において定められているはずである。

そこで、まずは砂利採取法を確認すると、本件調査の手続規律として同法34条4項が存在する。この点、本件では本件調査にあたったBおよびCがXに対して身分証明書を提示しているので、同条項違反の事実は認められない。砂利採取法の中には同条項以外の手続規定は存在しないため、結局、同法に着目して手続違法を主張することはできない。

次に、行政手続法を確認すると、そもそも本件調査に行政手続法は適用されないということがいえる。なぜなら、本件調査は事実上の行為であって、行政手続法でいう不利益処分の概念にはあたらないし（行手法2条4号イ）、仮に処分あるいは行政指導の定義に当てはまったとしても、「報告又は物件の提出を命ずる処分その他その職務の遂行上必要な情報の収集を直接の目的としてされる処分及び行政指導」には同法の適用がないからである（行手法3条1項14号）。

以上から、法律上の手続規律を手がかりにして本件調査の手続違法を主張することはできない。

(2) 憲法上の手続

本件調査は、裁判官の令状を取得することなく、行われている。そのため、**令状主義**について定めた憲法35条との関係が問題となる。

この点、最高裁は、いわゆる川崎民商事件において、憲法 35 条による令状主義が刑事手続のみならず、行政調査にも及ぶかという形で議論を進め、「憲法 35 条 1 項の規定は、本来、主として刑事責任追及の手続における強制について、それが司法権による事前の抑制の下におかれるべきことを保障した趣旨であるが、当該手続が刑事責任追及を目的とするものでないとの理由のみで、その手続における一切の強制が当然に右規定による保障の枠外にあると判断することは相当ではない」と判示している（最大判昭和 47 年 11 月 22 日刑集 26 巻 9 号 554 頁）。もっとも、この判示部分からは、いかなる場合であれば、憲法 35 条の保障の枠外または枠内にあるといえるのか、必ずしも明らかではない。この点、最高裁は、いわゆる成田新法事件において、「公共の福祉の維持という行政目的を達成するため欠くべからざるものであるかどうか、刑事責任追及のための資料収集に直接結び付くものであるかどうか、また、強制の程度、態様が直接的なものであるかどうかなどを総合判断して、裁判官の令状の要否を決めるべきである」と述べ、憲法 35 条の保障の及ぶ範囲を決めようとしている（最判平成 4 年 7 月 1 日民集 46 巻 5 号 437 頁）。

　このような判例の立場を参考にすると、本件では、職員が X を羽交い絞めにしたという事実があるから、強制の程度、態様が直接的であると指摘できる。そして、この点を強調することで、本件は憲法 35 条に照らして裁判官の令状が必要となる事案であったと指摘することが考えられよう。仮にこのような立論が奏功すれば、実際には裁判官の令状なくして、本件調査が行われたのだから、本件調査は違法であるといえよう。

3.　A 県の主張（設問 2）

　設問 2 では本件調査が違法である旨の X の主張は争わないこととされている。そうすると、A 県は「本件調査が違法であるため、本件処分もまた違法であって取り消されるべきである」との X の主張に反論することができないようにも思える。

　しかし、本件調査と本件処分はまったく別個の行為であるから、仮に本件調査が違法であるとしても、そのことから直ちに本件処分までもが違法になるわけではないと反論することは可能であろう。とりわけ、本件処分

の法律上の要件として何らかの行政調査が課されているわけではないから、このことがA県の主張を支える論拠になる。

　また、本件調査の違法を根拠に本件処分を取り消してみたところで、Xが法所定の禁止行為を行っているのであれば、再び同じ処分が発せられる可能性があるため、行政効率の確保という見地からすると、本件調査の違法を理由に本件処分を取り消すのは適切ではないということも主張しえよう（税務訴訟であるが、同趣旨の裁判例として大阪地判昭和59年11月30日判時1151号51頁）。

4. Xの主張（設問3）

　これに対し、Xとしては、本件調査と本件処分が一連の行政過程において行われた行政活動であることに着目し、**適正手続**の観点から（その根拠は憲法31条などが考えられる）、本件調査の違法が本件処分の違法事由となり、当該処分は取り消されるべきである旨、主張することが考えられる。

　もっとも、裁判例や学説では、このような主張を展開する場合であっても、無制限に行政調査の違法を処分の違法として捉えるのではなく、行政調査に重大な違法がある場合とか、行政調査に公序良俗に反する違法がある場合など、一定の場合に限って行政調査の違法を処分の違法として捉える立場が多い（税務訴訟であるが、同趣旨の裁判例として東京地判昭和48年8月8日行集24巻8・9号763頁、大阪地判平成2年4月11日判タ730号90頁、東京地判昭和61年3月31日判時1190号15頁、東京高判平成18年3月29日LEX/DB25450637。また、学説として塩野宏『行政法Ⅰ〔第六版〕』290頁）。

　そこで、このような立場を踏まえると、Xは、本件調査が重大な違法を帯びているので、そのような本件調査によって得られた情報に基づいて行われた本件処分もまた違法であって、取り消されるべきであると主張することになろう。この主張の中で、本件調査の違法が重大であるということを指摘する際には、本件調査が法律の根拠なく直接Xを押さえ込む方法で行われたという点を強調することになろう。

5. 違法性の承継

　以上のA県とXの主張からすると、本件では先行行為たる本件調査と後行行為たる本件処分の関係が問題となるから、結局、本件は**違法性の承継**の問題なのではないか、とも思える。

　ところで、違法性の承継という用語は法令用語ではなく、講学上の用語であって、論者により、その意味内容は必ずしも一致していない。一般に違法性の承継の問題は、先行行為も、後行行為も処分であることを前提にしている（これを「狭義の違法性の承継」と呼ぶことができる）。この場合、先行行為たる処分の出訴期間（行訴法14条1項）が徒過すると、不可争力が発生するので、もはや先行行為を取消訴訟によって争うことができなくなるが、後行行為の取消訴訟において先行行為の違法性を主張することができるとすると、出訴期間の制限を課した意味が失われてしまう。そのため、後行行為の取消訴訟において先行行為の違法性を主張することが許されるのか否か、すなわち（狭義の）違法性の承継が認められるのか否か、問題となる。これに対し、先行行為と後行行為を処分に限定しないで違法性の承継の問題を捉える立場もみられる（これを「広義の違法性の承継」と呼ぶことができる。）。この場合、先行行為が非処分であれば、先行行為の取消訴訟における出訴期間との関係で問題が生じることはないので、狭義の違法性の承継の場合とは、問題のあらわれ方や議論の仕方が異なることになる。

○**違法性の承継の種類**

　以上のことを踏まえると、本件調査は事実行為であって非処分行為であ

るから、これを先行行為として捉えて違法性の承継の問題を論じるのであれば、そこでいう違法性の承継は広義の違法性の承継である。このように本件を（広義）の違法性の承継の問題として捉えることはできないわけではないが、それは一般的な違法性の承継（＝狭義の違法性の承継）の問題とは異なるので、注意が必要である。

教育の現場で	違法性の承継の誘惑

　行政法をある程度学んだ学生は、違法性の承継という問題があること、そして当該問題が通常は処分と処分の間で問題になることを理解しており、そのうえで違法性の承継を認めるか否かの判定基準について一応の理解を得ている。ところが、これらの理解がかえって仇となり、不適切な起案がされることがある。すなわち、先行行為が非処分行為であるのに、無理やり当該行為の処分性を肯定して、（狭義の）違法性の承継の問題に持ち込むという起案が散見されるのである（たとえば間接強制調査を先行行為として捉え、罰則規定の存在を根拠に当該行政調査の処分性を肯定し、後続の典型的な処分との関係で、（狭義の）違法性の承継の問題として論じる、といったパターンがみられる）。この背景には、恐らく、（狭義の）違法性の承継の問題について、それなりに訓練を積み、ある程度論述のイメージをつかめているので、その得意なパターンに持ち込みたい、との学生の思惑があるように推測される。

　しかし、処分性を肯定する余地があるならばともかく、およそ処分性を肯定する余地がないのに、無理をして処分性を肯定するのは適切ではない。特に行政調査の場合は処分性を認めるのが困難であるから、行政調査を先行行為と捉えて（狭義の）違法性の承継の問題として論じるのは不適切であろう。せっかくの行政法の知識も事案に応じて適切に使いこなせなければ、無用の長物になってしまう。

250　**Ⅲ本案上の主張**│**13 行政調査**

情報公開

第14問

　A市教育委員会は平成27年度のいじめの実態調査を行うために、調査票を作成し、A市内の全ての市立中学校に配布した。この調査票には「学校名」の欄のほかに、「いじめの認知件数」の欄があり、学年別・男女別・学校全体のいじめの認知件数が記入できるようになっている。各中学校はこの調査票に調査結果を記入し、A市教育委員会に提出した。

　いじめ問題に関心をもつＸは、平成27年度におけるA市内のいじめの件数が中学校別にわかる資料（以下「本件文書」という）を閲覧したいと思い、当該情報を保有しているA市教育委員会に情報公開請求を行った。これに対し、A市教育委員会は、本件文書を公開すると、関係者が特別な調査を行い、いじめが起こっている学校の児童や保護者に接触することで個人を識別することができるようになるとして、本件文書を非公開とする旨の決定を行った。この決定に納得のいかないＸは直ちに何らかの法的手段をとろうとしている。本件では上記の理由以外に本件文書が個人識別情報に該当することを正当化する理由は存在せず、さらに他の法定された非公開情報に該当する事情もないということを前提にして、以下の設問に答えなさい。

【設問】

1．本件に適用されるのは「行政機関の保有する情報の公開に関する法律」か。それとも「A市行政情報公開条例」か。理由とともに答えなさい。

2．Ｘは、本件文書を公開してもらうために、不服申立てを行うとすれば、まずもって誰に対して、いかなる不服申立てをすべきか。再調査の請求および再審査請求ができる旨を定めた特別な法律上の

定めはないことを前提にして答えなさい。

3. Ｘは、本件文書を公開してもらうために、誰に対して、いかなる訴訟（行政事件訴訟法に定められたものに限る。）を提起すべきか。

4. Ｘは、上記3の訴訟の中で、本案上の主張として、どのような主張をすべきか。

【資料】A 市行政情報公開条例（昭和60年6月20日条例第28号）（抜粋）

第1条　この条例は、……市民の知る権利を具体的に保障するとともに、公正で民主的な市政の発展に寄与することを目的とする。

第2条　この条例において「実施機関」とは、市長、……教育委員会、選挙管理委員会、公平委員会、監査委員、農業委員会……をいう。

2　略

第3条　略

2　実施機関は、行政情報の公開を請求する権利が十分尊重されるよう、公開を原則としてこの条例を解釈し、運用するものとする。……。

第5条　何人も、この条例の定めるところにより、実施機関に対し当該実施機関の保有する行政情報の公開を請求することができる。

第7条　略

2　実施機関は、行政情報の全部を公開しないとき……は、公開をしない旨の決定をし、公開請求者に対しその旨を直ちに書面により通知しなければならない。

3〜7略

第9条　実施機関は、公開請求があったときは、公開請求に係る行政情報に次の各号に掲げる情報（以下「非公開情報」という。）のいずれかが記録されている場合を除き、公開請求者に対し当該行政情報を公開しなければならない。

　一　略

　二　個人に関する情報……であって、当該情報に含まれる氏名、生年月日その他の記述等により特定の個人を識別することができるもの（他の情報と照合することにより、特定の個人を識別することができることとなるものを含む。）……。

　三〜八　略

1. 情報公開法と情報公開条例の関係（設問1）

　本件では情報公開法制度が問題となっているが、情報公開法制度を定めている法律は1つだけではない。また、各地方公共団体の条例も情報公開法制度について定めている。このように情報公開に関する法は複数存在するが、それらの中で行政法の学修上、特に重要なのは国の「行政機関の保有する情報の公開に関する法律」（以下「情報公開法」という）と各普通地方公共団体の情報公開条例である（情報公開条例の名称は必ずしも一様ではない）。

　それでは、どのような場合に国の情報公開法が適用され、どのような場合に普通地方公共団体の情報公開条例が適用されるのか。適用法規を見誤ると、せっかくの本案上の主張も徒労に帰すことになるので、この問題を明らかにしておく意味がある。この点、国の情報公開法は開示請求の対象となる文書を「行政機関」が保有する行政文書としており（行情法3条）、そこでいう「行政機関」は国の行政機関を意味するから（行情法2条1項）、結局、国の情報公開法は国の行政機関が保有する情報の開示を求める場合に適用されるといえる。これに対し、普通地方公共団体の情報公開条例は、通常、当該普通地方公共団体の機関が保有する情報の開示を求める場合に適用される。A市行政情報公開条例の場合、公開請求の対象となるのは「実施機関」が保有する行政情報であり（条例5条）、同条例でいう「実施機関」はA市の機関を意味するから（条例2条1項）、A市行政情報公開条例はA市の機関が保有する情報の公開を求める場合に適用されるといえる。

○情報公開法と情報公開条例の役割分担

開示請求の対象となる文書	適用法規
国の行政機関が保有している文書　　──→	情報公開法
普通地方公共団体の機関が保有している文書──→	情報公開条例

　以上のことを前提にすると、本件で問題となっている文書はA市の教育委員会が保有している文書であるから、国の情報公開法ではなく、A市行政情報公開条例が適用されることになる。

そうすると、Xによる本件文書の公開請求は条例5条に基づくものといえるし、教育委員会が本件文書を非公開としたのは、本件文書が条例9条2号の非公開情報に該当すると判断されたからであるといえる。

2. 情報公開法制度と行政法上の基本論点

本件のような情報公開法制度が問題となる事案を検討する前に、行政法の学修上、あらかじめおさえておきたい諸事項について、ここで確認しておく。

(1) 開示・不開示決定の法的性格

情報公開法に基づく開示・不開示の決定にせよ、情報公開条例に基づく開示・不開示の決定にせよ、それらの決定が**抗告訴訟の対象となる処分**であることについて異論はない。また、開示・不開示の決定が「**申請に対する処分**」であるということについても、異論はない。そのため、裁判実務において、これらの論証がいちいち求められることもない。

(2) 行政手続法または行政手続条例による規律

上述のように、開示・不開示の決定は「申請に対する処分」に該当するため、情報公開法制度が問題となる事案では、通常、**行政手続法または行政手続条例**による規律が及ぶ。国の情報公開法に基づく開示・不開示の決定が問題となる事案であれば、行政手続法が適用され、地方公共団体の情報公開条例に基づく開示・不開示の決定が問題となる事案であれば、行政手続条例が適用される（行手法3条3項参照）。その結果、情報公開をめぐる事案においては、行政手続法または行政手続条例の「申請に対する処分」の手続規律、具体的には審査基準の設定公表（行手法5条参照）や理由の提示（行手法8条参照）に関する規律等が及ぶことになる。したがって、本案上の主張を検討する際には、一般に、行政手続法または行政手続条例の観点から手続違法の有無について検討することが考えられてよい（ただし、本件の場合は、手続違法といえる事情が問題文からは読み取れないので、本案上の主張として手続違法を検討する必要はない）。

254　**Ⅲ本案上の主張｜14 情報公開**

⑶　裁量の有無

　行政文書の不開示決定等を争う場合、当該決定に裁量が認められるのであれば、原告は本案上の主張の中で裁量権の逸脱濫用があることを指摘しなければならない（行訴法30条参照）。そのため、開示・不開示の判断に裁量が認められるのか否か、明らかにしておく必要がある。

　この点、国の情報公開法に基づく場合にせよ、地方公共団体の情報公開条例に基づく場合にせよ、一般に**効果裁量**はないと考えられている。なぜなら、情報公開法制度は不開示事由に該当しない限り、行政文書を公開するということを原則としているからである（行情法5条参照。地方公共団体の情報公開条例も基本的に同様のつくりである）。そのため、当該事案が法律あるいは条例に定められた不開示事由に該当しないということが明らかであれば、行政庁は開示決定をしなければならず、法定されていない事由を持ち出して不開示決定をすることは許されない。

　また、**要件裁量**についても、多くの場合、認められない。確かに法定された不開示事由の条文には不確定概念が用いられ、一義的明白とはいえない要件が存在する。しかし、法定の不開示事由に該当する・しないの判断は専門技術的な判断や、政治的・政策的判断を伴うものではなく、裁判官が経験則や社会通念に従って判断することができる。そのため不開示事由に該当する・しないの判断は裁量問題ではなく、法の解釈・適用の問題である。

　ただし、要件裁量については、これが認められる場合もある。たとえば、国の情報公開法5条3号および4号は、不開示情報として、国の安全や公共の安全に害悪を与える「おそれがあると行政機関の長が認めることにつき相当の理由がある情報」と定めているが、このような情報に該当するか否かの判断には将来予測に関する専門技術的な判断や政治的・外交的判断が伴うこと、また要件裁量が認められないと解されている同条5号および6号では不開示情報として単に「（〜する）おそれがあるもの」と定められ、上記の3号および4号の定め方とは異なる定め方がされていることから、要件裁量が認められると解される。

⑷　**行政不服申立て**

　行政文書の不開示決定に不満がある場合、不服申立てを行うことは可能

である。そのため、争訟手段の選択を検討する場合には、不服申立ても視野に入れる必要がある。

　実際に不服申立てを行うと、当該不服申立ての審査の過程で審査会（国の情報公開法では「情報公開・個人情報保護審査会」、地方公共団体の情報公開条例では「情報公開審査会」など）が関わることになるが、これらの組織はあくまで諮問機関（行政庁が意思決定を行うに当たって意見を求める機関）にすぎないから、審査会が不服申立て先になることはない。不服申立て先となる行政機関は行政庁（裁決の権限を有する行政機関）である必要があり、裁決の権限を有しない諮問機関が不服申立て先になることはない。

　なお、情報公開法制度は、いわゆる不服申立て前置主義を採用していない。そのため、不服申立てをしてからでないと、取消訴訟を提起できないというわけではない（行訴法8条1項）。不服申立てを経ることなく、いきなり取消訴訟を提起することも可能であるから、不開示決定の取消訴訟を提起する際に、本案前の問題として、不服申立て前置の問題が生じることはない。

3. 適切な行政不服申立て（設問2）

(1) 不服申立ての種類

　不服申立てには、審査請求のほかに、再調査の請求および再審査請求があるが、後二者は法律が特別に定める場合に限って認められる例外的な不服申立てである（行審法5条1項、6条1項）。本問では、そのような特別な法律の定めは存在しないことが問題文から明らかであるため、再調査の請求および再審査の請求をすることはできない。これに対し、審査請求の場合は法律の特別の定めがなくても、処分に不服があれば、適用除外規定（行審法7条等）に該当しない限り、することができる。本件の場合、問題となっている決定が処分であることは疑いがないし、適用除外に該当する事情も特段認められないから、審査請求をするのが適切であるといえる。

　なお、不開示決定を争う審査請求において理由があることが認められれば、不開示決定は取り消されることになるが、この場合、さらに一定の処分をすべきものと認められれば、紛争の一回的解決の要請から開示決定が行われることもありうる（行審法46条2項）。そのため、審査請求は、本

256　**Ⅲ本案上の主張**｜**14 情報公開**

件文書を開示してもらいたいと考えている X の要望に直接、資する紛争
解決手段といえよう。

(2) 審査請求先

　本件において審査請求を行う場合、誰に対して審査請求を行うべきか。
この点、行政不服審査法4条に即して審査請求先を明らかにしようとする
と、処分庁が誰かということのほか、処分庁に上級行政庁があるかという
ことについても検討する必要がある。

　まず、本件で処分庁として捉えることができるのは誰かという問題であ
るが、開示・不開示の決定権限を有するのは条例上、請求対象文書を保有
する実施機関とされており（条例5条、9条）、本件の場合、これに該当す
るのは教育委員会である（条例2条）。したがって、本件における処分庁
は教育委員会である。教育委員会は、市長のような独任制の機関ではなく、
合議制の機関である点に特徴があるが、このような合議制の機関であって
も処分庁として捉えることは可能である。

　次に、本件では処分庁（教育委員会）に上級行政庁があるのかという問
題であるが、これについては、都道府県の教育委員会が市町村の教育委員
会の上級行政庁であるようにもみえる。しかし、都道府県と市町村は相互
に独立しており、それぞれ独自の法人格を有している（地自法1条の3、2
条）。したがって、都道府県と市町村の関係が上下の関係にあるわけでは
ないし、都道府県の機関と市町村の機関が上級機関と下級機関の関係にあ
るわけでもない。これらのことからすると、都道府県の教育委員会が市町
村の教育委員会の上級行政庁であるとはいえない。また、以上とは別に、
市町村の長が市町村の教育委員会の上級行政庁であるようにもみえる。し
かし、地方自治法は権限の集中を避けるため、普通地方公共団体の事務を
複数の執行機関（これには、長のほか、選挙管理委員会や人事委員会など各種
の委員会および委員が含まれる）によって執行する、いわゆる**執行機関の多
元主義**を採用しており、各執行機関は「自らの判断と責任において」事務
を執行することになっている（地自法138条の2の2）。また、地方自治法
上、各執行機関は「長の所轄の下に」位置づけられているが（地自法138
条の3第1項および第2項）、「所轄」という言葉は形式的にはある機関の
下に別の機関を置くことを意味するものの、相当程度、当該機関の職権行

257

使の独立性を認める場合に用いられる言葉である。したがって、「長の所轄の下に」という表現がされているからといって、長と長以外の執行機関が上級行政機関と下級行政機関の関係にあるとはいえない。これらのことからすれば、教育委員会は、地方自治法上、執行機関として位置づけられているので（地自法180条の5第1項1号）、長が教育委員会の上級行政庁になることもないし、他の機関が教育委員会の上級行政庁になることもない。

このように、本件では教育委員会が処分庁であり、その教育委員会に上級行政庁は存在しないから、審査請求先は処分を行った行政庁自身（処分庁）、すなわち教育委員会となる（行審法4条1号）。

(3) 小括

以上から、Xが本件文書の公開を求めて不服申立てを行うとしたら、教育委員会に対して審査請求をするのが適切である。

4. 適切な行政事件訴訟（設問3）

(1) 訴訟形式

Xが訴訟を通じて本件文書の開示をしてもらうためには、義務付け訴訟を提起するのが適切である。仮にXが義務付け訴訟で勝訴すれば、教育委員会は裁判所から開示決定を命じられ、開示決定をしなければならなくなるからである。

義務付け訴訟には**直接型義務付け訴訟**（行訴法3条6項1号）と**申請満足型義務付け訴訟**（行訴法3条6項2号）があるが、両者は、問題となる処分が申請を前提にして行われることになっているか否かを基準にして、使いわける。上述したとおり、行政文書の開示決定は申請に対する処分であることに異論はないので、本件の場合は、申請満足型義務付け訴訟を提起するのが適切である。

もっとも、申請満足型義務付け訴訟の場合、**不作為の違法確認訴訟、取消訴訟、無効等確認訴訟**のうち、いずれかを必ず併合提起しなければならない（行訴法37条の3第3項）。そこで、いずれかの抗告訴訟を選択しなければならないのであるが、本件は、申請に対する不作為が問題となっている事案ではないので、不作為の違法確認訴訟を併合提起するのは適切で

はない。そうすると、併合提起する訴訟として取消訴訟と無効等確認訴訟の2つが可能性として残るが、本件は、問題文から出訴期間内であることを読み取ることができるので（問題文では、直ちに何らかの法的手段をとることが前提にされている）、取消訴訟を併合提起するのが適切である（行訴法37条の3第3項2号）。

(2) 被告適格

設問3では、さらに誰を被告にすべきかということも問われている。この被告適格の問題については、行政事件訴訟法11条が定めている。これによると、取消訴訟の場合、処分をした行政庁が国または公共団体に所属していれば、国または公共団体（つまり行政主体）が被告適格を有する（行訴法11条1項）。行政事件訴訟法11条の規定は、取消訴訟以外の抗告訴訟にも準用されることになっているので（行訴法38条1項）、被告適格については、申請満足型義務付け訴訟の場合も、取消訴訟の場合と同様に考えることができる。

本件の場合、処分をした行政庁は教育委員会であって、教育委員会はA市に所属している。したがって、申請満足型義務付け訴訟においても、また取消訴訟においても、A市が被告適格を有する。

(3) 小括

以上から、Xが本件文書を公開してもらうことを目的にして、行政事件訴訟を提起するとしたら、A市を被告にして、申請満足型義務付け訴訟を提起するとともに、取消訴訟を併合提起するのが適切である。

5. 本案上の主張（設問4）

上述したように、本件では申請満足型義務付け訴訟が最も適切であるが、行政事件訴訟法37条の3第5項は、併合提起する抗告訴訟の請求に理由があることを申請満足型義務付け訴訟の本案勝訴要件の1つとしている。そのため、申請満足型義務付け訴訟に併合提起する抗告訴訟で勝てなければ（＝請求に理由があると認められなければ）、申請満足型義務付け訴訟でも勝てない（＝本案勝訴要件が充足されない）。そこで、まずは本件で併合提

259

起することになる取消訴訟の本案上の主張について検討することにする。

(1) 取消訴訟における本案上の主張

　取消訴訟における本案勝訴要件は処分が違法であることである。本件の場合、本件文書が条例 9 条 2 号の非公開情報に該当しないにもかかわらず、非公開情報に該当するとして不開示決定が行われたといえれば、本件決定の違法性を指摘したこととなり、取消訴訟の本案上の主張としては、十分である。それでは、本件文書が条例 9 条 2 号の非公開情報に該当しないということは、どのように指摘すればよいか。

　Ｘとしては、本件文書が学校別のいじめ件数を記載しているに過ぎず、そもそも同号の「個人に関する情報」を含んでいないので、同号の非公開情報には該当しないと主張することが考えられる。しかし、本件と類似の事案を扱った高知地裁平成 27 年 1 月 30 日判決（判例集不登載）は「「いじめの認知件数」には、各学年、男女別に、いじめを受けたと感じ、学校側もそのように認識している被害児童等の数が含まれていることは明らかである。そして、このような、被害児童等ないし学校側が、児童等がいじめを受けたとの認識を有しているとの事実ないし評価を記載した情報は、本件条例 9 条 2 号所定の「個人に関する情報」である」としている。

　仮にこのようにして本件情報が「個人に関する情報」に該当するとなると、Ｘとしては、本件情報が条例 9 条 2 号でいう**個人識別情報**に該当しないということを指摘しなければならない。この点、被告・行政側は、本件文書に記載された情報と、関係者が特別な調査を行って得られる情報を照合することで、特定の個人を識別できるようになってしまうため、本件文書に記載された情報が個人識別情報に該当すると指摘している。これに対して、Ｘは、次のように反論することが考えられよう。すなわち、本件文書に記載された情報と、特別な調査を行うことによって得られる情報を照合することまで含めて個人識別情報の該当性を判断してしまうと、およそほとんどの情報が個人識別情報に該当してしまい、不当に個人識別情報の範囲を拡張してしまうこととなる。このような事態は市民の**知る権利**を保障するとともに、行政情報公開請求権を尊重するよう定めたＡ市行政情報公開条例の趣旨を損なうことになるから（条例 1 条、5 条）、妥当ではない（上記高知地判同旨）。

このようにして①被告側が主張する理由では本件文書が個人識別情報に該当することはないと指摘し、さらに②本件では、その他に「本件文書が個人識別情報に該当することを正当化する理由は存在せず」、他の理由によって本件決定を適法とみる余地がないことも指摘すれば、本件決定の違法を適切に指摘できたことになろう。

　なお、本件決定に要件裁量も、効果裁量も認められない。というのも、条例9条2号の要件に該当する・しないの判断は専門技術的な判断や、政治的・外交的判断を伴うものではなく、裁判官が経験則や社会通念に従って行うことができると解されるからである。しかも、A市情報公開条例は、非公開情報に該当しない限り、原則として行政情報は公開されるべきであるという仕組みを採用し（条例5条）、さらに知る権利を定め（条例1条）、情報公開請求権を尊重した解釈運用を求めている（条例3条2項）。これらの規定ぶりからしても、裁量を認めるのは適切ではないであろう。このように本件決定に裁量が認められない以上、本案上の主張として、裁量があることを前提にした主張は適切ではない。

(2)　申請満足型義務付け訴訟における本案上の主張

　申請満足型義務付け訴訟の本案勝訴要件は、①併合提起する抗告訴訟に係る請求に理由があると認められること、②㋑行政庁が処分をすべきであることがその処分の根拠となる法令の規定から明らかであること又は㋑行政庁がその処分をしないことが裁量権の逸脱濫用となることである（行訴法37条の3第5項）。このうち①の本案勝訴要件については、本件の場合、上述の取消訴訟における本案上の主張に鑑みれば、クリアーすることが可能である。他方、②の本案勝訴要件については、上述したように本件が裁量処分の事案ではないから、㋑の要件ではなく、㋐の要件が問題となる。Xとしては、このことを前提にして、第1に本件文書が条例9条2号の非公開情報に該当しないこと（この点は上述の取消訴訟の本案上の主張が参考になる）、第2に他の法定された非公開情報に該当する事情がないこと（この点は問題文から明らかである）、第3に本件では効果裁量が認められないこと（この理由については上述したところを参照）を指摘すべきである。これらを余すところなく指摘することで、本件は教育委員会が公開決定をすべきであることが明らかである事案であったといえ、㋐の要件をクリア

261

ーすることが可能となる。

　なお、「本件は教育委員会が公開決定をすべきであったのに公開決定を
しなかった事案である」ということが指摘できれば、申請満足型義務付け
訴訟の本案勝訴要件と取消訴訟の本案勝訴要件の両方について、十分な指
摘をしたことになる。本件の場合、そのような指摘は可能であるから（上
述の申請満足型義務付け訴訟における本案上の主張を参照）、最初から、その
ことを目標にして本案上の主張を構成する場合には、上述のように取消訴
訟と申請満足型義務付け訴訟を区別して本案上の主張を検討する必要はな
い。

教育の現場で　　**（狭義の）行政組織法を学ぶ意義**

　大学または大学院の授業を通じて（狭義の）行政組織法を学ぶ機会は少な
いであろう。そのためか、学生に（狭義の）行政組織法に関する知識を聞い
ても、適切な答えが返ってくることは少ない。確かに、行政作用法や行政救
済法に比べれば、（狭義の）行政組織法が問題とされることは、実務上、多
くないであろう。しかし、誰を被告にするか、あるいは誰を相手に不服を申
し立てるかということを検討する際には、（狭義の）行政組織について定め
た法律を分析することが決定的に重要である。このように行政救済法との関
連を想起すると、実務法曹を志す者にとっても、（狭義の）行政組織法を学
ぶ意義は小さくない。

第 IV 部

国家補償

国家補償について学ぶ前に

　国家補償は、損害賠償と損失補償からなる。国民あるいは住民が損害賠償を請求する場合であれ、損失補償を請求する場合であれ、最終的には訴訟提起によって問題の解決が図られることになるから、国家賠償請求訴訟の場合も、損失補償請求訴訟の場合も、(1)訴訟形式、(2)本案前の主張および(3)本案上の主張は問題となりうる。

(1) 訴訟形式

　国家賠償法に基づく損害賠償請求訴訟では、国民または住民の損害賠償請求権とそれに対応する国または公共団体の損害賠償義務が問題にされるので、「公法上の法律関係」が争われているようにみえる。そうすると、当該訴訟は公法上の当事者訴訟（行訴法4条）の形式をとるようにも思えるが、実務上は、民事訴訟として扱われている。

　これに対し、損失補償請求訴訟は当事者訴訟として扱われている。より詳細には、それが形式的当事者訴訟（行訴法4条前段）であることもあれば、実質的当事者訴訟（行訴法4条後段）であることもある。

(2) 本案前の主張

　国家賠償請求訴訟にせよ、損失補償請求訴訟にせよ、訴訟要件は存在する。したがって、原告代理人となって、それらの訴訟を提起する場合には、各訴訟要件に注意しなければならない。ただし、行政法の学修上、それらの訴訟要件が問題として取り上げられることはほとんどない。これは、国家賠償請求訴訟であれば、民事訴訟法で学ぶ訴訟要件がそのまま国家賠償請求訴訟における訴訟要件として妥当することや、損失補償請求訴訟であれば、当事者訴訟の訴訟要件として独自のものがほとんどなく、民事訴訟の例にしたがうことになるため（行訴法7条）、結局のところ、民事訴訟法の訴訟要件に関する理解で事足りるためである。

(3) 本案上の主張

　国家賠償請求にせよ、損失補償請求にせよ、当該請求を裁判所に認めてもらうために、原告は、当該請求権が成立するための要件が充足され

ているということを、本案上の主張として主張していかなければならない。

　国家賠償請求の場合、その要件は基本的に国家賠償法1条1項および同法2条1項に定められている。したがって、行政法の学修上は、当該条項の各要件およびその解釈について理解を得ることが重要になる。

　これに対し、損失補償請求の場合、一般法は存在せず、その要件は個別法で定められている。したがって、損失補償請求をする場合には、まずもって個別法に定められた要件に注目しなければならない。もっとも、直接請求の根拠となる憲法29条3項が存在するため、「特別の犠牲」の有無という見地から損失補償の要否を検討することが求められることもある。したがって損失補償請求については、個別法における要件とともに、「特別の犠牲」という要件についても学ぶ必要がある。

　なお、行政作用によって生じた結果の補塡を求めようとすれば、いかなる国家補償の手段を用いるべきか、検討することになるが、その際に最初から「適切な手段は1つしかない」と決めつけるのは適切ではない。たとえば、市営プールで溺死事故が起きた場合、遺族は監視員（公務員）の監督が不十分であったことに着目して国家賠償法1条1項に基づいて損害賠償請求をすることも考えられれば、プール（公の営造物）の構造に着目して国家賠償法2条1項に基づいて損害賠償請求をすることも考えられる。また、違法無過失の事例の場合は、国家賠償法1条1項に基づく請求と損失補償請求の双方が検討の対象にされてよい（いわゆる「国家補償の谷間」の問題）。したがって、ひと通り個別の国家補償の手段について学んだ後は、それら相互の関係にも目配りすると、より高度で実践的な力を身につけることができよう。

| 第1問 | 国家賠償法1条 |

　Xは、外国から日本に帰国した際、空港の検査場において、検査官に写真集（以下「本件写真集」という。）を提示した。本件写真集は写真芸術の第一人者として高く評価されているA氏の手によるものであり、全体で384頁からなる。本件写真集には花や、静物等の写真が幅広く収録されていたが、男性性器を直接的、具体的に写し、これを画面の中央に目立つように配置した写真（以下「本件各写真」という。）も合計で19頁分収録されていた。本件各写真は、描写の手法、画面の構成などからして、いずれも性器そのものを強調し、その描写に重きを置くものとみざるを得ない写真であった。また、Xが帰国する半年ほど前には、本件各写真の一部と同一の写真を掲載したA氏の写真集が関税法第69条の11第1項第7号の「風俗を害すべき書籍、図画」に該当するとの最高裁判決が出されていた。そこで、税関長は、本件写真集が関税法第69条の11第1項第7号の「風俗を害すべき書籍、図画」に該当すると認めるのに相当の理由があると判断し、同条第3項に基づき、通知を行った（以下「本件通知」という。）。これに不満をもったXは、本件通知の取消訴訟を提起したところ、裁判所は、本件写真集が高い芸術性を有し、関税法第69条の11第1項第7号の「風俗を害すべき書籍、図画」に該当しないので、本件通知が違法であって、取り消されるべきである旨、判示した。その後、この司法判断は確定したため、Xは、国家賠償法第1条第1項に基づき、国に対して損害賠償請求訴訟（以下「本件訴訟」という。）を提起することにした。本件訴訟中で問題となる違法性に関する以下の設問に答えなさい。

【設問】

1．Xは、いわゆる公権力発動要件欠如説にたった上で、本件通知

266　**Ⅳ国家補償** ｜ **1 国家賠償法1条**

の違法性を指摘するとすれば、いかなる主張をすべきか。なお、解答に際しては、公権力発動要件欠如説の妥当性について説明する必要はないし、また憲法の見地から検討する必要はない。

2．国は、いわゆる職務行為基準説にたった上で、本件通知が違法ではない旨、指摘するとすれば、いかなる主張をすべきか。なお、解答に際しては、職務行為基準説の妥当性について説明する必要はないし、また憲法の見地から検討する必要はない。

3．Xは、国が依拠する職務行為基準説に問題があることを指摘して、上記1の自らの主張が正当であることを指摘したいと考えている。Xは、一般論として職務行為基準説が適切ではないということを指摘するために、いかなる主張をすべきか。職務行為基準説の問題点を指摘しなさい。

【資料】関税法（昭和29年4月2日法律第61号）（抜粋）

第67条　貨物を輸出し、又は輸入しようとする者は、……当該貨物の品名並びに数量及び価格……その他必要な事項を税関長に申告し、貨物につき必要な検査を経て、その許可を受けなければならない。

第69条の11　次に掲げる貨物は、輸入してはならない。

　　　一～六　略

　　　七　公安又は風俗を害すべき書籍、図画、彫刻物その他の物品
　　　　　……

　　　八～十　略

2　略

3　税関長は、この章に定めるところに従い輸入されようとする貨物のうちに第1項第7号又は第8号に掲げる貨物に該当すると認めるのに相当の理由がある貨物があるときは、当該貨物を輸入しようとする者に対し、その旨を通知しなければならない。

第109条　略

2　第69条の11第1項第7号から第10号までに掲げる貨物を輸入した者は、10年以下の懲役若しくは1000万円以下の罰金に処し、又はこれを併科する。

3～5　略

1. Xが国家賠償法1条1項に基づく請求を選択した理由

　本件においてXは国家賠償法1条1項に基づいて損害賠償請求をしようとしている。このようにXが国家賠償法1条1項の手段を選択したのは、本件通知が同条項でいう「**公権力の行使**」に該当し（通説・判例によれば、同条項でいう「公権力の行使」とは、国または公共団体が行う作用のうち、私経済作用と国家賠償法2条の公営造物の設置管理作用を除くすべての作用のことをさす〔いわゆる広義説〕）、かつ、本件通知が違法であると考えたからであろう。というのも、Xが本件通知を国家賠償法1条1項でいう「公権力の行使」に該当しないと考えていれば、Xは民法715条に基づいて国の損害賠償責任を追及するであろうし、また、Xが本件通知を違法と考えないで、適法と考えているのであれば、損失補償の請求をすると考えられるからである。

2. 国家賠償法1条1項の違法の意味

　Xは国家賠償法1条1項に基づいて損害賠償請求をしようとしているので、まずは国家賠償法1条1項の法律要件を確認しておきたい。同条項によれば、「国又は公共団体の公権力の行使に当る公務員が、その職務を行うについて、故意又は過失によって違法に他人に損害を加えたとき」に、国または公共団体が賠償責任を負う。

　本問では、このうち違法性の要件だけが問題にされているから、解答をする限りにおいては、基本的に他の法律要件に配慮する必要はない。実務上も、最も問題になることが多いのは違法性の要件であろう。

　そこで、国家賠償法1条1項でいう違法とは何か、ということを明らかにしておきたい（当該違法を**国賠違法**と呼ぶ）。とりわけ、本件のように、問題となる行為が取消訴訟において違法であると判断されている場合には（当該違法を**取消違法**と呼ぶ）、取消違法との関係をめぐって、国賠違法の意味が問題になる。以下、国賠違法に関する代表的な見方について、簡単に解説しておく。

(1)　行為不法説と結果不法説

　国家賠償法1条1項の違法の意味をめぐっては、基本的に**行為不法説**と**結果不法説**の対立がある。

　まず行為不法説は、公務員の行為に着目し、当該行為が法に違反して行われたか否かという観点から、違法性の有無を判断する。これに対し、結果不法説は、公務員の行為に着目するのではなく、行為が行われたことによって生じた結果に着目し、その結果が法の許容する結果であるか否かという観点から、違法性の有無を判断する。

　このうち行為不法説が基本であるとの理解が一般的に定着している。というのも、行政活動は**法律による行政の原理**の下で、法規範にしたがって行われなければならないから、実際の行政活動（行為）が法規範にしたがって行われたか否かのチェックは、最も重要な視点になると考えられるからである。

(2)　職務行為基準説と公権力発動要件欠如説

　もっとも、行為不法説が基本であるとしても、そこにはさらに2つの異なる見方がある。**公権力発動要件欠如説**と**職務行為基準説**である。

　このうち公権力発動要件欠如説は、「公権力の行使」を行うための法律要件（＝公権力を発動するための法律要件）が実際には充足されていなかったにもかかわらず、公権力の行使が行われた場合に、国賠違法が認められるとする。この立場にたった場合、違法性の有無は、①まず当該事案における原因行為を特定し、②次に当該行為の法律要件を特定し、③さらに、実際にそれらの法律要件が充足されて公権力の行使が行われたか否かをチェックするという手順で判定される（ただし、学校事故における教員の監督行為のように、国家賠償法1条1項の「公権力の行使」に該当する行為の法律要件が明文で存在しない場合があり、そのような場合は、上記②の段階で法律要件を特定できないから、この手順は妥当しない）。

　これに対し、職務行為基準説は、単に公権力発動要件が充足されていなかったというだけでは国賠違法を認めず、さらに**職務上通常尽くすべき注意義務**が尽くされていなかった場合に、国賠違法が認められるとする。したがって、職務行為基準説の場合、違法性の有無を判定する手順として、上述の公権力発動要件欠如説の手順に加えて、さらに④職務上通常尽くす

べき注意義務を尽くしていたか否かチェックするという作業が付け加わる。注意を要するのは、——既にこれまでの記述から明らかであるが——職務行為基準説に依拠して違法性の有無を判断する場合、検討すべき事項は職務上の注意義務が尽くされていたか否かという1点にのみあるわけではないという点である。すなわち、職務行為基準説に依拠して違法性を認定する場合であっても、「公権力の行使」を行うための法律要件が充足されていなかったということが前提となる。したがって、「公権力の行使」を行うための法律要件が充足されて実際の行政活動が行われていたということであれば、職務上通常尽くすべき注意義務が尽くされていたか否かを検討するまでもなく、国賠違法は認められないことになる。

○行為不法説（公権力発動要件欠如説および職務行為基準説）における違法性の判断の手順

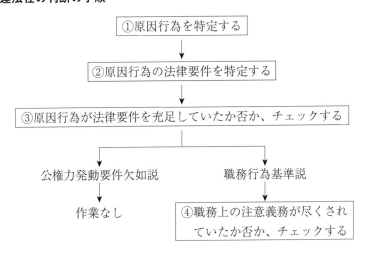

以上のように、職務行為基準説のほうが、違法の判断に至るまでの手順に特別な作業（上記④の作業）が付け加わるので、その分——公権力発動要件欠如説と比較した場合——ハードルが高くなり、国賠違法が導き出されにくい。その意味で、職務行為基準説の判断枠組みは、違法と判断されにくい判断枠組みであるといえよう。そうすると、一般論としては、原告（国民・住民）は公権力発動要件欠如説に依拠して違法性に関する本案上の

主張を展開したほうが有利であるといえるし、被告（行政主体）は職務行為基準説に依拠して違法性に関する本案上の主張を展開したほうが有利であるといえよう。

(3) 取消違法との関係

　取消訴訟において処分が違法であると判断された場合、そのことは当該処分の法律要件が充足されていないにもかかわらず、当該処分が行われたということを意味する。そこには、当該処分によって生じた結果が不法であるとか、あるいは当該処分に際して職務上の注意義務が尽くされていなかったといった要素は含まれていない。このことから、一方で取消違法は公権力発動要件欠如説における国賠違法と同じであるといえるし（**違法性同一説**）、他方で取消違法は結果不法説や職務行為基準説における国賠違法とは異なるといえる（**違法性相対説**）。

○国賠違法の各学説の相互関係

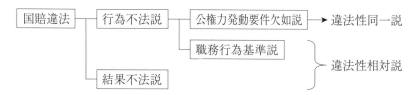

3. 公権力発動要件欠如説の場合（設問1）

　設問1では、公権力発動要件欠如説の立場にたって本件通知が違法である旨の主張を展開することが求められている。そこで、上述した手順にしたがって、違法主張の構成を考えてみる。

　まず原因行為が本件通知であるということは明らかであろう（上記①の作業）。次に、本件通知が発せられるための法律要件は、関税法69条の11第3項で定められているということも、明らかであろう（上記②の作業）。同条項にしたがえば、「第1項第7号……に掲げる貨物に該当すると認めるのに相当の理由がある貨物があるとき」に通知が行われるところ、既に、本件通知の取消訴訟では、本件写真集が関税法69条の11第1項第

7号の「風俗を害すべき書籍、図書」に該当しないことが判示されている。そうすると、税関長は本件写真集が「風俗を害すべき書籍、図書」に該当すると認めるのに相当の理由がないにもかかわらず、本件通知を行ったと指摘できる（上記③の作業）。このように、本件通知は関税法69条の11第3項の法律要件が充足されていなかったにもかかわらず行われた行為であり、この点で違法であると主張できよう。

4. 職務行為基準説の場合（設問2）

　国家賠償請求訴訟における被告（国または公共団体）は、通常、まずは問題となる「公権力の行使」が法律要件に違反して行われたわけではない旨の主張を試みるであろう。しかし、本件の場合は、既に本件通知の取消訴訟の結果、そのような観点から本件通知が違法ではない旨の主張を展開することができない。そこで、被告は職務行為基準説の立場にたって、職務上の注意義務違反がなかったということを指摘して、本件通知は違法ではなかったと主張することが考えられる。

　それでは、本件において国は職務上の注意義務違反がなかったということを、どのように指摘すればよいか。この点、本件と類似の事案を扱った最高裁平成20年2月19日判決（民集62巻2号445頁〔メイプルソープ事件〕）を参考にすると、以下の指摘が考えられる。すなわち、本件各写真は、いずれも男性性器を直接的、具体的に写し、これを画面の中央に目立つように配置していることから、いずれも性器そのものを強調し、その描写に重きを置く写真であるといえること、また、本件各写真の一部と同一の写真が掲載された写真集が本件通知のおよそ半年前に関税法第69条の11第7号の「風俗を害すべき書籍、図画」に該当するとの最高裁判決が出されていることから、税関長が本件写真集を「風俗を害すべき書籍、図画」に該当するとの判断を行うこともやむを得なかったと指摘できる。そうすると、本件通知は職務上通常尽くすべき注意義務を怠って行われたわけではないといえるから、国家賠償法1条1項の適用上、違法の評価を受けるものではないと指摘できる（上記④の作業）。

5. 職務行為基準説の問題点 (設問3)

　判例上、現在の職務行為基準説の原型となる考え方に依拠した判断枠組みは、当初、特定の領域（立法作用および司法作用の違法性が問題となる領域）に限定してみられた。しかし、その後、職務行為基準説が確立し、いわゆる奈良民商事件の最高裁判決（最判平成5年3月11日民集47巻4号2863頁）以降、行政作用の違法性が問題となる領域でも職務行為基準説が用いられるようになった。裁判実務上、その傾向は強まりつつあり、同説の拡張傾向を看取することができる。

　もっとも、学説は職務行為基準説に対して批判的である。そこで、以下、学説の説くところにしたがい、職務行為基準説の問題点を指摘しておく。

　第1に、職務行為基準説は国家賠償請求訴訟の法秩序維持機能を脆弱化する。すなわち、国家賠償請求訴訟において「公権力の行使」の法律要件が充足されていたか否かという観点から違法性の有無が検討されるのであれば、当該訴訟を通じて**法律による行政の原理**の遵守がチェックされることとなり、仮に、そこで違法の判断が示されれば、当該判断を契機に行政活動が見直されることになろう。ところが、国家賠償請求訴訟における違法判断に際して職務上の注意義務違反という要素が加わってくると、たとえ法律要件が充足されないまま「公権力の行使」が行われたとしても、職務上の注意義務違反がなかったという理由で、当該行為が適法であるとの判断が示される可能性がある。これでは、法律要件が充足されることなく行われた「公権力の行使」が国家賠償請求訴訟を通じて是正されることを期待できなくなってしまう。このように、職務行為基準説の場合は、法律要件を充足することなく行われた、その意味で法律による行政の原理に反した行政活動が放置される可能性を生み出すことになり、このことは、国家賠償請求訴訟に期待されている法秩序維持機能を阻害することにつながるので、適切ではない。

　第2に、職務行為基準説は国家賠償法1条1項の構成に適合しない。すなわち、職務上の注意義務は過失の有無を判断する場合の要素であると考えられるので、職務行為基準説は過失の要素を違法性の要素に取り込んだ考え方ということになるが、国家賠償法1条1項は違法の要件とは別に故意・過失の要件を設けているから、職務行為基準説はこの国家賠償法1条

273

1項の構成に適合せず、適切ではない。

　なお、国家賠償請求訴訟において、被告の側が職務行為基準説にしたがって違法性がない旨を主張するときに、原告の側が、被告の主張の前提となっている職務行為基準説それ自体を攻撃するということは考えうる。このような観点からすれば、以上の職務行為基準説の問題点を把握しておくことは、本案上の主張を検討する上で一定程度有用であるといえよう。

教育の現場で	職務行為基準説に依拠して起案する際の2つの疑問

　近年、最高裁が職務行為基準説に依拠して判断する事案が増えているためか、「国家賠償法1条1項の違法性が問題となる事案に遭遇したら、職務行為基準説で起案する」ということを最初から決めている学生が多いように見受けられる。このような判例至上主義ともいうべき態度の当否はさておき、そのような学生の多くが職務行為基準説に依拠して起案をする際に感じる疑問として、次の2つがあるようである。

(1)　職務行為基準説の論証

　第1は「職務行為基準説が妥当であるということを、どのように論証すればよいのか」という疑問である。この疑問に関連し、まず確認しておきたいことは、最高裁自身、これまで一度も、なぜ職務行為基準説が妥当なのかということを実質的に説明したことがない、という点である。つまり、裁判実務上、実質的には何の論証もされることなく、職務行為基準説が用いられている。しかも、教科書等では、同説の正当化根拠について詳細な記述はなく、むしろ同説の問題点が強調されることが多い。このような現状を踏まえるならば、学生が職務行為基準説の論証の仕方について疑問をもつのも不思議ではない。

　そこで、学生の立場からすると、「国家賠償法1条1項の違法を論じる際に、どのように論述をすすめればよいのか、知りたい」ということになるのであろうが、この点、あくまで国家賠償法1条1項の違法の意味について職務行為基準説に固執するのであれば、考えられる起案のパターンは次の2つしかないであろう。

　第1のパターンは、いちいち職務行為基準説について論証することなく、

同説にしたがって国家賠償法1条1項の違法の主張を展開するという対応である。上述したように裁判実務では職務行為基準説が論証されることなく用いられていることから、起案に際しても、同説を所与の前提として対応することが考えられる。

　第2のパターンは、職務行為基準説の正当化根拠を示し、同説がそれなりに適切であることを指摘したうえで、事案に即して違法の主張を展開するという対応である。この場合、同説の正当化根拠としてどのような指摘がありうるかということが問題となる。この点、これまで職務行為基準説を正当化する根拠として指摘されてきた見解を参考にすると、たとえば、①国家賠償法は民法の特別法であって、違法一元論（あるいは過失一元論）をとる民法の不法行為法と整合的な理解をするためには、職務行為基準説が適切であるとか、あるいは、②職務行為基準説では注意義務違反という要素が付け加わる分、安易に職務行為の違法性を認定されることがなくなり、これによって公務員に対する過度の萎縮効果はなくなるから、職務行為基準説が適切であるといった指摘がありうる。

(2)　過失の有無の検討

　第2は「職務行為基準説にたって違法の認定をした場合、過失の要件については、果たしてまたどのように論述すればよいのか」という疑問である。実際に学生が職務行為基準説に依拠して違法性を論じていくと、職務上の注意義務違反という過失の要素まで検討することになるので、改めて過失の有無を検討すれば、結局、同じことを繰り返し述べることになってしまう。このことから上述の疑問が生じるものと思われる。

　そこで、職務行為基準説に立脚した裁判例が過失について、どのような処理をしているか、確認すると、①過失について全く言及することなく、直ちに国または公共団体の損害賠償責任が認められる旨、判示するものと、②職務行為基準説に依拠して違法性が認められるのだから、改めて指摘するまでもなく、というニュアンスで、念押し的に「過失も当然に認められる」と判示するものがある。裁判実務上、このような処理の仕方がされている以上、実務法曹を目指して起案に取り組む者は、さしあたり、同様の処理をすることが許されよう。

| 第2問 | 国家賠償法2条 |

　A県内の原野に設置された西山自動車道北部線（全線約50キロ、以下「本件自動車道」という。）は、高速自動車国道法（以下「法」という。）に基づき国土交通大臣が管理する高速自動車国道であり（法第6条）、ほぼ全線で最高速度が時速80キロとされている。本件自動車道のB地点からC地点の間（約10キロの区間、以下「本件区間」という。）では、毎年、キツネ等の小動物が本線に侵入し、走行自動車にはねられて死亡する、いわゆるロードキルが約40件、発生している。このようなロードキルを防止するため、動物保護団体からは、地面との透き間をつくらないように金網の柵を設置したうえ、小動物が穴を掘って道路に侵入しないように地面をコンクリートで覆うという対策が提案されていたが、そのような対策は、全国の道路においても、また本件自動車道においても、わずかの区間を除き、とられてこなかった。もっとも、本件区間では、キツネ等の小動物との衝突を回避しようとしたことに起因する死亡事故は、これまで一件も起きていない。なお、本件区間以外の本件自動車道では、そのような死亡事故は平成6年に1件、発生している。この事故の後、関係者の間でロードキルの防止策を新たに講じるべきか、議論されたが、有効と考えられる防止策には約1億円の支出を伴うことが判明するなどしたことから、結局、新たな防止策の導入は断念された。

　Xは、平成26年10月28日午後7時頃、普通乗用自動車で本件区間を走行していた。Xが走行していた道路付近には、ロードキルを防止するため、動物注意の標識がたてられていたし、金網の柵も設置されていた。ところが、金網の柵と地面との間に約10cmの透き間があり、また地面がコンクリートで覆われていなかったため、1匹のキ

ツネがわずかに地面を掘って、金網と地面の間に空間をつくり、そこを通り抜けて、本線に侵入した。このキツネに100メートルほど手前で気付いたXは、あわててハンドルをきったが、中央分離帯に激突し、重傷を負うことになった。

　Xは、国家賠償法第2条第1項に基づき、損害賠償請求訴訟（以下「本件訴訟」という。）を提起しようと考えている。以下の設問に答えなさい。

【設問】

1．本件訴訟において、Xは誰を被告にすることができるか。

2．本件訴訟において、Xは本案上の主張として、いかなる主張をすることが考えられるか。

3．本件訴訟において、被告は本案上の主張として、いかなる主張をすることが考えられるか。

【資料】**高速自動車国道法**（昭和32年4月25日法律第79号）（抜粋）

第4条　高速自動車国道とは、自動車の高速交通の用に供する道路で、……次の各号に掲げるものをいう。

一～二　略

2～3　略

第6条　高速自動車国道の新設、改築、維持、修繕……その他の管理は、国土交通大臣が行う。

第10条　高速自動車国道と道路、鉄道、軌道、一般自動車道又は交通の用に供する通路その他の施設とが相互に交差する場合においては、当該交差の方式は、立体交差としなければならない。

第17条　何人もみだりに高速自動車国道に立ち入り、又は高速自動車国道を自動車による以外の方法により通行してはならない。

2　略

第20条　高速自動車国道の管理に要する費用は、……新設、改築又は災害復旧に係るものにあっては国がその四分の三以上で政令で定める割合を、都道府県（……）がその余の割合を負担し、新設、改築及び災害復旧以外の管理に係るものにあっては国の負担とする。

2　略

277

1. 国家賠償法における損害賠償責任の主体（設問1）

国家賠償法2条1項によれば、損害賠償責任を負うのは「国又は公共団体」である。本件の場合、国の行政機関である国土交通大臣によって管理されている高速自動車国道の設置・管理が問題となっているのであるから、まずは、損害賠償責任の主体は国であると指摘できる。

もっとも、国家賠償法3条1項によれば、公の営造物の設置管理者と公の営造物の設置管理の**費用負担者**が異なるときは、費用負担者もまた損害賠償責任を負う。本件の場合、高速自動車国道法20条1項によれば、高速自動車国道の管理費用のうち、一定のものについては、国のほか都道府県も負担することになっている。そのため、本件ではA県もまた損害賠償責任の主体たりうる。

以上から、Xは本件訴訟において国とA県を被告にすることができる。

なお、国家賠償法に基づく損害賠償請求訴訟は、行政事件訴訟としてではなく、民事訴訟として捉えられている。したがって、国家賠償法に基づく損害賠償請求訴訟の被告を検討する際に、行政事件訴訟法11条を参照するのは適切ではない。

2. 国家賠償法2条1項の要件

Xが本件訴訟で勝訴するためには、国家賠償法2条1項の各法律要件が充足されているということを主張しなければならない。同条項は「①道路、河川その他の公の営造物の②設置又は管理に瑕疵があったために③他人に損害を生じた」ことを法律要件としている（説明の便宜上、番号は筆者が付した）。本件の場合、このうち①および③の要件が充足されていることについて、異論はないであろう。したがって、原告は②の要件に関する主張を重点的に行うことになる。

なお、国家賠償法2条1項は同法1条1項と異なり、過失を要件としていない。この点、判例によっても、国家賠償法2条1項に基づく責任が**無過失責任**であることが確認されている（最判昭和45年8月20日民集24巻9号1268頁〔高知落石事件〕、以下「昭和45年判決」という）。そのため、原告側としては、過失について主張する必要はない（ただし、設置管理の瑕疵に

278 **Ⅳ国家補償 ｜ 2国家賠償法2条**

関する主張をする中で、実質的にみて設置管理者の過失の存在を肯定することにつながる指摘がされることはありうる）。

3.「公の営造物」該当性

国家賠償法2条1項の「道路、河川」は「公の営造物」の例示であると一般に解されているので、結局のところ、同条項に基づいて損害賠償請求をする場合には、問題となる物が「公の営造物」に該当するということを指摘できなければならない。それでは、「公の営造物」とは何か。この点、通説判例によれば、**国家賠償法上の公の営造物とは国又は公共団体によって直接、公目的に供される有体物ないしは物的施設をさす**と解されている。本件で問題となっている物は、高速自動車国道という有体物ないし物的施設であって、直接、公用に供されており、その管理主体は国の機関たる国土交通大臣である。したがって本件自動車道は国家賠償法2条1項の「公の営造物」に該当するといえる。

4. 設置管理の瑕疵の意味

国家賠償法2条1項の公の営造物の設置管理の瑕疵とは何かについて、同法は何ら定めを置いていないので、解釈上、問題となる。この点、確立した最高裁判例によれば、「**公の営造物の設置管理の瑕疵とは通常有すべき安全性を欠く状態のことをさす**」（昭和45年判決）。

もっとも、通常有すべき安全性を欠く状態があったかなかったかということを、どのようにして判定するのかは、さらに問題となるが、この点についても、既に最高裁判例が確立している。それによれば、通常有すべき安全性を欠く状態があったか否かは、「**当該営造物の構造、用法、場所的環境及び利用状況等諸般の事情を総合考慮して具体的個別的に判断すべき**」とされている（最判昭和53年7月4日民集32巻5号809頁〔夢野台高校校庭転落事件〕、以下「昭和53年判決」という）。

ところで、国家賠償法2条1項の設置管理の瑕疵をめぐっては、従来、瑕疵論争と呼ばれる、学説の対立があった。この論争は、いかなる点に着目して設置管理の瑕疵の有無を判断すればよいのか、その着眼点を自覚さ

せてくれたという点で一定の評価をすることができる（ある学説からは人に着目することの重要性が、別の学説からは物に着目することの重要性が示唆される）。しかし、裁判実務上、設置管理の瑕疵は諸般の事情を総合考慮して個別具体的に判断すべきとの立場が確立した現在では、学説が自覚させてくれた着眼点にかかる諸事情は、裁判実務上、「諸般の事情」として総合考慮されることになるので、もはや学説上の議論は一定の役割を果たし終えたともいえる。むしろ、実務上、重要なことは、判例によって確立された上記の規範にしたがって、個別の事案から当事者にとって有利な事情を見出せるようにすることであろう。そこで、以下、どのような事情に着目すればよいか、いくつかの例を確認しておきたい。

5. 設置管理の瑕疵の有無を判断する際に考慮する事情の例

　昭和53年判決では、諸般の事情の例として、(1)営造物の構造、(2)用法、(3)場所的環境、(4)利用状況が指摘されている。それでは、これらの各項目につき、いかなる事情があれば、「通常有すべき安全性を欠く状態」にあったことを肯定（または否定）できるのか。以下、項目ごとに簡単な例を挙げておく。

(1)　構造　　たとえば道路に大きな穴があいていることは、道路の構造上、通常、ありえないことであるから、このような事情は、通常有すべき安全性の欠如を肯定するための要素になる。

(2)　用法　　たとえばテニスの審判台に昇ったのちに、座席部分の背当てを構成している左右の鉄パイプを両手で握って後部から降りるなど（最判平成5年3月30日民集47巻4号3226頁〔審判台転倒事件〕）、営造物の通常の用法や、本来の用法に反する用いられ方がした場合には、当該事情は通常有すべき安全性の欠如を否定するための要素になる。

(3)　場所的環境　　たとえば道路脇の樹木が生い茂り、見通しが悪くなっている道路で事故が起きた場合、そのような状況を放置したことが、通常有すべき安全性の欠如を肯定するための要素になる。

(4)　利用状況　　たとえば交通量が多く、事故が頻繁に起こっていた道路上で再び同種の事故が起こった場合、十分な対応策が講じられていなかったとすれば、そのことが、通常有すべき安全性の欠如を肯定するための要

素になる。

6. 注意点

　以上の(1)〜(4)は、無限に存在する、考慮の対象となる事情のごく僅かな例であって、通常有すべき安全性の欠如を肯定または否定する際の考慮事項が、この4つに限定されるわけでは決してない。そのほかにも、事案によっては、たとえば、事故が発生した時間帯、事故防止措置を講じるための予算の額、事故により損害を被った人の属性（年齢や障がいの有無）、自然条件などが考慮されたりする。結局、どのような場合に、どのような事情を考慮したらよいかは、個別の事案ごとに検討するほかない（したがって、上記(1)〜(4)は必ず検討しなければならない項目ではない）。

　また、通常有すべき安全性の欠如を肯定または否定するのに有利な事情が1つあったからといって、そのことから直ちに設置管理の瑕疵の有無について結論を得られるというわけでも必ずしもない。あくまで当該事案における諸事情が総合的に考慮されて、結論が出されるからである。

　このようにみてくると、結局、国家賠償法2条1項に基づく損害賠償請求訴訟における本案上の主張を検討する際には、当該事案の事実を丁寧におさえて、その上で、自己に有利な事情については、すべて指摘するという姿勢が重要であるといえよう。

7. 原告の主張（設問2）

　本件で最も問題となるのは、国家賠償法2条1項の「設置又は管理の瑕疵」の有無である。そこで、Xとしては、それ以外の要件充足性については簡潔に言及するに止め、設置管理の瑕疵の有無に関する主張を重点的に行う必要がある。この点、まずXは確立した最高裁判例にしたがい、公の営造物の設置管理の瑕疵とは通常有すべき安全性を欠く状態のことをさし、その有無については当該営造物の構造、用法、場所的環境及び利用状況等諸般の事情を総合考慮して具体的個別的に判断すべきものであることを指摘する必要がある。

　その上で、Xは以下の諸点を指摘すべきであろう。

第1に、本件道路の構造それ自体に問題があった。すなわち、本件自動車道が自動車の高速交通の用に供する道路であり（法4条）、制限速度が80キロとされていたことや、人の通行が禁止されていたり（法17条）、立体交差とされていることから（法10条）、本件自動車道では高速の自動車運転が予定されているということができ、そうであるからには、一般道の場合と異なり、わずかな障害物の存在が重大事故を引き起こしかねないところ、本件道路には、金網の柵と地面との間に透き間があり、しかも地面がコンクリートで固められていなかったために、小動物が本線に侵入し、これによって重大事故が引き起こされる危険性があった。このような危険性を備えた本件道路には構造上の問題があったといえる。

　第2に、本件自動車道では平成6年に1件、同種の事故が起きている。そのため、道路管理者はロードキルによる重大事故の発生を予見することができたはずである。それにもかかわらず、その後、有効な対策が講じられなかったために、本件事故が発生したといえる。

　第3に、本件自動車道のような**人工公物**（＝人の手が加わって公用に供される公物）の場合は、**自然公物**（＝人の手が加えられることなく、自然の状態で公用に供される公物）の場合と異なり、そもそも予算の制約は設置管理の瑕疵を否定する根拠になりえない（昭和45年判決、最判昭和59年1月26日民集38巻2号53頁〔大東水害訴訟〕参照）。

8. 被告の主張（設問3）

　以上のXからの指摘に対して、被告・行政主体は、以下の主張をすることが考えられる。

　第1に、仮に本件道路の構造それ自体に問題があって、小動物が本線に侵入したとしても、通常は、自動車の運転者が適切な運転操作を行うことにより重大事故を回避することができる。実際に、本件区間では、毎年、約40件のロードキルが発生しているのに、これまで本件と類似の重大事故は1件も発生していないし、本件自動車道においても、重大事故は平成6年に1件しか発生していない。

　第2に、動物保護団体から提案されていたロードキルの防止対策は、全国の道路でも、また、本件自動車道でも、広く普及しているとはいえない

状況にあった。したがって、当該防止策をとっていなかったことが道路管理の瑕疵に当たるとはいえない。

第3に、ロードキルの防止対策には多額の費用がかかるため、当該防止策をとってこなかったことが道路管理の瑕疵に当たるとはいえない。

第4に、本件事故現場付近には、動物注意の標識が立てられており、この点では適切な道路管理が行われていたといえる。

9. 最高裁平成 22 年判決

最高裁は、本件と類似の事件を扱った平成22年3月2日判決（判時2076号44頁、以下「平成22年判決」という）の中で、上述の本件被告・行政主体の反論部分で指摘した各事項を根拠にして、設置管理の瑕疵を否定した。

この平成22年判決は、そもそも被害者が自らの責任で危険を回避することが期待される領域での損害については、行政主体が賠償責任を負う必要はないとする考え方に依拠しているようにみえる。このような考え方は、従来、守備範囲論と呼ばれてきた。これによれば、平成22年判決の事案は設置管理者の守備範囲外の事案であったと指摘することができる。

また、平成22年判決では、道路事故の事案であるにもかかわらず、予算の制約が設置管理の瑕疵を否定するための要素として考慮されている。この点で問題となるのが、昭和45年判決との関係である。なぜなら、昭和45年判決は、予算の制約が免責理由にならない旨を判示したものとして捉えられてきたからである。もっとも、昭和45年判決の読み方として、「事前の危険回避措置が数々ありうるのに、そのいずれもが全くとられていないという事実関係のもとにおいて、その一つである防護柵の設置に多額の費用を要し予算措置に困却するからといって、『それにより直ちに』免責されるわけではないといっているだけである」との指摘がある（遠藤博也『国家補償法中巻』514頁）。この指摘によれば、昭和45年判決は、道路事故においても予算の制約が免責事由になることがあると解する余地を残していることになるので、昭和45年判決と平成22年判決を整合的に捉えることは可能である。

| 教育の現場で | **設置管理の瑕疵の意味と学説の名称** |

　多方向の授業を展開する中で、学生同士が国家賠償法2条1項の設置管理の瑕疵の意味について議論しているのを聞いていると、議論がかみ合っていないと感じることが少なからずある。その原因のひとつは、設置管理の瑕疵の意味について、学説の名称だけを挙げ、議論を展開している点にある。設置管理の瑕疵をめぐる学説は、公営造物それ自体（物的要素）に着目して判定する立場と公営造物の管理作用（人的要素）に着目して判定する立場の2つが両極に位置し、その中間に両者を組み合わせた立場が存在する。これらの立場は、それぞれ客観説・主観説・折衷説と呼ばれることもあれば、内容上の修正を加えられて、営造物瑕疵説・義務違反説・客観説と呼ばれることもある。したがって、単に客観説といった場合には、どちらの意味での客観説なのか、はっきりしない。この点を曖昧にしたままでは、いつまでたっても議論はかみ合わない。学説の名称など、法律論にとって重要なことではないが、学説の名称が原因で議論が迷走するのは不幸なことである。

損失補償　第3問

　A市で畜産業を営むXは、食用に供する獣畜のと畜のため、長年
にわたりA市食肉センターを利用してきた（と畜場法第13条第1項、
第2項、A市食肉センター条例第1条参照）。この食肉センターを利用
してきたのは、Xのほか、A市で畜産業を営む数名の者だけであり、
これらの者が食肉センターを利用するときは、利用日ごとに、その都
度、申請し、許可を取得してきた（A市食肉センター条例第3条、A市
食肉センター条例施行規則第2条）。ところが、法令が改正されたこと
に伴い、食肉センターの構造設備を新しくする必要が生じ、その費用
が多額にのぼることが判明したので、A市は食肉センターを廃止す
ることにした。これにより、Xは遠方のと畜場を利用しなければな
らなくなった。そこで、Xは食肉センターの廃止により食肉センタ
ーを利用する地位が奪われたので、当該損失につき、A市に対して、
憲法第29条第3項に基づき補償の請求をしようと考えた。食肉セン
ターが地方自治法上の行政財産（地方自治法第238条第4項）であるこ
と、および、本件に関係する法令には損失補償に関する規定は存在し
ないということを前提にして、以下の設問に答えなさい。

【設問】

1．Xは、いかなる訴訟形式（行政事件訴訟法に定められたものに限
　る。）によって損失補償の請求をすべきか。訴訟形式の名称を答え
　なさい。

2．最高裁は、いわゆる東京中央卸売市場事件で、行政財産の使用許
　可の取消しによって被る損失の補償が不要である旨、判示している
　（最判昭和49年2月5日民集28巻1号1頁）。当該判決に即して、そ
　の理由を説明しなさい。

285

3．A市は、Xによる損失補償の訴えを退けるために、いかなる主張をすべきか。上記2の判決の射程距離に注意しながら、解答しなさい。なお、Xによる損失補償請求の根拠については、問題にしないこととする。

【資料】

○と畜場法（昭和28年8月1日法律第114号）（抜粋）

第13条　何人も、と畜場以外の場所において、食用に供する目的で獣畜をとさつしてはならない。……。

2　何人も、と畜場以外の場所において、食用に供する目的で獣畜を解体してはならない。……。

3　略

○A市食肉センター条例（平成17年8月1日条例第150号）（抜粋）

第1条　本市は、と畜場法……に基づき食用に供する獣畜の処理の適正を図り、もって公衆衛生の向上及び増進に寄与するため、A市食肉センターを設置する。

第3条　A市食肉センターを利用しようとする者は、あらかじめ市長の許可を受けなければならない。

○A市食肉センター条例施行規則（平成17年9月1日規則第45号）（抜粋）

第2条　条例〔A市食肉センター条例〕第3条の規定により利用許可を受けようとする者は、申請書を市長に提出しなければならない。

2　市長は、前項の規定により利用の申請があった場合において、これを許可したときは、許可書（様式第2号）を申請者に交付する。

様式第2号

A市食肉センター利用許可書
年　　月　　日
申請者の氏名および住所：
利用年月日：　　　年　　　月　　　日
許可条件：
許可番号：　　　年　　　月　　　日　第　　　号

1. 損失補償の請求と訴訟形式（設問1）

　損失補償を求める訴訟は、従来、一般に公法上の法律関係に関する訴訟として捉えられてきた。これを前提にすれば、損失補償請求訴訟は**当事者訴訟**（行訴法4条）の形式によることになる。

　当事者訴訟には**形式的当事者訴訟**と**実質的当事者訴訟**の2つがあるが、損失補償請求訴訟は、いずれでもありうる。すなわち問題となっている公法上の法律関係に関する訴訟が「当事者間の法律関係を確認し又は形成する処分又は裁決に関する訴訟で法令の規定によりその法律関係の当事者の一方を被告とするもの」（行訴法4条前段）であれば、当該訴訟は形式的当事者訴訟であるが、そのような要件が充足されていなければ、当該訴訟は「公法上の法律関係に関する訴訟」（行訴法4条後段）であって、実質的当事者訴訟である。

　このような見地からすると、本問では行政事件訴訟法4条前段の要件を充足するような事情が見当たらないから、Xによる損失補償請求は実質的当事者訴訟であると考えてよい。一般的にも、憲法29条3項に直接基づく損失補償の請求は実質的当事者訴訟によるものと理解されている。

2. 損失補償の要否を判定する基準

　本問では損失補償の要否が主たるテーマになっている。損失補償の要否は個別の法令に要件が定められていれば、それに即して判断することになるが、本問の場合、そのような法令の規定は存在しない。むしろ本問では憲法29条3項に基づく損失補償請求が問題とされているので、同条項に基づいて損失補償請求を行う場合の要件について、まずは基本的な事項を確認しておきたい。

　一般に損失補償請求の可否は**特別の犠牲**の有無によると解されており、この点に異論はない。それでは、特別の犠牲の有無はどのように判定されるのか。この点、現在では、事案に応じて、さまざまな事情を総合的に考慮して特別の犠牲の有無を判定するのが適切であると解されている。この理解を前提にすれば、どのような事情が特別の犠牲の存在を肯定する方向に作用し、逆に、どのような事情が特別の犠牲の存在を否定する方向に作

用するのかということをおさえておくことが有益である。以下、考えうる主要な視点を指摘しておく。

○特別の犠牲の有無を判定する際の視点の例

	特別の犠牲を肯定する方向に作用する事情	特別の犠牲を否定する方向に作用する事情
①侵害行為の個別性	侵害行為が個別的である。	侵害行為が一般的である。
②侵害行為の強度	財産権の本質を侵すほどの強度をもった制限（＝重大な制限）である。	財産権の本質を侵すほどの強度はもっていない制限（＝軽微な制限）である。
③侵害行為の目的	積極目的（公共の福祉の増進という目的）を有している。	消極目的（公共の秩序の維持という目的）を有している。
④侵害行為の態様	財産の現状変更を求めている。	財産の現状維持を求めている。
⑤侵害行為の原因の所在	財産に原因がない。	財産に原因がある（たとえば出火元の家屋など）。
⑥対象となる財産の価値	財産としての価値が未だ消滅していない。	財産としての価値が既に消滅している（たとえば延焼が確実な家屋など）。
⑦対象となる財産の危険性	財産に危険性がない。	財産に危険性がある（たとえばガソリンタンクなど）。

3. 最高裁昭和49年判決における補償不要の根拠（設問2）

最高裁は、いわゆる東京中央卸売市場事件において、行政財産の使用許可の取消しによって生じる損失の補償につき、使用権それ自体の補償は不要である旨、判示した（最判昭和49年2月5日民集28巻1号1頁〔東京都

288　Ⅳ国家補償｜3損失補償

中央卸売市場事件〕、以下「昭和49年判決」とする）。その理由は、行政財産の目的外使用許可が「その用途又は目的を妨げない限度において」認められているため（現行地自法238条の4第7項参照）、行政財産の目的外使用許可によって付与される使用権には、それが期間の定めのない場合であれば、行政財産本来の用途または目的上の必要が生じたときに使用権それ自体が消滅してしまうという制約が内在している、と理解されたことにある。

このような理解は、上記の表「②侵害行為の強度」と連動させて捉えることができる。すなわち、当該使用権は、もともと公用の必要が生じた場合に消滅するという性格をもっているのであるから、実際に公用の必要が生じて使用権が取り消されても、何ら財産権の本質は侵されていないといえる。

4. 最高裁昭和49年判決の事案と本件の異同

昭和49年判決の事案においても、また本件においても、行政財産の使用ができなくなる場合の補償の要否が問題とされている。この点、昭和49年判決は補償を不要と解したから、これに依拠すれば、A市はXによる損失補償請求を簡単に退けることができるようにも思える。しかし、昭和49年判決の事案と本件は、次のようにいくつかの点で異なる。

第1に、行政財産を使用できなくなった理由が異なる。昭和49年判決の事案では、行政財産の本来の用途または目的が生じたことが理由となっているが、本件では行政財産の廃止が理由となっている。

第2に、行政財産の使用目的が異なる。昭和49年判決の事案は目的外使用の事案であるのに対して、本件は目的内使用の事案である。

第3に、使用目的の違いと関連するが、利用者の法的地位の発生原因が異なる。昭和49年判決の事案では、利用者は地方自治法に基づき行政財産の目的外使用許可を取得することによって行政財産を使用する法的地位を得ているが、本件では、Xは地方自治法ではなく、A市食肉センター条例に基づく許可を取得することによって行政財産を使用する法的地位を得ている（本件は行政財産の目的外使用が問題となる事案ではないので、行政財産の目的外使用許可について定めた地方自治法238条の4第7項の規定は関係ない）。

289

これらの違いがある以上、Ａ市が昭和49年判決の考え方を本件で用いることについては、慎重な検討が必要となる。

5. 本件における損失補償の要否（設問3）

ところで、昭和49年判決の事案では行政財産の目的外使用許可が付与されていたので、使用権を観念することができた。しかも、その使用権は期間の定めのないことが前提とされていたので、使用許可の取消しがされるまでは継続的な法律関係が存在することになる。そのため、使用許可の取消しによる法的地位（使用権）の消滅を損失として捉えることが一応できた。ところが、本件の場合は、一日ごとに許可を取得する仕組みが採用されているから（このことは問題文から明らかである）、食肉センターを使用しうる法的地位は単発的な地位であり、そこに継続的な法律関係は認められない。そうすると、本件条例に基づく使用許可によって行政財産を使用する法的地位が付与されるとしても、利用日ごとに、その都度、当該地位は消滅しているのであるから、行政財産の廃止によって行政財産を利用する法的地位が奪われたわけではなく、その意味で行政財産の廃止による財産権の損失を観念しえない。もっとも、単発的な法的地位が繰り返されることによって、法的保護に値する継続的な法律関係の存在を観念する余地がないわけではないが、これを肯定するための十分な事実が本件では与えられていない。このようにみてくると、Ｘはそもそも食肉センターを継続的に利用する法的地位を有しておらず、その意味で食肉センターの廃止に伴って補償されるべき権利それ自体を有していなかったといえる。そうすると、昭和49年判決が前提としていた法状態が本件では存在していなかったといえるから、本件でＸからの損失補償請求を退けるために、Ａ市が昭和49年判決と同様の構成によって主張を展開するのは適切ではない。むしろ、本件では補償の対象となる財産権の損失を観念しえないという点を強調して、補償は不要であると指摘すべきである。

なお、最高裁平成22年2月23日判決（判時2076号40頁）は、本件と類似の事案において、次のように述べている。「利用業者等は、市と継続的契約関係になく、本件と畜場を事実上独占的に使用していたにとどまるのであるから、利用業者等がこれにより享受してきた利益は、基本的には

290　Ⅳ国家補償｜3損失補償

本件と畜場が公共の用に供されたことの**反射的利益**にとどまるものと考えられる。そして、前記事実関係等によれば、本件と畜場は、と畜場法施行令の改正等に伴い必要となる施設の新築が実現困難であるためにやむなく廃止されたのであり、そのことによる不利益は住民が等しく受忍すべきものであるから、利用業者等が本件と畜場を利用し得なくなったという不利益は、憲法29条3項による損失補償を要する特別の犠牲には当たらないというべきである」。ここでは、損失補償の対象となる法的利益が存在しないということのほかに、侵害行為が個別的か、一般的かという点（上記の表の中の①の着眼点）も加味されて、損失補償が否定されている。

6. 平成22年最判と損失補償の要否を分析する視点

　上記「2. 損失補償の要否を判定する基準」で例示した視点①〜⑦は、何らかの財産権（または法的利益）が侵害されることを前提にして示されてきたといってよい。しかるに、本件は、そもそも補償の対象となる財産権（または法的利益）を観念できない事案であって、それゆえ損失補償を不要としうる事案であった。したがって、本件からは、損失補償の要否を決する際の新たな視点⑧として、補償の対象として主張されている利益がそもそも法的利益といえるかという視点がある、と指摘できる。

◆事項索引

い

一定の処分 ……………………………050
委任機関 ………………………………058
違法性相対説 …………………………271
違法性の承継 ……………………249, 250
違法性同一説 …………………………271

う

訴えの客観的利益 ……………………117

お

応答義務 ………………042, 043, 044, 045
公の営造物 ……………………………279

か

概括主義 ………………………………034
戒告 ………………………………053, 164
蓋然性 …………………………………054
回復すべき法律上の利益 ……………117
外部性 ………………073, 074, 084, 095
下級行政機関 ……………………146, 258
確認の利益 ………………………156, 236
過失 ………………………273, 275, 278
瑕疵論争 ………………………………279
過大考慮・過小考慮審査 ……………192
仮処分 ……………………………022, 051
仮の義務付け ……………………060, 062
仮の救済 ………………………020, 022, 060
仮の差止め ……………………………051
勧告 ……………………………………231
間接強制調査 …………………………245
観念の通知 ……………………………071

き

棄却 ……………………………………034
規制規範 ………………………………137

規則 ……………………………………112
羈束処分 ……………………177, 178, 183
義務違反説 ……………………………284
義務付け訴訟
………011, 026, 029, 041, 042, 177, 258
却下 ……019, 021, 023, 026, 029, 051, 117, 123
客観説 …………………………………284
狭義説 …………………………………231
狭義の訴えの利益 ………………117, 123
狭義の処分 ……………………………072
行政基準 ………………………………144
行政規則
……112, 120, 144, 145, 146, 146-7, 147, 148
行政規則の外部化 ………………120, 149
行政規範 ………………………………144
行政救済法 ……………………………262
行政計画 ………………………155, 200, 211
行政契約 ………………………………239
行政財産 ………………………288, 289, 290
行政作用法 ……………………………262
行政事件訴訟 ……………………007, 013
行政事件訴訟法 …………………007, 086
行政指導 ………075, 166, 200, 211, 230, 231
行政指導の中止の求め ………………232
行政主体 ………………………013, 059, 259
行政準則 ………………………………144
行政上の強制執行 ………052, 225, 226
行政上の強制徴収 ……………………225
行政組織法 ……………………………262
行政代執行法 ……052, 053, 208, 222, 224
行政庁 …………………………013, 050
強制調査 ………………………………245
行政調査 ………………………196, 245
強制徴収 ………………………………052
行政庁の処分 …………………071, 221, 230
行政手続条例 ……………217, 232, 235, 254
行政手続法
…077, 086, 138, 149, 151, 167, 179, 200, 203,
211, 217, 232, 246, 254
行政罰 …………………………………052
行政不服審査会 ………………………009
行政不服審査法 …………007, 036, 086, 221
行政不服申立て …007, 013, 036, 037, 077, 221

292 索引

行政立法 ……………………………074, 144	公法上の法律関係 ……………………287
強制力 …………………………………234, 235	考慮遺脱 ………………………………191
	考慮事項審査 ……………………192, 195, 196
	国賠違法 ………………………………268
く	個人識別情報 …………………………260
	根拠規範 ………………………136, 139, 140
具体性 …………………………………073	
	さ
け	
	裁決 …………………………018, 033, 037
計画裁量 ………………………………157	裁決固有の違法 ………………………035, 037
形式的考慮要素審査 …………………192	裁決主義 ………………………034, 035, 037
形式的当事者訴訟 ………028, 029, 030, 287	裁決中心主義 …………………………034, 035
形成力 …………………………………054	裁決の取消訴訟 ………………019, 033, 037
継続的権力的事実行為 ………073, 075, 084	最広義説 ………………………………231
継続的事実行為 ………………………221	再審査請求 ……………………007, 033, 256
契約自由の原則 ………………………239	再調査の請求 …………………………007, 256
結果不法説 ……………………………269, 271	裁判規範 ………………………144, 147, 148
権限の委任 ……………………………058	裁量 ……………………………157, 173, 255
権限の代理 ……………………………058	裁量権 …………………………………149
原告適格 ………050, 094, 099, 106, 110, 147	裁量権の逸脱濫用
原処分 …………………………………037	……149, 157, 177, 181, 183, 188, 193, 194, 195
原処分主義 ……………………………033	裁量処分 ………149, 177, 178, 183, 191, 193
権力留保説 ……………………………134, 140	差止め訴訟 ……………………050, 053, 054, 164
こ	**し**
行為裁量 ………………………………150, 180	恣意抑制機能 …………………………167, 213
行為不法説 ……………………………269	私経済作用 ……………………………268
公益適合性 ……………………………036	事実行為 ………………053, 071, 075, 221, 230
効果裁量	事情判決 ………………………………125
………150, 173, 180, 182, 185, 188, 193, 255	自然公物 ………………………………282
合議制 …………………………………257	執行機関 ………………………………257
広義説 …………………………………231, 268	執行機関の多元性 ……………………257
広義の処分 ……………………………072	執行停止
公権力性 ………………073, 074, 084, 095, 230	…020, 022, 050, 051, 054, 060, 062, 063, 123,
公権力の行使 …………………………231, 236, 268	164
公権力発動要件欠如説 ………………269, 270, 271	執行罰 …………………………………052, 225
抗告訴訟 ……011, 022, 023, 044, 046, 163, 258	執行不停止の原則 ……………………020, 123
拘束力 …………………………………205	実質的考慮要素審査 …………………192
公定力 …………………………………020, 027	実質的当事者訴訟
後発的事情 ……………………………170	………020, 021, 027, 030, 083, 155, 163, 287
公表 ……………………………………223	実体違法 ………………………………211
公法関係 ………………………………021	

索引 293

私的自治の原則 ……………………239
指導要綱 …………………………230, 234
諮問機関 …………………………009, 256
社会観念審査 ……………………189, 197
社会留保説 ………………134, 139, 140
重大かつ明白な違法 ……………019, 027
重大かつ明白な瑕疵 ……………………164
重大説 ………………………………………165
重大な損害 …………050, 051, 054, 062, 164
重大明白説 ………………………164, 165
重要事項留保説 …………134, 139, 140
授益の処分 ………………………171, 174
主観説 ………………………………………284
主張制限 …………………………033, 034
出訴期間
　…012, 018, 021, 027, 045, 078, 163, 165, 177
受任機関 ……………………………………058
守備範囲論 …………………………………283
上級行政機関 ……………………………146
上級行政庁 ………………………………170
情報公開・個人情報保護審査会 …………256
情報公開条例 ……………………………253
情報公開法 ………………………………253
将来効 ……………………………………170
条例 ………………………………089, 222, 224
職務行為基準説 ………269, 270, 271, 272, 274
職務上通常尽くすべき注意義務 …………269
職権による処分 …………………045, 046
職権による取消し ……………………026
処分 ………………………………071, 146, 254
処分基準 ………………149, 152, 171, 201
処分性
　…033, 053, 071, 072, 082, 084, 089, 146, 155
処分庁 ………………………058, 059, 170
処分の蓋然性 ……………………………050
処分の効力の停止 ………………020, 063
処分の執行の停止 ………………020, 063
処分の取消訴訟 …………………037, 163
侵害的処分 ………………………………174
侵害留保説 ………………………134, 139
審議会 ………………………………………191
人工公物 …………………………………282
審査基準 ………………152, 201, 254

審査請求 …………………007, 018, 035, 256
審査請求前置主義 ………………………013
審査密度 ………………190, 191, 194, 197
申請 ………………………………011, 042, 046
申請権 ……………………………………047
申請に対する処分 ……045, 077, 200, 211, 254
申請満足型義務付け訴訟
　…011, 012, 013, 026, 041, 042, 044, 045, 046,
　　　　　059, 060, 177, 182, 258
慎重配慮確保機能 ………………………213
信頼保護の原則 …………149, 151, 174
審理員 ……………………………………009
知る権利 …………………………………260

せ

政策的判断 ………………………189, 194
絶対的取消事由 …………………………206
設置管理の瑕疵 …………………279, 283
専決 ………………………………………058
選択裁量 …………………………150, 180
全部留保説 ………………134, 139, 141
専門技術的判断 …………………189, 194

そ

営造物瑕疵説 ……………………………284
遡及効 ……………………………………170
即時強制 ………………225, 226, 227
組織規範 …………………………136, 140
その他公権力の行使に当たる行為 …221, 230
損失補償 ………………………030, 268, 287

た

第三者効 …………………078, 091, 092
代執行 ………………052, 053, 164, 207, 225
対司法裁量 ………………………………184
代替的作為義務 …………………054, 207
対法律裁量 ………………………………184
多元説 ……………………………………165
他事考慮 …………………………181, 191
他事考慮・考慮遺脱審査 …………………192

294　索引

ち

地方自治の本旨 ……………………………223
懲戒処分 ………………………………………018
懲戒免職 ………………………………………018
聴聞 ……………………077, 138, 171, 202, 206
直接型義務付け訴訟
　……011, 019, 026, 029, 041, 042, 046, 258
直接強制 ……………………………052, 225
直接性 …………073, 074, 084, 089, 094, 095
直近上級行政庁 ………………………170, 257

つ

通常の用法 …………………………………280
通達 ……………………074, 102, 146, 147
通知 ……………………053, 071, 082, 084
償うことのできない損害 ……………061, 062

て

適正手続 ………………………………………248
適正手続の原則 …………………………151
適用除外 ……………008, 077, 171, 200, 211
撤回 …………………………………………170
撤回自由の原則 ……………………………174
手続違法 ……179, 201, 202, 204, 211, 216, 254
手続の続行の停止 ………………………020, 063

と

当事者訴訟 ………022, 023, 079, 091, 236, 287
独任制 …………………………………………257
特別の犠牲 …………………………………287
土地区画整理事業計画 ………………………155
届出 ……………………………………200, 211
取消違法 ………………………………………268
取消原因 ………………………………………012
取消訴訟
　…011, 012, 013, 018, 019, 022, 026, 028, 033,
　　045, 050, 051, 054, 059, 060, 077, 089, 091,
　　155, 164, 177, 181, 258
取消訴訟中心主義 …………………………051

取消訴訟の対象 ……………………………071
取消訴訟の排他的管轄 ………………023, 029
努力義務 ………………………………………201

な

内部規範 ……………………………………146

に

二元説 ………………………………………163
任意調査 ……………………………………245

は

反射的利益 …………………………………291
判断過程審査 …………………159, 190, 194, 197

ひ

非権力的行為 ………………………………230
被告適格 ………………………013, 050, 059, 259
平等原則 …………………149, 151, 157, 190
費用負担者 …………………………………278
比例原則 …………………149, 151, 157, 190

ふ

不確定概念 …………………173, 179, 194
附款 …………………………………………101
不作為 ………………………………………011
不作為の違法確認訴訟
　……………011, 012, 042, 044-5, 177, 258
不当 ……………………………………036, 037
不当性 ………………………………………035
不服申立て …………………………………255
不服申立て期間 ……………………………165
不服申立て前置主義 ………013, 014, 018, 256
不服申立て便宜機能 …………………167, 213
不利益処分
　………077, 138, 151, 171, 200, 202, 203, 211

索引　295

へ

弁明の機会の付与 ……………………138, 171, 202

ほ

法効果性 …………053, 073, 075, 084, 094, 095
法規 ……………………112, 120, 144, 230
法規命令 …………………………144, 145, 148
法治主義 ………………………………200
法的保護に値する利益説 …………106, 113
法の一般原則 …………………………193
法律上の利益 ……099, 104, 110, 113, 117, 119
法律上保護された利益説 …………106, 113
法律による行政の原理 ……134, 144, 269, 273
法律の法規創造力の原則 …134, 146, 148, 230
法律の優位の原則 ………………………134
法律の留保の原則
　………052, 134, 136, 138, 139, 140, 207, 245
法令 …………………………042, 112
法令に基づく申請 ……041, 042, 044, 045, 046
補充性 …………………019, 027, 051, 054
補充的無効確認訴訟 ………………………021
補助機関 ……………………………058
本質留保説 …………………………134
本来の用法 …………………………280

み

民事訴訟 ……………………………021
民事保全法 …………………………022

む

無過失責任 …………………………278
無効確認訴訟 ………019, 021, 027, 163, 164
無効原因 ……………………………012
無効等確認訴訟 ………011, 012, 045, 177, 258

め

明白性 ………………………………165
命令等 …………………………200, 211

も

申立ての利益 …………………………060
目的外使用許可 …………………289, 290
目的拘束の法理 ……………………181

よ

要件裁量
　…150, 173, 179, 180, 181, 185, 188, 193, 255
要綱 …………………………102, 146, 147
予防的無効確認訴訟 …………………021, 163

り

理由の提示 …………………………254
理由付記 …………………………213

れ

令状主義 …………………………246

296　索引

◆判例索引

最高裁判所判例

最判昭 32・11・1 民集 11-12-1870 ………166
最判昭 33・7・1 民集 12-11-1612 ………180
最判昭 36・3・7 民集 15-3-381 ………165
最判昭 39・10・29 民集 18-8-1809
　　〔大田区ゴミ焼却場設置事件〕……221/230
最判昭 45・8・20 民集 24-9-1268
　　〔高知落石事件〕………………………278
最大判昭 47・11・22 刑集 26-9-554 ……247
最判昭 48・4・26 民集 27-3-629 …………165
最判昭 49・2・5 民集 28-1-1
　　〔東京都中央卸売市場事件〕………285/288
最判昭 52・12・20 民集 31-7-1101
　　〔神戸税関事件〕………………………150
最判昭 53・7・4 民集 32-5-809 …………279
最判昭 54・12・25 民集 33-7-753
　　〔横浜税関検査事件〕…………………071
最決昭 55・9・22 刑集 34-5-272
　　〔飲酒運転一斉検問事件〕……………141
最判昭 55・11・25 民集 34-6-781 ………117
最判昭 58・4・5 判時 1077-50 …………119
最判昭 59・1・26 民集 38-2-53
　　〔大東水害訴訟〕………………………282
最判昭 59・10・26 民集 38-10-1169
　　〔仙台市建築確認取消請求事件〕……123
最判昭 62・9・22 判時 1285-25 …………155
最判平 4・1・24 民集 46-1-54〔八鹿町土地
　　改良事業施行認可処分取消請求事件〕…125
最判平 4・7・1 民集 46-5-437 …………247
最判平 4・9・22 民集 46-6-571
　　〔もんじゅ訴訟〕………………………099
最判平 4・10・29 民集 46-7-1174
　　〔伊方原発訴訟〕………………………148
最判平 5・2・18 民集 47-2-574
　　〔武蔵野市教育施設負担金事件〕……229
最判平 5・3・11 民集 47-4-2863 …………273
最判平 5・3・16 民集 47-5-3483
　　〔教科書検定訴訟〕……………………191
最判平 5・3・30 民集 47-4-3226
　　〔審判台転倒事件〕……………………280

最判平 12・3・21 判時 1707-112
　　〔パチンコ屋名義貸し事件〕…………173
最判平 13・12・13 判時 1773-19
　　〔兵庫県但馬牛精液提供拒否事件〕……242
最判平 14・4・25 判自 229-52
　　〔千代田区立小学校廃止条例事件〕……093
最判平 16・4・26 民集 58-4-989〔冷凍スモ
　　ークマグロ食品衛生法違反通知事件〕…071
最判平 17・4・14 民集 59-3-491
　　〔登録免許税還付拒否事件〕…………071
最判平 17・7・15 民集 59-6-1661
　　〔病院開設中止勧告事件〕……………231
最判平 18・2・7 民集 60-2-401
　　〔呉市公共施設利用事件〕……………192
最判平 18・10・26 判時 1953-122
　　〔指名回避措置事件〕…………………192
最判平 18・11・2 民集 60-9-3249 ………158
最判平 20・2・19 民集 62-2-445
　　〔メイプルソープ事件〕………………272
最大判平 20・9・10 民集 62-8-2029
　　〔浜松市土地区画整理事業計画事件〕
　　………………………………………079/155
最判平 21・11・26 民集 63-9-2124
　　〔横浜市保育所廃止条例事件〕……078/089
最判平 22・2・23 判時 2076-40 …………290
最判平 22・3・2 判時 2076-44 …………283
最判平 23・6・7 民集 65-4-2081
　　〔一級建築士免許取消処分等取消請求事件〕
　　………………………………………210/214
最判平 24・2・3 民集 66-2-148 …………085
最判平成 27・3・3 民集 69-2-143 …120/149

高等裁判所裁判例

大阪高判平 2・8・29 行集 41-8-1426
　　………………………………………204/207
大阪高決平 3・11・15 行集 42-11・12-1788
　　…………………………………………060
大阪高判平 9・10・1 判タ 962-108 ………172
大阪高判平 12・12・5 判タ 1072-121 ……241
東京高判平 18・3・29LEX/DB25450637
　　…………………………………………248
東京高判平 21・3・5 判例集不搭載………046

名古屋高裁金沢支部判平 21・7・6LEX/DB
　25441718 ……………………………119
名古屋高裁金沢支部判平 21・8・19 判タ 1311-
　95 …………………………………180

地方裁判所裁判例

東京地決昭 45・12・24 判時 618-19 ……060
東京地判昭 48・8・8 行集 24-8・9-763 …248
那覇地判昭 50・10・4 行集 26-10・11-1207
　………………………………………126
名古屋地判昭 53・10・23 行集 29-10-1871
　………………………………………126
大阪地判昭 59・11・30 判時 1151-51 ……248
東京地判昭 61・3・31 判時 1190-15 ……248
大阪地判平元・9・12 行集 40-9-1190
　…………………………………204/207
大阪地判平 2・4・11 判タ 730-90 ………248
札幌地判平 9・3・27 判時 1598-33 ………195

横浜地判平 12・9・27 判自 217-69 ………226
大阪地判平 18・1・13 判タ 1221-256 ……051
東京地判平 20・2・29 判時 2013-61
　…………………………………044/046
福井地判平 20・11・19LEX/DB25440786
　………………………………………118
大阪地判平 21・7・1 労働判例 992-23 …151
旭川地判平 21・9・8 民集 66-2-158 ……083
那覇地判平 21・12・22 判タ 1324-87 ……061
横浜地判平 22・3・24 判自 335-45 ………106
大阪地判平 22・12・2 判自 354-97 …110/113
新潟地判平 23・11・17 判タ 1382-90
　…………………………………215/216
高知地判平 27・1・30 判例集未登載 ……260

その他

国税不服審判所 2010・12・1 裁決 LEX/DB
　26012412 …………………………………037

《著者紹介》

土田　伸也　中央大学法科大学院教授

基礎演習 行政法　第2版

2014 年 4 月 10 日　第 1 版第 1 刷発行
2016 年 4 月 1 日　第 2 版第 1 刷発行
2024 年 10 月 15 日　第 2 版第 8 刷発行

著　者——土田伸也
発行所——株式会社　日本評論社
　　　　　〒170-8474 東京都豊島区南大塚 3-12-4
　　　　　　　　電話 03-3987-8621（販売：FAX—8590）
　　　　　　　　　　03-3987-8592（編集）
　　　　　　　　https://www.nippyo.co.jp/　振替　00100-3-16
印刷所——精興社
製本所——難波製本
装　丁——図工ファイブ

JCOPY 〈（社）出版者著作権管理機構 委託出版物〉
本書の無断複写は著作権法上での例外を除き禁じられています。複写される場合は、そのつど事前
に、（社）出版者著作権管理機構（電話 03-5244-5088、FAX03-5244-5089、e-mail：info@jcopy.
or.jp）の許諾を得てください。また、本書を代行業者等の第三者に依頼してスキャニング等の行為
によりデジタル化することは、個人の家庭内の利用であっても、一切認められておりません。

検印省略　© 2016　Shinya Tsuchida
ISBN978-4-535-52180-3　　　　　　　　　　　　　　　　　Printed in Japan

日本評論社の法律学習基本図書

日評ベーシック・シリーズ

憲法I 総論・統治[第2版]／II人権[第2版]
新井 誠・曽我部真裕・佐々木くみ・横大道 聡［著］
●各2,090円

行政法
下山憲治・友岡史仁・筑紫圭一［著］　●1,980円

租税法
浅妻章如・酒井貴子［著］　●2,090円

民法総則[第2版]
原田昌和・寺川 永・吉永一行［著］　●1,980円

物権法[第3版]
秋山靖浩・伊藤栄寿・大場浩之・水津太郎［著］

●1,870円

担保物権法[第2版]
田髙寛貴・白石 大・鳥山泰志［著］　●1,870円

契約法[第2版]
松井和彦・岡本裕樹・都筑満雄［著］　●2,090円

債権総論[第2版]
石田 剛・荻野奈緒・齋藤由起［著］　●2,090円

事務管理・不当利得・不法行為
根本尚徳・林 誠司・若林三奈［著］　●2,090円

家族法[第4版]
青竹美佳・羽生香織・水野貴浩［著］　●2,090円

会社法
伊藤雄司・笠原武朗・得津 晶［著］　●1,980円

刑法I 総論[第2版] II各論[第2版]
亀井源太郎・小池信太郎・佐藤拓磨・薮中 悠・和田俊憲［著］
●I：2,090円 ●II：2,310円

民事訴訟法
渡部美由紀・鶴田 滋・岡庭幹司［著］　●2,090円

刑事訴訟法
中島 宏・宮木康博・笹倉香奈［著］　●2,200円

労働法[第3版]
和田 肇・相澤美智子・緒方桂子・山川和義［著］　●2,090円

基本憲法I 基本的人権
木下智史・伊藤 建［著］　●3,300円

基本行政法[第4版]
中原茂樹［著］　●3,740円

基本行政法判例演習
中原茂樹［著］　●3,960円

基本刑法
●I＝4,180円
I総論[第3版] II各論[第3版] ●II＝3,740円
大塚裕史・十河太朗・塩谷 毅・豊田兼彦［著］

応用刑法I 総論 II各論
大塚裕史［著］　●I、II＝4,400円

基本刑事訴訟法　●各3,300円
I手続理解編 II論点理解編
吉開多一・緑 大輔・設楽あづさ・國井恒志［著］

憲法I 基本権[第2版] II総論・統治
渡辺康行・宍戸常寿・松本和彦・工藤達朗［著］
●I＝3,630円 ●II＝3,520円

刑法総論[第3版] 刑法各論[第3版]
松原芳博［著］ ●総論4,070円 ●各論5,170円

〈新・判例ハンドブック〉

憲法[第3版] 高橋和之［編］　●1,650円

民法総則 河上正二・中舎寛樹［編著］
●1,540円

物権法 松岡久和・山野目章夫［編著］
●1,430円

債権法I・II
●I：1,540円
●II：1,650円
潮見佳男・山野目章夫・山本敬三・窪田充見［編著］

親族・相続 二宮周平・潮見佳男［編著］
●1,540円

刑法総論／各論
●総論1,760円
高橋則夫・十河太朗［編］ ●各論1,650円

商法総則・商行為法・手形法
鳥山恭一・髙田晴仁［編著］　●1,540円

会社法 鳥山恭一・髙田晴仁［編著］
●1,540円

日本評論社
https://www.nippyo.co.jp/

※表示価格は消費税込みの価格です。